결혼과 도덕에 관한
10가지 철학적 성찰

결혼과 도덕에 관한 10가지 철학적 성찰

버트란드 러셀 지음 • 김영철 옮김

자작나무

● 머리말 ●

고대나 현대를 막론하고, 어떤 사회의 특성을 밝히는 데에는 두 가지 요소가 있다. 그것들은 서로 밀접한 관련을 맺고 있는 매우 중요한 것인데, 하나는 경제제도이고 다른 하나는 가족제도이다. 오늘날 영향력을 떨치고 있는 두 학파 중 한쪽은 모든 것을 경제적인 것으로 설명하며, 다른 한쪽은 모든 것을 가족적인 혹은 성적(性的)인 것으로 환원한다. 전자는 마르크스 계열의 사상이요, 후자는 프로이트 계열의 사상이다.

나 자신은 이 두 계열의 어느 쪽에도 가담하지 않는다. 왜냐하면 경제와 성의 상호관계가 인과적인 견지에서 어느 쪽이 다른 쪽보다 뚜렷한 우월성을 띠고 있다고 생각되지는 않기 때문이다. 예컨대 산업혁명은 의심할 여지도 없이 성도덕에 커다란 영향을 끼쳤으며 앞으로도 그러할 것이다. 그러나 반대로 청교도들의 성도덕이 심리학적인 측면에서 산업혁명의 부분적 원인이었다는 것도 틀림없는 사실이다.

나로서는 경제적 요인이든 성적 요인이든 그 어느 한쪽이 더 우월하다고는 생각되지 않으며, 또 사실상 이 두 가지 요인이 명확히 분리될 수 있는 것도 아니다. 경제란 본래 식량의 확보와 관련된다. 그러나 인간이 식량을 획득하려는 것은 개인의 이익을 위해서라기보다는 가족을 위해서이다. 따라서 가족제도가 변화하면 경제적 동기 역시 달라진다.

플라톤의 『국가』에서처럼, 아이들이 그들 양친의 품을 떠나 국가에 의해 양육된다면 생명보험뿐 아니라 개인의 저축 또한 사라질 것이 틀림없다. 이처럼 국가가 아버지의 역할을 담당한다면, 국가는 사실상 유일무이한 자본가가 될 것이다. 철저한 공산주의자들은 그 역을 주장한다. 만일 국가가 유일한 자본가가 된다면, 오늘날 우리가 알고 있는 그러한 가족은 존속할 수 없다는 것이다. 비록 이러한 주장이 지나친 감은 있으나 사유재산과 가족 사이의 밀접한 관계를 부정할 수는 없을 것이다. 이 관계는 상호적이기에 우리는 그 어느 쪽이 원인이요 결과라고 말할 수 없다.

사회의 성도덕은 몇 가지 층으로 이루어져 있다. 우선 법률로 구현된 명확한 제도가 있다. 예컨대 어떤 나라에서는 일부일처제를 다른 나라에서는 일부다처제를 법률로 규정하고 있다. 다음으로 법률은 간섭하지 않으나, 여론이 관여하는 단계가 있다. 마지막으로 이론상으로야 어찌됐든 실제로는 개인의 분별에 맡겨져 있는 단계도 있다.

소비에트 러시아를 제외하고, 성윤리나 성관계의 제도가 합리적인 배려에 의하여 결정된 나라는 하나도 없었으며, 역사적으로도 그러한 시대는 찾아볼 수 없다. 이러한 점에서 소비에트 러시아의 제도가 완벽하다고 말하려는 것은 아니다. 다만 그 나라의 제도가 미신이나 전통의 산물은 아니라는 것을 지적하고 싶을 뿐이다. 언제나 다른 모든 나라의 제도는 적어도 부분적으로는 그러하였기 때문이다.

대중의 행복과 복지라는 관점에서 어떠한 성도덕이 가장 좋은가를 결정하는 일은 매우 복잡한 문제이며, 그 대답은 여러 가지 사정에 따라 달라질 것이다. 산업이 발달된 사회는 원시적인 농업중심 사회와는 매우 다를 것이다. 의학과 위생학의 발달로 사망률을 낮춘 나라는 성인이 되기도 전에 역병이나 유행병으로 많은 인구를 잃는 나라와는 매우 다를 것이다. 우리가 더 많은 지식을 갖게 된다면, 무엇이 최선의 성윤리인가 하는 것은 풍토에 따라, 또 음식에 따라 달라지는 것이라고 말하게 될지도 모른다.

성윤리의 효과는 매우 다양하다. 즉 그것은 개인적인, 부부적인, 가족적인, 국민적인 그리고 국제적인 차원들을 갖는다. 이러한 효과들은 어떤 면에서는 좋은 것이지만, 다른 면에서는 나쁜 것일 수도 있다. 결국 어떤 제도를 어떻게 생각할 것인가를 결정하기 위해서는 이러한 모든 것을 고찰해야 한다.

먼저 개인적인 차원들에서부터 논의를 시작해 보자. 이것은 주로 정신분석학에 의해 고찰되는 효과이다. 우리는 여기에서 사회의 규율에 의해 길들여진 성인의 행동뿐만 아니라, 그러한 규율에 대한 복종심의 함양을 의도하는 유년기의 교육도 함께 고려해야 한다. 누구나 알고 있는 것처럼, 이 영역에서 유년기의 터부의 효과는 매우 기묘하며 간접적이다. 이러한 것들은 개인의 행복이라는 수준의 문제라 할 수 있다.

문제의 다음 단계는 우리가 남녀관계를 고찰할 때 드러난다. 성관계에도 가치의 차이가 있다는 것은 명백하다. 순전히 육체적인 성관계보다는 정신적인 요소를 많이 포함하는 성관계가 더 좋다는 의견에 대부분의 사람들은 동의할 것이다. 연인들의 인격이 서로 관계를 맺는 정도에 따라 그 사랑의 가치도 증대한다는 견해가 문명인 남녀의 공통된 생각이 된 것은 시인들의 영향 때문이다. 또한 시인들은 애정이 그 강도에 비례해서 가치를 지닌다고 많은 사람들에게 가르쳐주었다. 하지만 이것은 아직 논란의 여지가 있는 문제이다.

대부분의 현대인은 사랑이 대등한 관계이어야 한다는 점 그리고 다른 근거는 고사하고 적어도 이 근거만으로도, 예컨대 일부다처제는 이상적인 제도라고 생각할 수 없다는 점에 동의할 것이다. 문제의 이 부분과 관련해서 결혼과 혼외(extra-marital) 관계, 이 두 가지를 고찰할 필요가 있다. 왜냐하면 어떠한 결혼제도가 보급되어 있는가에 따라 혼외 관계도 달라질 것이기 때문이다.

이제 가족의 문제를 이야기해 보자. 시대와 장소에 따라 상이한 여러 가족 집단이 있었으나, 가부장제 가족이 압도적으로 우세하였으며 일부일처의 가부장제 가족이 보편화되면서 일부다처의 그것은 점차 사라져갔다. 기독교 이전 시대부터 서구 문명에 존속해 온 성윤리의 근본적인 동기는 여성의 정조를 확보하는 데 있었다. 정조가 확보되지 않으면 부성(父性)이 불확실해지기 때문에 가부장제 가족은 불가능하게 된다. 또 기독교는 남성의 정조도 강조했는데, 그것은 금욕주의에서 그 심리학적 근거를 찾아볼 수 있다. 더욱이 최근에 이르러서는 여성의 해방과 더불어 힘을 얻은 여성의 질투심이 이 동기를 더욱 강화하였다. 하지만 이 후자의 동기는 일시적인 것처럼 생각된다. 왜냐하면(만약 피상적으로 판단해도 좋다면) 여성은 지금까지 자신들이 당해 온 여러 가지 속박을 거꾸로 남성에게 부과하기보다는 양쪽 성 모두에게 자유를 주는 체제를 더 선호할 것이기 때문이다.

일부일처제의 가족에도 여러 가지 종류가 있다. 결혼을 당사자끼리 결정할 수도 있고, 부모가 결정할 수도 있다. 어떤 나라에서는 신부를 사기도 하고 또 다른 나라, 예컨대 프랑스에서는 신랑이 매매된다. 그리고 이혼에 있어서도, 이혼을 인정하지 않는 카톨릭과 같은 극단적인 경우에서부터 부인이 수다스럽다는 이유만으로 남편의 이혼청구를 허락한 고대 중국의 법률에 이르기까지 천차만별이다.

성관계에서의 정조(constancy) 또는 그에 준하는 것은 인간들 사이에서와 마찬가지로 동물들 사이에서도 발견된다. 그것은 종족보존을 위해서 새끼를 양육하는 데 수컷의 도움이 필요하기 때문이다. 예컨대 새들은 한편으로 알을 따뜻하게 하기 위해서 계속 품고 있어야 하며, 다른 한편으로 먹이를 얻기 위하여 많은 시간을 소비해야만 한다. 한 마리의 새가 이 두 가지 일을 다 한다는 것은 불가능하다. 그러므로 수컷의 협력이 꼭 필요하다. 그 결과 대부분의 새는 정결(貞潔)의 모범이 되고 있다.

인간에게도 아버지의 협력은 그 자녀에게 커다란 생물학상의 이점을 준다. 특히 불안정한 시대와 어지러운 세상에서는 더욱 그렇다.

그런데 현대문명의 발달과 더불어 아버지의 역할을 차츰 국가가 인수하게 되었다. 따라서 머지 않아 아버지라는 존재가 생물학적으로 이로운 존재라는 주장은(적어도 임금노동자 계급에게는) 의심받을 것이다. 만일 그렇게 된다면 전통적인 도덕은 완전히 붕괴될 것이다. 왜냐하면 어머니가 정조를 지킬 어떠한 이유도 사라지기 때문이다. 아마도 플라톤은 우리로 하여금 한 걸음 더 나아가 국가가 아버지뿐 아니라 어머니의 지위까지도 갖도록 충고할 것이다. 나는 이러한 체제를 열광적으로 지지할 만큼 국가를 숭상하는 자도 아니며, 또 고아원의 즐거움에 감명받은 자도 아니다. 경제적 힘이 이러한 체제를 수용하는 한 가지 이유가 될지 모른다.

법률은 두 가지의 다른 방식으로 성과 관련한다. 즉 한편으로는 그 사회가 채용한 성윤리가 무엇이든 이를 강제하려 하고, 다른 한편으로는 성의 영역에서 개개인의 일상적인 권리를 보호하려 한다.

후자는 다시 두 가지 주요 분야로 나뉜다. 여성과 미성년자를 폭력과 유해한 착취로부터 보호하는 것과 성병을 예방하는 것이다. 이 두 가지 모두 이제까지 그 본래의 공과(功過)에 상응하는 취급을 받지 못하였으며, 또 이러한 이유 때문에 효과적으로 운용되지도 못했다. 전자의 경우, '백인노예 매매'에 관한 지나치게 흥분된 반대운동은 결국 전문범죄자들이 쉽사리 빠져나갈 수 있는 법안을 통과시키도록 했으며, 다른 한편으로 무고한 사람들이 협박당할 소지를 남겨놓았다. 후자에 있어서도 성병을 죄악에 대한 당연한 처벌이라 여기는 견해가 순수한 의학적 입장에서 가장 효과적이라고 생각되는 조치를 취하지 못하도록 했으며, 다른 한편 성병을 부끄러운 것이라고 생각하는 일반적인 태도가 이 병을 숨기는 원인이 되어 조기에 적절한 치료를 받을 기회를 놓치도록 만들었다.

다음으로 검토해야 할 것은 인구 문제이다. 이것은 그 자체 여러 가지 관점에서 고찰되어야 할 광범위한 문제이다. 어머니의 건강 문제, 아이들의 건강 문제, 가족의 규모가 자녀의 성격에 미치는 심리적 영향과 같은 문제가 있다. 이러한 것들은 문제의 위생학적인 측면이라고 할 수 있다. 그리고 개인과 대중의 경제적인 측면도 있다. 즉, 가족의 규모나 사회의 출생률과 관련된 가족이나 사회의 일인당 부(富)의 문제이다. 이 문제와 결부되어 인구 문제는 국제정치와 세계평화의 가능성과도 이어진다. 그리고 마지막으로 사회 각 부분의 상이한 출생률과 사망률을 통해서 종족을 개량하거나 퇴화시키는 우생학상의 문제가 있다.

어떠한 성윤리일지라도 이상에서 열거한 모든 관점에서 검증될 때까지는 그것의 진위를 확실히 말할 수 없다. 혁신주의자와 보수주의자는 모두 문제의 여러 가지 국면 중 한두 개만을 생각하는 버릇이 있다. 개인적인 관점과 정치적인 관점을 결부시키는 일은 특히 드물다. 사실 그 어느 쪽이 더 중요하다고 주장할 수 없으며, 개인적인 관점에서 좋은 제도가 정치적인 관점에서도 좋은가, 아니면 이와는 정반대인가에 관해서 선입견을 가져서는 안 된다.

나 자신의 신념을 말한다면, 대부분의 시기와 장소에서 불분명한 심리적인 여러 가지 힘이 사람들로 하여금 전혀 불필요한 잔인성을 띤 여러 제도를 수용하게 하였으며, 그것은 오늘날 가장 문명화된 민족들 사이에서도 찾아볼 수 있다. 나는 또한 의학과 위생학의 발전에 의해 사적으로나 공적으로나 바람직한 방향으로 성윤리가 변화되었다는 것, 또한 이미 말한 바와 같이 교육에 있어서 국가의 역할이 현저하게 증대하여 아버지의 중요성이 역사상 일찍이 찾아볼 수 없었을 만큼 축소되고 있다는 것을 믿고 있다.

따라서 우리는 현행의 윤리를 비판함에 있어서 이중적 작업을 해야 한다. 즉, 한편으로는 잠재의식이 되어 있는 미신적 요소를 배제해야 하며, 다른 한편으로는 지난 시대의 지혜를 현대의 지혜로 되살리지 않고 도리어 어리석음으로 치부하는 전적으로 새로운 여러 가지 요인들을 고려해야만 한다.

현존하는 제도를 통찰하기 위해서 나는 과거에 존재한, 혹은 일부 미개종족 사이에서 현존하는 몇 가지 제도를 고찰할 것이다. 그리고 서구 문명 가운데 현재 널리 유행하고 있는 제도의 특징을 밝히고, 마지막으로 이 제도 안에 개선해야 할 점과 또 그러한 개선을 실행할 것을 희망하는 이유를 고찰할 것이다.

●차례●

1. 성교육은 어디까지 해야 하나

성에 관한 무지가 미덕인 시절이 있었다

새로운 성도덕을 확립하려고 할 때, 우리가 자문해야 할 첫째 문제는 어떻게 양성(兩性)의 관계를 규제할 것인가가 아니라, 남녀와 아이들을 성문제에 관한 사실로부터 일부러 무지한 상태에 두는 것이 좋은 일인가 하는 것이다. 내가 이러한 문제를 끄집어내는 이유는(그리고 이 장에서 내가 주장하고자 하는 바는) 이러한 문제에 대한 무지는 개인에게 매우 해로운 것이며, 따라서 그러한 무지를 요구하지 않고서는 존속할 수 없는 제도는 바람직한 것이 못 되기 때문이다.

성도덕은 지식을 가진 사람들의 마음을 끌 수 있는 것이어야 하며, 무지에 호소하는 것이어서는 안 된다. 이것은 좀더 광범위한 교의(敎義)의 일부분으로 정부나 경찰에 의해 지지

받지는 못했지만, 진리의 빛에 비추어 보아 의심할 수 없는 것처럼 보인다. 그 교의란(몇몇 드문 우연을 제외하고는) 올바른 행위는 무지에 의하여 촉진되거나 지식에 의하여 저지되지 않는다는 것이다.

만일 A가 B를 A에게는 이익이 되지만 B 자신에게는 이익이 되지 않는 방식으로 행동하도록 만들려면, B의 참된 이익이 어디에 있는가를 B에게 알리지 않는 것이 A에게 중요하다는 것은 말할 것도 없다. 이러한 사실은 주식거래소에서는 잘 알려져 있으나, 그것이 윤리라고 하는 보다 높은 차원에 속하는 문제라고는 일반적으로 생각되지 않는다. 사실을 은폐하려는 정부 활동의 대부분이 이에 해당한다. 예컨대, 어떤 정부든지 전쟁중의 패배를 솔직히 말하려 들지 않는다. 왜냐하면 그러한 패배가 알려지면 정부는 전복될지도 모르며, 그것이 국민의 이익은 될지언정 정부의 이익이 되지는 않기 때문이다. 다른 분야에 속하는 것이기는 하나, 성적 사실에 대해 말하기를 꺼려하는 것도 부분적으로는 이와 비슷한 동기에 기인하고 있다.

처음에 무지한 상태에 방임된 것은 여자뿐이었다. 남자들이 계속 지배하기 위해서는 여자의 무지가 요망되었다. 그리하여 차츰 여자 스스로도 무지야말로 미덕에 불가결한 것이라고 생각하게 되었다. 그리고 어느 정도 이러한 여자들의 영향에 의해 아이들과 젊은이는 남녀를 막론하고 성문제에 관해서는 될 수 있는 대로 무지해야 한다고 생각하게 되었다. 이러한 단계에서 동기는 지배적인 구실을 하지 못하고, 불합리한 터부의 영역으로 들어간다. 무지가 과연 바람직한 것인가 아닌가 하는 문제는 결코 검토되지 않는다.

마침내 무지가 유해하다는 증거를 제시하는 것은 위법이라고까지 간주되었다. 이 문제에 관한 텍스트로서 1929년 4월 25일자 『맨체스터 가디언』에 실린 다음과 같은 기사를 인용해 보자.

미국의 자유주의자들은 메리 웨어 데네트 여사의 재판 결과에 놀랐다. 그녀는 음란한 문서를 우송하였다는 이유로 브룩클린 연방재판소로부터 어제 유죄 판결을 받았다. 데네트 여사는 아이들을 위하여 성에 관한 기본적인 사실들을 품위 있는 말로 설명한 팜플렛의 저자로서, 이 책은 높이 평가되었고, 또 널리 보급되었다. 그녀는 5년간의 금고형이나 1천 파운드의 벌금, 혹은 이 두 가지를 병과(倂科)한 판결을 받을 것 같다.

저명한 사회사업가 데네트 여사는 이미 성인이 된 두 아들의 어머니이며, 이 두 아들을 교육하기 위해서 11년 전에 처음으로 이 팜플렛을 썼다. 그것은 모 의학 잡지에 게재되었고, 편집자의 요망에 따라 팜플렛으로 재출간되었다. 그것은 많은 지도적인 의사, 목사 및 사회학자들한테서 인정을 받았고, 수만 부가 YMCA와 YWCA를 통해서 배포되었다. 심지어 뉴욕의 고급 교외지구 브롱크스빌에 위치한 어느 시립학교에서까지 채택되었다.

뉴잉글랜드에서 온 연방판사이며, 이 재판의 재판장인 워렌 B. 버로우즈는 위에서 말한 사실을 모두 무시하고, 대기하고 있었던 저명한 교육가나 의사의 증언을 허락하지 않았으며, 또 데네트 여사의 저서에 대한 고명한 저술가들의 찬성 의견을 배심원들이 청취하는 것도 허용하지 않았다. 실제로 재판은 나이 많은 결혼한 남자들로 이루어진 브룩클린의 배심원들에게 그 팜플렛을 소리 높여 읽어주는 것에 불과했다. 이 배심원들은 모두 검사가 조사해 본 결과 H. L. 멘켄이나 하베록 엘리스의 저서를 한번도 읽지 않았다는 이유로 선임된 자들이었다.

만일 데네트 여사의 저서가 널리 읽히는 것이 용납할 수 없는 일이라면, 이제 미국의 젊은이들에게 성에 관한 사실을 평이하고 솔직하게 설명할 가망은 없는 것이라고 한 뉴욕 『월드』지의 논설은 분명 옳은 것처럼 보인다. 이 사건은 상급 재판소에 상소(上訴)되리라고 여겨지며, 그곳의 결정이 매우 기대된다.

이 사건은 우연히 미국에서 일어난 것이지만, 영국에서 일어났던들 꼭 마찬가지였을 것이다. 왜냐하면 영국의 법률은 사실상 미국의 그것과 같기 때문이다. 젊은이들에게 성에 관한 지식을 주는 자가 그러한 지식이 젊은이에게 필요하다는 것을 전문가를 통해서 입증하려고 해도, 법률이 그것을 용납하지 않을 것이다. 또 이러한 종류의 사건이 기소되는 경우, 사건을 합리적으로 판단할 수 있는 자료를 전혀 읽지 않은 무지한 사람만으로 배심원을 구성하는 것도 가능하도록 되어 있다. 법률은 아이들과 젊은이들은 성에 관한 사실을 알아서는 못 쓴다는 것과, 그러한 사실들을 아는 것이 그들에게 좋은가 나쁜가 하는 질문은 불필요하다는 것을 노골적으로 선언한다.

그러나 '우리'들은 법정에 있는 것도 아니요, 또 이 책이 아이들을 대상으로 이야기하는 것도 아니기 때문에 과연 아이들을 무지한 상태로 내버려두는 전통적 관습이 바람직한 것인가 아닌가의 문제를 당당하게 논의해도 좋을 것이다.

아이들을 다루는 전통적인 방침은 어버이와 교사가 될 수 있는 한 아이들을 무지한 상태에 방임하는 것이었다. 아이들은 어버이의 나체를 본 적도 없으며, 또 아주 어릴 때는 모르지만(가옥의 설비가 부족하다면), 남매간에도 서로의 나체를 보지 못한다. 자기의 성기를 만지거나, 그에 관한 이야기를 해서는 못 쓴다는 말을 듣는다. 성에 관한 물음에 대한 대답은 모두 놀라 '쉬쉬' 하는 소리뿐이었다. 그들은 아이들은 황새가 데리고 왔다느니, 구스베리 덤불 속에서 파냈다느니 하는 이야기를 듣는다.

조만간 아이들은 다른 아이들로부터 보통 다소간 왜곡된 형태로 사실을 알게 된다. 그들은 그것을 숨어서 이야기하며, 어버이한테서 배운 탓으로 그러한 사실들을 '더러운 것'이라고 생각한다. 아이들은 그들의 아버지와 어머니가 추잡한 짓을 하고, 자기네들 스스로가 부끄러워하고 있다고 추측한다. 왜냐하면 어머니와 아버지가 그러한 일을 자꾸만 숨기려고 하기 때문이다. 아이들은 또한 자신들이 지도와 교육을 받아온 상대방으로부터 조직적으로 속아왔다는 것을 깨닫게 된다. 양친, 결혼, 이성(異性)에 대한 그들의 태도는 이렇게 해서 도저히 회복될 수 없을 만큼 해독을 입는다.

인습적인 교육을 받아온 남녀 가운데 성과 결혼에 대해서 깨끗하게 생각하는 사람은 거의 없다. 아이들이 교육을 받는다는 것은 양친과 스승에게서 사람을 속이는 것과 거짓말하는 것을 미덕이라 부른다고 배우는 것이다. 즉, 성관계는 결혼 생활에 있어서까지도 다소간 부정하다는 것 그리고 종족의 번식을 위하여 남자는 그러한 야수성에 굴복하며, 여자는 그 괴로운 의무를 감수한다는 것이다. 이러한 태도는 남녀 양쪽 모두 결혼을 불만족스럽게 느끼도록 만들었다. 그리고 충족되지 않는 본능은 결국 도덕의 탈을 쓴 잔인성으로 변하였다.

성지식의 문제에 관한 정통적 도덕주의자[1]의 견해는 다음과 같은 것이라고 생각된다.

성적 충동은 매우 세찬 것이며, 발전 단계가 달라짐에 따라서 그 표현 양식도 달라진다. 유년기에는 신체의 어떤 부분을 손으로 만지며 놀고자 하는 욕망의 형태를 취한다. 소년기에는 '더러운' 이야기를 좋아하고 호기심을 느끼지만, 사춘기가 되면 더욱 성숙한 형태를 취하기 시작한다. 성적인 것을 생각하는 일이 성적인 과오를 범하기 더 쉽게 만든다는 것 그리고 성과는 전혀 관계가 없는 것으로 청년의 심신을 언제나 채워 두는 것이 미덕에 이르는 최선의 길이라는 것은 의심할 수 없다. 그러므로 성에 관한 것은 무엇이든 그들에게 말해서는 안 된다. 될 수 있는 한 그들 서로가 그러한 이야기를 하지 않도록 해야 한다. 그리고 성인들은 그러한 이야기를 하지 않는 체해야 한다. 이러한 방법을 취한다면, 딸을 결혼 첫날밤까지 무지한 상태로 둘 수 있다.

결혼 첫날밤에 벌어지는 일이 그녀에게 너무나 심한 충격을 주어, 도덕주의자들이 말끝마다 여성에게 바라던 성에 대한 태도를 그녀가 어김없이 실현할 것이라고 예상된다.

남자의 경우에는 일이 좀 까다롭다. 왜냐하면 늦어도 18~9세를 넘을 때까지, 그들을 완전히 무지한 상태에 둔다는 것은 도저히 바랄 수 없기 때문이다. 이때 그들을 다루는 적절한 방법은 수음(手淫)은 정신이상에 걸리며, 매춘부와 성교하면 영락없이 성병에 걸린다고 가르치는 일이다. 물론 이 모든 말이 참은 아니나 죄없는 거짓말이다. 왜냐하면 도덕을 위해서 이렇게 말하기 때문이다.

소년에게는 어떠한 환경 아래 있더라도(심지어 결혼생활에 있어서까지도) 성적인 문제를 입 밖에 내어서는 못 쓴다고 가르쳐야 할 것이다. 이렇게 해두면 결혼했을 때 아내에게 성에 대한 혐오감을 주어, 간통의 위험으로부터 그녀를 보호해 줄 가능성이 커지게 될 것이다.

혼외의 성은 죄이다. 결혼생활 내의 성은 인류의 번식을 위해서 필요하기 때문에 죄는 아니지만, '인간의 타락' 때문에 인간에게 부과된 불유쾌한 의무이며, 마치 외과 수술을 받을 때와 같은 정신으로 감내해야 하는 것이다. 불행히도 그다지 고통이 따르지 않을 때, 성행위는 쾌락과 결부될 수 있다. 그러나 충분한 도덕적 억제에 의해 어쨌든 여자의 경우에는 이를 막을 수가 있다.

영국에서는 소책자에라도 성교에서 아내가 성적 쾌락을 누릴 수 있으며, 또 마땅히 누려야 한다고 쓰는 것을 위법으로 간주한다. 바로 이것이 근거가 되어서, 어떤 팜플렛이 법정에서 음란죄를 선고받은 것을 내 스스로가 들은 적이 있다. 법률, 교회 및 낡은 교육자의 태도는 성에 관한 이상과 같은 견해에 기초를 두고 있다.

아이들이 음란해지는 것은 어른들의 위선 탓이다

이러한 태도가 성의 영역에 미치는 영향을 생각하기 전에, 다른 방면에서 어떠한 결과가 나타나는가에 대해서 몇 마디 하고자 한다. 성에 대한 이러한 태도가 낳는 첫째 결과는(그리고 가장 중대한 결과는) 젊은이의 과학적 호기심을 저해한다는 것이다. 똑똑한 아이들은 세상의 모든 일을 알고 싶어한다. 기차와 자동차와 비행기 그리고 비가 오는 까닭, 아기를 낳는 방법 등을 질문한다. 이러한 호기심에 찬 의문들은 아이들에게는 거의 같은 수준에 있는 문제들이다. 아이들은 파블로프의 이른바 '의문의 반사작용'에 따르고 있는 것뿐이지만, 그것은 곧 모든 과학 지식의 원천이다.

지식을 추구하는 아이가 어떤 방면에서는 이러한 욕구가 나쁘다는 것을 알 때, 그의 과학적 호기심의 충동은 모두 저지되고 만다. 그는 어떤 종류의 호기심은 용납되고, 또 어떤 종류의 것은 용납되지 않는다는 것을 처음에는 이해하지 못한다. 아기는 어떻게 해서 낳게 되는가 하고 묻는 것이 나쁘다고 하면, 아이들의 머리에는 어떻게 해서 비행기가 만들어지는가 하고 묻는 것도 똑같이 나쁘다고 생각될 것이다. 결국 그는 과학적 호기심은 사전에 검토하지 않은 채 표출해서는 안 되는, 위험한 충동이라는 결론에 도달하게 된다. 무엇인가를 알고자 하기 전에 아이들은 그러한 종류의 지식은 도덕적인가 혹은 비도덕적인가 하는 것을 마음을 졸이면서 물어보지 않으면 안 된다.

성적 호기심은 그것이 위축될 때까지는 일반적으로 매우 강하기 때문에, 아이들은 그들이 바라는 지식은 모두 나쁜 것이며, 구구단처럼 인간의 욕구와 무관한 것만이 올바른 지식이라고 생각하게 된다. 모든 건강한 아이들의 자발적 충동의 하나인 지식 추구욕은 이런 식으로 파괴되고, 아이들은 인위적으로 바보로 만들어진다. 평균적으로 여성이 남성보다 우둔하다는 것은 부인할 수 없다. 이것은 대체로 여성이 어린 시절 성지식의 추구를 더 효과적으로 억압당하고 있다는 사실에서 기인하는 것이라고 나는 생각한다.

이러한 지적인 손실뿐 아니라 매우 심각한 도덕적 손실이 있다. 프로이트가 처음으로 시사한 것처럼, 또 아이들과 친숙해 본 적이 있는 사람이라면 누구나 알 수 있는 것처럼, 아이들은 황새가 아기를 데리고 왔다거나 구스베리 덤불 속에서 파냈다고 하는 이야기를 대개 믿지 않는다. 따라서 아이들은 어버이가 자기들에게 거짓말을 잘한다는 결론에 도달한다. 만일 한 가지 일에 대해서 거짓말을 한다면 다른 일에 대해서도 거짓말을 할지 모른다. 이렇게 어버이의 도덕적 및 지적인 권위는 무너지고 만다.

뿐만 아니라 아이들은 어버이가 성에 관계되는 것에 거짓말을 하기 때문에 자신들도 그러한 화제에 관해서는 거짓말을 해도 좋다고 생각한다. 그러한 이야기는 자기 또래들하고만 하고, 아마 남몰래 수음도 할 것이다. 이러한 식으로 아이들은 속이고 숨기는 습관을 배우게 되고, 그들의 어버이로부터 꾸지람을 들을까 염려하여 불안의 구름에 휩싸인 생활을 하게 된다. 수음의 나쁜 결과에 대한 양친과 유모의 위협이 소년기뿐만 아니라 성인이 되어서도 신경질환의 원인이 되는 많은 사례를 정신분석학은 제시해 준다.

이처럼 성에 대한 인습적 태도로 아이들을 다루는 것은 그들을 우둔하고, 부정직하며, 겁쟁이로 만들 뿐이다. 그리고 상당수의 사람들을 정신이상이나 그와 가까운 상태로 몰고 간다.

이러한 사실은 청소년을 지도해야 할 위치에 있는 많은 지식인들이 어느 정도 인식하고 있다. 그러나 이 장의 첫머리에서 인용한 사건에서 명백히 알 수 있는 것처럼, 법률과 이를 운용하는 사람들에게는 아직 알려져 있지 않다. 따라서 아이들을 다루는 입장에 있고, 어떻게 그들을 다루는 것이 올바른 것인지 아는 사람은 법을 어기든지, 아니면 그의 보호 아래 있는 아이들에게 회복할 수 없는 도덕적 및 지적인 손실을 주든지, 그 어느 한쪽을 선택할 수밖에 없는 것이 오늘날의 현실이다.

법률을 개정하는 일은 어려운 일이다. 왜냐하면 대부분의 연장자들은 성에 대한 그들의 즐거움이 성이란 나쁜 것이며 더러운 것이라는 신념에 의존할 만큼 곡해되어 있기 때문이다. 지금 살아 있는 노인이나 중년층들이 죽어 없어질 때까지는 개혁될 가망은 없다고 나는 생각한다.

지금까지 우리는 인습적인 방법이 성의 영역 밖에서 미치는 영향을 고찰해 왔다. 이제는 좀더 분명히 성적인 측면의 문제를 생각할 때이다. 도덕주의자의 목표 가운데 하나가 성문제에 언제나 따라다니는 망상을 제거하는 것이라는 점은 의심할 여지가 없다. 그러한 것에 사로잡히는 일이 오늘날 이상하게도 자주 있다. 이튼고등학교의 교장을 지낸 어떤 이는 학생들의 대화가 거의 언제나 얼빠진 것이거나 음란한 것이라고 말한다. 그러나 그가 그렇게 느낀 학생들은 가장 인습적인 방침에 따라서 자라난 아이들이었다.

성에 대한 신비가 만들어지기 때문에 이 문제에 대한 젊은이들의 자연적인 호기심도 대단히 커질 수밖에 없다. 만일 성인이 다른 화제를 취급하는 것과 똑같이 성을 취급하고, 아이들의 어떠한 질문에도 답변해 주고, 또 아이들이 바라는 만큼 혹은 이해할 수 있을 만큼 지식을 제공한다면, 아이들은 쓸데없는 생각을 가지지 않게 될 것이다. 왜냐하면 그러한 생각은 어떤 종류의 화제는 입 밖에 내어서는 못 쓴다는 생각에서 비롯하기 때문이다. 성적 호기심은 다른 종류의 호기심과 마찬가지로 일단 만족되면 소멸하고 만다. 그러므로 젊은이들이 성에 집착하지 않게 하는 최선의 방법은 그들이 알고자 하는 만큼 가르쳐주는 것이다.

이것은 어디까지나 경험에 기초한 주장이다. 나의 학교〔러셀은 1927년 부인 도라와 함께 비콘힐이란 학교를 설립하고, 강제성을 띠지 않은 자유로운 아동교육을 실험하지만, 재정적 곤란에 부딪쳐 실패하고 말았다〕에 다니는 아동들을 관찰한 결과, 아이들이 음란해지는 것은 어른들이 점잔을 빼기 때문이라는 견해가 옳다고 생각하게 되었다. 나는 나의 두 아이들(일곱 살 난 아들과 다섯 살 난 딸)에게 성이나 배설물에 어떤 특수한 것이 있다고 가르치지 않았으며, 지금까지 그와 관련해서 좋은 것이라든가 나쁜 것이라든가 하는 관념을 모르도록 될 수 있는 대로 조심해 왔다. 갓난아기는 어떻게 태어나는가 하는 문제에 두 아이는 자연적이며 건전한 관심을 보여주었다. 그러나 엔진이나 기차에 대한 관심보다는 덜 했다. 어른이 있든지 없든지 그러한 화제에 집착하는 경향은 볼 수 없었다. 나의 학교의 다른 아이들도(두 살이나 세 살 혹은 네 살까지 사이에 입학한 경우) 나의 아이들과 똑같이 성장해 갔다.

그러나 6, 7세가 되어서 입학한 대부분의 아이들은 이미 성기와 관계된 것은 옳지 못한 것이라고 배웠다. 처음에 그들은 이 학교에서는 그러한 것을 다른 일에 관해 이야기할 때와 조금도 다르지 않은 말투로 이야기하는 것을 듣고 깜짝 놀랐다. 그리고 얼마 동안은 쌍스러운 느낌이 드는 이 대화에서 해방감을 즐겼다. 그러나 어른들이 그러한 대화를 못 하도록 하지 않는다는 것을 알고는 차츰 싫증을 느껴, 예절을 배우지 않은 아이들과 마찬가지로 때묻지 않은 마음이 되었다. 간혹 신입생이 그런 식으로 말해서는 안 된다고 하더라도, 그들은 이제 싫증을 낼 뿐이다. 성이라는 주제에 이처럼 깨끗한 바람을 불어넣음으로써 그것은 소독되었고 어둠 속에서 번식하던 해로운 세균도 소멸되었다. 아이들이 이 주제에 대해서 이처럼 건전하고 담백한 태도를 가질 수 있도록 하는 어떤 다른 방법이 있다고는 생각되지 않는다.

기독교 도덕주의자들이 전면적으로 더럽혀 놓은 성을 깨끗하게 만들려는 사람들이라도 잘 이해할 수 없는 부분이 있을 것이다. 성문제는 자연히 배설작용을 연상시킨다. 그리고 이러한 작용이 혐오감으로 다루어지는 한, 성에도 어느 정도 이러한 혐오감이 따르는 것은 심리적으로 자연스러운 일이다. 그러므로 아이들을 다룰 때 배설작용에 관해서 너무 까다롭게 굴지 않는 것이 중요하다. 물론 다소간의 주의는 위생상의 이유에서 필요하다. 그러나 아이들이 이해할 수 있는 나이가 되자마자, 그러한 주의를 하는 까닭은 단순히 위생을 생각하기 때문이지, 이러한 자연적 기능에 본래부터 더러운 것이 있기 때문은 아니라는 점을 설명해 주어야 한다.

포르노는 규제하는 것보다 개방하는 것이 좋다

내가 여기서 논의하고 있는 것은 성행위는 마땅히 어떠해야 하는가가 아니라, 성지식의 문제에 대한 우리의 태도를 어떻게 해야 하는가이다. 지금까지 나는 청소년들에게 성지식을 가르치는 문제에 관해서 이야기했는데, 그 가운데는 현대의 진보적 교육자의 공감을 얻을 것이 있으리라 생각하며, 또 바라고 믿는 바이다. 그러나 이제부터 내가 말하고자 하는 것은 좀더 논쟁점이 많은 문제이며, 따라서 독자들의 공감을 얻기도 더욱 어려우리라 생각된다. 그것은 이른바 음란 도서에 관한 문제이다.

영국과 미국의 법률은 다같이 음란하다고 인정되는 도서는 상황에 따라 당국에 의해서 파기(破棄)되고, 또 저자와 발행자는 처벌될 수 있도록 규정하고 있다. 영국에서는 1857년 제정된 로드 캠벨법(Lord Campbell's Act)에 의해서 이렇게 할 수 있다. 이 법률은 다음과 같이 규정하고 있다.

> 음란 도서를 판매 또는 배포할 목적으로 주거 또는 기타의 장소에 보관하고 있다는 혐의로 고발되는 경우와 그러한 물건을 한 부 이상 그러한 장소에서 판매 또는 배포한 증거가

> 있는 경우, 판사는 그러한 물건의 출판이 유해하고 기소에 적당한 성질과 기록이 있는가를 확인한 후 특별영장에 의해서 그러한 물건의 압수를 명할 수 있으며, 그 가옥의 점유자를 소환하여 동일 판사 또는 다른 판사가 압수된 물건이 영장에 기재된 성질을 갖고 있으며, 또 상기(上記)의 목적을 위하여 보관중에 있다는 것을 확인한 다음, 그들에게 그 물건들을 파기할 것을 명할 수 있다.[2)]

이 법률 속에 나오는 '음란(obscene)'이라는 말은 법률상의 정확한 정의를 가지고 있지 않다. 실제로 치안판사가 어떤 출판물을 음란한 것이라고 생각하면 법률상 그렇게 된다. 그리고 치안판사는 문제의 간행물이 어떤 유용한 목적을 가지는 것이라는(이러한 목적이 없는 경우에 비로소 음란의 혐의를 말할 수 있을 것이다) 전문가의 증언을 청취할 의무가 없다. 이것은 성적인 문제에 관련된 소설이나 사회 평론이나 법률 개정론을 쓰는 사람은, 어떤 무지한 사회 지도층 인사가 우연히 그것을 읽고 불쾌한 서적이라고 생각하면, 자신들의 작품을 파기하지 않으면 안 된다는 것을 의미한다.

이러한 법률이 초래하는 결과는 매우 유해하다. 모두 알다시피 하베록 엘리스의 『성심리의 연구』 제1권은 이 법률에 의해서 유죄 판결을 받았다. 그러나 다행히도 이 경우 미국은 훨씬 자유로운 태도를 보여주었다.[3)] 어느 누구도 하베록 엘리스의 목적이 부도덕하다고 말할 수는 없으리라 생각한다. 또 이처럼 방대하고 학문적이며 진지한 저술을 단지 음탕한 스릴을 추구하는 사람들만이 읽는다고도 생각되지 않는다. 물론 이러한 종류의 문제를 처리할 때, 치안판사는 보통 그의 아내나 딸 앞에서는 말하기 꺼려하는 것도 논의해야만 한다. 그러나 이러한 서적의 발행을 금지하는 것은 진지한 학생들이 이 분야에 관한 사실을 아는 것까지도 허용하지 않는다는 것을 의미한다. 인습적인 관점에서 볼 때, 하베록 엘리스의 저서가 가장 반감을 산 것은 그것이 갖가지 병력(病歷)을 수집해 놓았다는 점이었다. 병력의 사례들은 미덕이나 건전한 정신을 낳는 데 현존하는 방법이 얼마나 크게 실패하고 있는가를 보여주었다. 그러한 기록은 현재의 성교육 방법에 대해 합리적 판단을 내리는 자료를 제공한다. 그러나 법률은 우리가 이러한 자료를 가지는 것을 허용하지 않으며, 이 방면에 대한 우리들의 판단은 언제까지나 무지에 바탕을 두어야 한다고 선언한다.

『고독의 샘(*Well of Loneliness*)』에 유죄를 선고한 것은 검열의 다른 국면, 즉 소설 가운데서 동성애를 다루는 것은 위법이라는 사실을 보여준다. 법률이 덜 완고한 유럽 대륙의 학생들은 동성애에 관한 많은 지식을 가지고 있다. 그러나 영국에서는 학문적인 형태이든 소설의 형태이든 이러한 지식을 퍼뜨리는 것은 용납되지 않는다. 영국에서는 여성의 경우에는 불문에 붙이나, 남성의 동성애는 위법으로 되어 있다. 그것은 음란하다는 이유로 위법으로 간주될 수 없는 것이다. 그럼에도 그것에 관한 법률 개정을 제안하는 것은 매우 어려운 일이다.

이 문제를 특별히 연구해 본 사람은 누구나 알 수 있는 일이지만, 이러한 법률은 야만적이고 무지한 미신의 소산이며,

합리적으로는 조금도 변호할 여지가 없는 것이다. 근친상간에 관해서도 이와 같이 생각할 수 있다. 비교적 최근에 어떤 형태의 근친상간을 범죄로 규정한 새로운 법률이 통과되었다. 그러나 로드 캠벨법하에서 이 법률에 관한 찬반론을 제기하는 것은 과거에도 현재에도 위법이다. 매우 추상적이거나 신중한 나머지 설득력을 상실한 이론만이 유일하게 허용되었다.

로드 캠벨법의 또 하나 흥미로운 점은 고등교육을 받은 사람만이 알고 있는 길다란 전문적 어휘를 쓴다면 여러 가지로 문제를 논의해도 좋지만, 대중이 이해할 수 있는 말로 해서는 안 된다는 것이다. 어느 정도 조심만 한다면 '코이터스(coitus, 性交)' 란 말을 활자로 표현하는 것은 허용된다. 그러나 이 말 대신에 일음절의 동의어를 사용하는 것은 용납되지 않는다. 이것은 최근 '소매 없는 사환(Sleeveless Errand)' 사건에서 결정되었다. 가끔 이 단순한 말의 금지가 중대한 결과를 초래한다. 예컨대, 직장 여성을 위해서 쓴 생어(Sanger) 여사의 산아제한에 관한 팜플렛은 직장 여성이 그것을 알아볼 수 있다는 이유에서 음란한 것이라는 선고를 받았다. 한편 마리 스토프스 박사의 저서는 용어가 어느 정도 교양이 있는 사람만이 알아볼 수 있다는 이유에서 위법이 아니라는 것이다. 그 결과는 산아제한을 부유한 사람들에게 가르쳐주는 것은 허용되지만, 임금 노동자와 그 아내에게 가르쳐주는 일은 범죄가 된다는 것이다. 나는 이러한 사실을 '우생학 협회' 가 알았으면 한다. 이 협회는 중류계급 사람들보다 임금 노동자의 출산율이 높다는 것을 항상 개탄하면서도, 이러한 사실의 원인이 되고 있는 법률을 개정하려는 시도는 삼가하고 있다.

음란 출판물에 대한 법률의 이러한 태도가 유감스러운 것이라는 데 많은 사람이 동의할 것이다. 그럼에도 불구하고 그들은 이러한 법률이 필요하다고 생각할 것이다. 나 자신은 이러한 달갑지 않은 결과를 초래하지 않으면서 음란 도서에 관한 단속법을 만들 수 있다고는 생각하지 않는다. 그리고 이러한 이유로 나 자신은 이러한 문제에 어떠한 법률을 만드는 것에도 찬성하지 않는다. 내가 이렇게 주장하는 데는 두 가지 이유가 있다. 하나는 법률로써 악을 막으려고 하면 반드시 선도 금지하게 된다는 것이며, 다른 하나는 분명히 선정적인 출판물이라도 만약 성교육이 합리적이라면 거의 해로울 것이 없다는 것이다.

첫째 이유에 대해서는 영국의 로드 캠벨법의 운용의 역사가 유감없이 증명하고 있다. 로드 캠벨법은(그 법에 관한 논의 자료를 읽어보면 누구나 알 수 있는 것처럼) 원래 선정적인 책을 금지하는 것만을 목적으로 한 것이었으며, 다른 형태의 문학에 대해서는 적용할 수 없도록 기초(起草)된 것이었다. 그러나 이러한 신념은 경찰관의 지성과 치안판사의 우둔함에 대한 인식 부족에서 기인한 것이었다.

검열 제도에 관한 전반적 문제는 모리스 에른스트와 윌리엄 지글의 저서에서 놀랄 만큼 잘 다루어지고 있다.[4] 그들은 영국과 미국 두 나라의 사례뿐 아니라 다른 여러 나라의 사례도 간단히 언급하고 있다. 그중 영국의 희곡 검열이라는 한 가지 사례만을 보더라도, 단지 색정(色情)을 자극할 목적으로 쓰여진 하찮은 각본이 까다롭다는 말을 듣고 싶어 하지 않는 검열관에 의해서 쉽사리 통과된 반면, 『워렌 부인의 직업(*Mrs.*

Warren's Profession)』처럼 커다란 논쟁을 일으킨 진지한 희곡이 검열을 통과하는 데는 많은 세월이 걸려야 했다. 또 『센시(*The Cenci*)』와 같은 뛰어난 시적 가치가 있는 희곡은 비록 색정을 자극할 만한 말 한 마디 없었음에도 불구하고, 챔벌린 경의 사나이다운 가슴에 일으킨 혐오감을 극복하는 데 백년이라는 세월이 걸렸다.

그러므로 우리는 수많은 역사적 증거를 토대로 하여 검열은 성실한 예술적 또는 과학적 가치를 갖는 작품에 불리하게 운용되는 것이며, 단순히 음란한 목적밖에 가지지 않는 자들은 항상 요령 있게 그러한 법망을 잘 빠져나간다고 단언해도 좋다.

그러나 검열을 반대하는 더 근본적인 이유가 있다. 그것은 노골적으로 선정적이라 할지라도 만일 그것이 공개되어 있고 부끄러워해야 할 것이 아니라면, 남몰래 숨어서 그것을 즐기는 것보다는 해가 적을 것이라는 점이다. 법률이 있음에도 불구하고, 거의 모든 남자들은 사춘기에 포르노 사진을 본 적이 있으며, 또 그것을 구하기 힘들기 때문에 그러한 사진을 가지고 있는 것을 자랑한 경험도 있을 것이다. 인습적인 사람들은 그러한 것이 그들 자신에게 해를 끼친다고는 결코 생각하지 않지만, 타인에게는 매우 해롭다고 여긴다.

확실히 그것은 일시적으로 색정을 자극한다. 그러나 정력이 왕성한 남성의 경우, 그러한 감정은 어떤 식으로든 일어나게 되어 있다. 남자가 성욕을 느끼는 빈도는 그 자신의 육체적 조건에 의해서 결정된다. 그런데 실제로 그에게 그러한 감정을 일으키는 계기는 그가 자라난 사회적 인습에 의존한다. 빅토리아 시대 초기의 남성에게는 여성의 발목이 충분한 자극이었다. 그런데 현대의 남성은 넓적다리까지 보아도 아무렇지도 않다. 이것은 단지 의복의 유행의 문제이다. 만일 나체가 유행한다면, 그것이 우리를 자극하는 일은 없어질 것이다. 한편 여성은(일부의 야만족에서 볼 수 있는 것처럼) 자기를 성적으로 매력 있게 하는 수단으로서 오히려 옷을 입게 될지도 모른다.

문학과 회화에 관해서도 이와 똑같이 생각할 수 있을 것이다. 빅토리아 시대에는 자극적이었던 것이 훨씬 개방적인 시대의 남성에게는 아무런 동요도 주지 못할 것이다. 여성이 성적 매력의 발산 정도를 억제하면 할수록, 훨씬 적은 성적 매력으로도 커다란 효과를 발휘하게 될 것이다. 포르노 사진이 가지는 매력 가운데 10분의 9는 도덕주의자들이 청소년에게 가르친 성에 관한 불결한 감정에서 기인한다. 나머지 10분의 1은 생리적인 것으로, 법률이 어떻든 간에 일어나게 되어 있는 것이다. 나의 이러한 생각에 동의할 사람은 거의 없으리라고 생각되지만, 이러한 근거에서 나는 음란 출판물에 관한 문제에는 일체의 법률이 무용하다고 믿는다.

벌거벗고 뛰노는 아이들이 더 건강하다

나체에 대한 터부는 성이라는 문제에 대해서 솔직한 태도를 취하는 데 장애가 된다. 특히 어린 아이들과 관련해서 이것은 오늘날 많은 사람들이 인정하고 있는 점이다. 어떠한 기회에 자연적으로 아이들이 서로의 나체를 그리고 양친의 나체를 보는 것은 좋은 일이다. 세 살 때쯤, 아이들은 아버지와 어머니의 차이에 흥미를 느끼며, 이러한 차이를 자기와 자기의 형제 자매와의 차이와 비교해 보곤 한다. 그러나 이러한 시기는 이내 지나가 버리고, 그 후에는 나체에도 옷을 입었을 때와 마찬가지로 흥미를 느끼지 않는다. 부모가 아이들에게 나체를 보이는 것을 꺼려하는 한, 아이들은 어떤 비밀스러운 것이 있으리라는 느낌을 반드시 가지게 될 것이다. 그리고 그러한 느낌을 가짐으로써 그들은 음란하고 추잡해질 것이다. 이러한 것을 피하는 길은 오직 한 가지밖에 없다. 그것은 비밀을 없애는 것이다.

맑은날 야외와 같은 적당한 환경에서는 나체를 장려하고 싶은 많은 중요한 건강상의 이유가 있다. 피부를 햇볕에 노출하는 것은 건강 증진에 대단한 효과를 준다. 또 옷을 벗고 야외에서 뛰놀고 있는 아이들을 본 적이 있는 사람이라면, 그들이 옷을 입고 있을 때보다 훨씬 좋아하며 한결 더 자유롭고 우아하게 논다는 사실을 알 것이다. 이와 같은 것은 어른에게도 마찬가지이다. 나체에 적당한 장소는 햇볕이 쬐는 야외나 물속이다. 만일 우리의 관습이 이를 허용한다면, 나체가 어떤 성적인 자극을 일으키는 일은 사라질 것이다. 우리는 더 많은 즐거움을 누릴 것이며, 피부는 공기와 태양을 접함으로써 더욱 건강해질 것이고, 또 우리들의 아름다움의 기준은 건강의 표준과 더욱 일치하게 될 것이다. 왜냐하면 아름다움은 얼굴뿐만 아니라 신체나 몸가짐과도 관련되기 때문이다. 이 점에서 나는 그리스 사람들의 습관을 권하고 싶다.

2. 여성해방과 가족

여성의 육체적 감옥을 해방시키자

현대 성도덕의 과도기적 상태는 주로 두 가지 원인에서 비롯된다. 첫째는 피임 도구의 발명이요, 둘째는 여성해방이다. 이러한 원인 가운데 전자에 관해서는 다음에 고찰하기로 하고, 이 장에서는 후자에 대해 이야기해 보겠다.

여성해방은 민주주의 운동의 일부분이다. 그것은 프랑스 혁명과 더불어 시작한다. 혁명은 상속법을 여성에게 유리하게 개정하였다. 매리 울스톤크라프트의 『여성의 권리 옹호』(1792)는, 프랑스 혁명을 낳고 동시에 이 혁명에 의해 나타난 사상들의 한 가지 산물이었다. 그때부터 오늘날까지 남녀평등에 대한 요구는 끊임없이 주장되어 왔고, 또 성공을 거두어 왔다. 존 스튜어트 밀의 『여성의 예속』은 매우 설득력 있고 논리 정연한 책으로, 그의 다음 세대의 지식인들에게 커다란 영향을 주었다. 나의 부모는 그의 신봉자였으며, 어머니는 이미 1860년대에 부인 참정권의 필요성을 역설하였다. 어머니가 그토록 열렬한 페미니스트였기에 나는 최초의 여의사 가렛 앤더슨의 손에서 태어났다. 그녀는 그 당시 정규 의사 자격을 얻지 못하였고, 그저 공인된 조산원에 불과했다.

초기의 페미니즘 운동은 상류와 중류 계급에 한정되었으며, 따라서 대단한 정치 세력은 아니었다. 부인에게 선거권을 부여하려는 법안이 매년 의회에 제출되기는 했다. 매번 (신념에 찬) 베그 씨가 제안하고 스트랭웨이스 피그 씨가 동의하였지만, 그 당시에 법안이 통과될 가망은 전혀 없었다. 그러나 그 무렵의 중산층 페미니스트들은 그들의 활동 범위 내에서 하나의 커다란 성과를 거두었는데, 그것은 바로 '기혼부인 재산법'(1882)의 통과였다. 이 법률이 통과될 때까지 기혼 여성의 소유 재산은 어떠한 것이든지 남편의 관리하에 있었다(물론 신탁 재산에 관해서는 남편도 그 원금을 소비할 수는 없었다).

정치적 측면에서의 여성운동의 이후의 역사는 극히 최근의 일로서 잘 알려져 있기 때문에 여기서 되풀이할 필요는 없을 것이다. 단지 겉으로 드러난 변화의 규모만 보더라도, 대부분의 문명국에서 과거에는 그 유례를 찾아볼 수 없을 만큼 여성들이 급속히 정치적 권리를 획득하였다는 점만을 지적해 두겠다. 노예제도의 폐지가 어느 정도 이와 비교될 만할 것이다〔물론 이러한 비유에는 무리가 따른다〕. 노예제도가 근대 유럽의 국가들에는 존재하지 않았으며, 그것이 남녀 관계처럼 밀접한 것도 아니기 때문이다.

이러한 급격한 변화의 원인에는 두 가지가 있다고 나는 생각한다. 하나는 민주주의 이론의 직접적인 영향이다. 그것이 여성의 요구에 응하지 않고서는 도저히 이치에 맞는 답변을 할 수 없게 만들었을 것이다. 다른 하나는 가정 밖에서 일하며 아버지나 남편에 의존하지 않고 스스로 생계를 유지하는 여성의 수가 끊임없이 증가하였다는 사실이다. 물론 이러한 상태는 전시(戰時)에 절정에 달하였다. 당시에는 보통 남자가 하던 일의 거의 대부분을 여성이 맡아 하지 않으면 안 되었다. 전쟁 전, 여성에게 선거권을 부여할 수 없다고 주장한 이유 중의 하나는 여성에게는 반전적(反戰的)인 경향이 있다는 것이었다. 전쟁 기간 동안, 여성들은 이러한 비난을 대대적으로 반박하였고, 고된 노동을 분담한 덕택으로 선거권을 부여받았다.

여성이 정치의 도덕적 기품을 높여줄 것이라 여긴 이상주의적 선구자들에게 이러한 결과는 실망을 안겨주는 것일지 모른다. 어떤 이상을 실현하기 위해 투쟁하지만, 결국 그 이상의 파괴를 목격하는 것이 이상주의자들의 숙명이다. 여성의 권리는 도덕적으로 혹은 다른 면에서 여성이 남성보다 우월하다는 어떤 신념에 의존하는 것이 아니다. 그것은 여성의 인간으로서의 권리에 의존하는 것이며, 민주주의의 보편적 원리에 의존하는 것이다. 그러나 압제받는 계급이나 국민이 그 권리를 주장할 때 언제나 볼 수 있는 것처럼, 여권론자들은 여성이 어떤 특별한 미덕을 갖는다고 주장함으로써 자신들의 이론을 강화하려고 하였다. 그 미덕이란 곧 도덕적인 측면에서의 우월함이었다.

그러나 여성의 정치적 해방은 우리의 주제와는 간접적인 관계가 있을 뿐이다. 결혼과 도덕에 있어서 중요한 것은 여성의 사회적 해방이다. 고대에서의 그리고 동양에서는 오늘날까지도 여성의 정조를 지키는 방법은 여성을 격리하는 것이다. 여성의 내면적 자제력을 고무하기보다는, 죄를 저지르게 될 모든 가능성을 제거하려 하였다. 서양에서는 이러한 방법을 진정으로 채용한 일은 없었으나, 양가(良家)의 여성들은 어릴 때부터 혼외의 성교를 두려워하도록 교육받았다. 이러한 교육방법이 완벽해져 감에 따라서 외적인 장벽은 점차 제거되었다. 이 외적인 장벽을 제거하려 노력한 사람들은 내적인 장벽만으로 충분하다고 확신하고 있었다. 예컨대 교육을 잘 받은 처녀는 젊은 남자의 유혹에 빠지는 일이 절대로 없을 것이므로 보호자가 필요 없다고 여겼다.

내가 어렸을 때 상류 부인들은 일반적으로 성교란 불쾌한 것이며, 결혼한 이상 의무감에서 감수할 수밖에 없는 것이라고 생각하였다. 이러한 생각 때문인지, 그들은 오늘날에는 좀 지나치다 싶을 만큼 딸의 자유를 구속하였다. 그 결과는 아마 예상하였던 것과는 약간 달랐을 것이다. 그리고 이러한 차이는 〔과거와 현재의〕 기혼여성들 사이에서나 〔과거와 현재의〕 미혼여성들 사이에서나 마찬가지로 존재한다.

빅토리아 시대의 여성은 정신적 감옥 속에 살았으며, 지금도 역시 많은 여성들이 그러한 상태에 있다. 이 감옥이 명확히 자각되지는 못했다. 왜냐하면 그것은 억제장치로서 잠재의식 속에 있었기 때문이다. 현대의 젊은이들 사이에서 이러한 억제는 무너지기 시작했으며, 근신(謹愼)이라는 산 속에 묻혀 있었던 본능적 욕구가 의식 위로 다시 부상하게 되었다. 이것은 한 나라, 한 계급뿐만 아니라, 모든 문명국과 모든 계급의 성윤리에 혁명적인 결과를 가져왔다.

여자에게만 순결과 정조를 강요하는 것은 부당하다

남녀평등에 대한 요구는 처음부터 정치적 문제뿐만 아니라 성윤리와도 관련되어 있었다. 매리 울스톤크라프트의 태도는 이후 어떤 여권운동가들도 필적할 수 없을 만큼 철저하게 현대적이었다. 반대로 그녀들은 대개가 딱딱한 도덕주의자였으며, 이제까지 여성만이 감내해 왔던 도덕적인 속박을 남성에게도 부과하기를 원했다. 그러나 1914년 이후 젊은 여성들은 (여러 이론을 늘어놓을 필요도 없이) 다른 길을 걷기 시작했다. 제1차 세계대전의 감정적 흥분이 이 새로운 출발을 촉진한 원인이었다는 것은 의심할 나위도 없다. 그러나 그것은 어떻게든 머지 않아 오고야 말 것이었다.

과거에 여성의 정조의 동기는 주로 죄에 대한 두려움과 임신에 대한 두려움이었다. 하나는 정통 신학이 쇠퇴함으로써, 다른 하나는 피임법에 의해서 제거되었다. 얼마 동안 전통적 도덕은 관습과 정신적 타성에 힘입어 그럭저럭 지탱해 왔다. 그러나 전쟁의 충격은 이러한 장벽을 제거하였다. 최근의 여권론자들은 더 이상 30년 전의 여권론자들처럼 남성의 '악덕'을 제거하려고 안달하지 않는다. 오히려 그녀들은 남성에게 허용되는 일은 여성에게도 허용되어야 한다고 요구한다. 그녀들의 선배들이 도덕적 노예 상태에서의 평등을 추구한 것에 반하여, 그녀들은 도덕적 자유의 평등을 추구한다.

이 운동은 아직 초기의 단계여서, 그것이 어떻게 발전해 갈지는 말할 수 없다. 그것의 신봉자와 운동가는 대개가 아직 매우 어린 사람들이다. 무게 있고 중요한 인사들 중 이들을 옹호하는 사람은 거의 없다. 경찰이나 법률, 교회나 부모 등 권력을 지닌 자들이 사실을 알게 되면 언제나 이 젊은이들에 반대한다. 이러한 권력자들의 반응을 알기에 젊은이들은 자신들의 생각을 잘 드러내지 않는다. 린제이 판사처럼 이 운동을 옹호하는 작가는 기성세대로부터 젊은이들이 의식하지 못하는 사이 그들을 중상모략하고 있다고 간주된다.

이러한 상태는 물론 매우 불안정하다. 기성세대가 이러한 사실을 알고서 젊은이들이 새로 획득한 자유를 빼앗으려고 하든가, 젊은이들이 성장하여 이 새로운 도덕에 권위를 부여할 수 있는 중요한 지위를 차지하든가, 이 두 가지 중에서 어느 것이 먼저 일어나는가의 문제이다. 나라에 따라서 다르리라고 짐작된다. 부도덕이(만사가 다 그렇지만) 정부의 특권처럼 되어 있는 이탈리아에서는 '미덕'을 강조하고 있다. 러시아에서는 이와는 사정이 전혀 다르다. 왜냐하면 정부가 새로운 윤리를 지지하는 입장에 서 있기 때문이다. 독일의 프로테스탄트 쪽에서는 자유가 승리할 것이라고 기대되는 반면, 카톨릭 쪽에서는 보다 회의적이다. 프랑스는 예전부터 유명했던 프랑스적 관습으로부터 크게 벗어날 것 같지 않다. 그곳에서는 관습에서 그다지 크게 벗어나지 않는 한, 부도덕에도 뚜렷하게 관용을 베푼다. 영국과 미국에서는 어떻게 될지 나는 감히 예단(豫斷)하지 못하겠다.

여성이 남성과 동등하여야 한다는 요구의 논리적인 근거를 잠깐 생각해 보기로 하자. 남자가 불의의 성관계에 빠지는 것은(이론상으로는 아닐지라도) 실제로는 오랜 옛날부터 묵인되어 왔다. 결혼할 때에 총각이어야 한다는 것은 남자에게는 기대되지 않았다. 그리고 결혼 후라 할지라도 남자의 부정은 자기의 아내나 이웃 사람에게 알려지지 않는 한, 그다지 대단한 일로 생각되지 않았다.

이것을 가능하게 한 것이 바로 매음(賣淫)이다. 그러나 이러한 제도를 변호하는 것은 현대인에게는 곤란한 일이 되어 버렸다. 또 남편과 마찬가지로 표면상으로만 정숙한 체하는 부인을 만족시키기 위한 남자 매음을 만듦으로써 여자에게도 남자와 같은 권리를 주어야 한다고 주장하는 사람은 아마 없을 것이다. 그러나 요즘처럼 늦게 결혼하는 시대에 적당한 여자와 가정을 꾸밀 만한 여유가 생길 때까지 금욕을 지키는 남자는 극소수에 불과할 것이다. 따라서 미혼 남자가 금욕을 하지 않는다면, 권리 평등의 근거에서 미혼 여자도 마찬가지로 금욕할 필요가 없다고 주장할 것이다. 도덕주의자들이 이러한 사태를 통탄하는 것도 무리가 아니다.

그러나 이러한 문제를 숙고해 본 사람이라면, 인습적인 도덕주의자들이 이른바 이중의 기준, 곧 성도덕은 남자보다도 여자에게 더 중요하다고 하는 그릇된 견해에 빠져 있다는 것을 알게 될 것이다. 그들은 물론 자신들의 윤리설이 남자의 금욕까지도 요구한다고 주장할 것이다. 이에 대해서 숨어서 나쁜 짓을 하는 것은 남자에게는 쉬운 일이므로 그러한 요구를 남자에게 강요할 수 없다고 하는 뚜렷한 반론이 있다. 인습적인 도덕주의자는 이와 같이하여 본의아니게 남녀간의 불평등을 인정할 뿐 아니라, 젊은 남자는 평범한 여자보다는 매춘부와 성교하는 편이 낫다는 견해를 드러낸다. 후자와 관계하지 않고 전자와 관계하는 것이 금전적이지 않으며, 애정이 넘치고, 마음으로부터 기쁜 것임에도 말이다.

물론 도덕주의자들은 준수되지 않을 것이라는 것을 자신도 뻔히 알고 있는 도덕률을 주장한 결과에 대해서는 그다지 생각하지 않는다. 자신들이 매음을 주장하지 않는 한, 매음이 자신들의 설교의 불가피한 결론이라는 사실에 대해서 책임이 없다고 여긴다. 이것은 오늘날의 직업적인 도덕주의자는 평균 이하의 지성밖에 가지고 있지 않다는 사실을 보여주는 한 예에 불과하다.

이상과 같은 사정을 고려해 볼 때, 많은 남성들이 경제적 이유에서 일찍 결혼하는 것이 불가능하고, 따라서 많은 여성들도 결혼할 수 없는 이상, 남녀간의 평등이 여성의 정조에 관한 전통적인 기준의 완화를 요구하는 것은 명백하다. 만일 남자들에게(현재 그러한 것처럼) 결혼 전의 성교가 허용된다면, 여성에게도 역시 허용되어야 한다. 그리고 여성 인구가 더 많은 나라에서 산술적 필연성에 의해 결혼하지 못하는 여성이 성경험에서 완전히 제외되어야 한다면, 그것은 분명히 정의에 어긋난다. 여성운동의 선구자들은 이러한 결과를 미처 생각하지 못했다. 그러나 현대의 후계자들은 분명히 이것을 자각하고 있다. 이러한 논리에 반대하는 사람은 남자든 여자든 모두, 여성에 대한 정의에 찬성하지 않는 자라는 비판에 직면할 것이다.

이러한 새로운 도덕 대 낡은 도덕의 문제로부터 하나의 매우 명쾌한 결론을 얻을 수 있다. 만약 처녀의 순결과 아내의 정조가 이제 더 이상 요구되지 않아도 좋다면 가족을 보호하는 새로운 방법을 강구하든가, 그렇지 않으면 가족이 붕괴하는 대로 내버려 두든가 해야 한다. 아이를 낳는 일은 결혼 내의 일로 제한하고, 혼외 성교는 모두 피임기구를 사용하여 임신하지 않도록 하는 방안도 생각할 수 있을 것이다. 그러한 경우 세상의 남편들은 동양인이 환관(宦官)을 대하는 것처럼 아내의 연인에 대해서 관용하도록 배워야 할 것이다. 그러나 이러한 계획은 피임기구의 성능과 아내의 성실을 상식에 벗어날 만큼 신뢰할 것을 요구하기에 곤란하다. 물론 이러한 곤란성은 시간이 흐름에 따라 감소할 것이다.

새로운 도덕과 관련하여 또 하나의 문제는 중요한 사회제도로서의 부권이 쇠퇴하고 국가가 아버지의 의무를 떠맡는다는 점이다. 남성이 자기가 아버지라는 것을 확신하고, 그 자식들을 사랑할 경우, 오늘날 아버지들이 일반적으로 하는 것처럼 그는 부인과 자식을 부양하는 일을 자발적으로 떠맡을 것이다. 그러나 법률상 그러한 의무가 있는 것은 아니다. 실로 오늘날 모든 아이들은 아버지를 모르는 사생아가 될 처지에 놓여 있다. 다만 이러한 처지에 놓였을 때, 국가가 아이들의 양육을 지금보다 더 잘하는 경우는 얘기가 다르다.

만일 낡은 도덕이 재건되어야 한다면 꼭 필요한 것이 몇 가지 있다. 그중 몇 가지는 이미 실행되고 있다. 그러나 이것만으로는 별 효과가 없다는 것을 경험은 말해 준다. 첫째 요건은 딸들을 우둔하고 미신적이며, 무지하도록 교육하는 것이다. 이 요건은 교회가 관할하는 학교에서는 이미 충족되어 있다. 다음으로 필요한 것은 성이라는 주제에 관해 정보를 제공하는 일체의 서적에 대해서 매우 엄중한 검열을 실시하는 일이다. 이러한 조건도 영국과 미국에서는 충족될 것이다. 법률을 개정하지 않고서도 경찰이 좀더 분발하면 가능하기 때문이다.

그러나 이러한 조건들은 이미 존재하는 것이기에 불충분하다. 충분하다고 생각되는 유일한 조건은 젊은 여자가 혼자 남자와 같이 있는 기회를 전혀 주지 않는 것이다. 처녀들이 집밖에서 일하는 것은 금해야 한다. 어머니나 숙모를 동행하지 않고서는 외출하는 것도 허가해서는 안 된다. 보호자 없이 춤추러 가는 달갑지 않은 일은 단연 근절해야 한다. 50세 이하의 미혼 여성이 자동차를 가지는 것은 위법으로 해야 한다. 그리고 미혼 여성은 모두 한 달에 한 번씩 경찰의(警察醫)의 진단을 받도록 하여, 처녀가 아니라는 것이 발각되었을 때에는 형무소로 보내야 한다. 피임기구를 쓰는 일은 물론 전폐하여야 한다. 그리고 미혼 여성과 대화할 때 영원한 파멸이라는 도그마를 의심하는 행위도 위법으로 해야 한다.

이러한 방법을 백 년이나 또는 그 이상에 걸쳐서 강력히 실행한다면, 부도덕의 밀물을 어느 정도 막아낼 수 있을 것이다. 그러나 나는 어떠한 폐해가 일어날 위험을 막기 위해서 모든 경관과 모든 의사를 거세하는 것도 필요하리라고 생각한다. 남성 특유의 방종함을 고려해 볼 때, 이러한 정책을 한 발자국 더 밀고 나가는 것이 아마 현명할 것이다. 목사를 제외한 모든 남성을 거세해야 한다는 주장에 도덕주의자들이 귀

기울여야 하지 않을까 생각해 본다.[1)]

어떠한 방법을 선택하더라도, 어려움과 반대가 있다는 것을 알 수 있을 것이다. 만일 우리가 새로운 도덕을 추진하려 한다면 이제까지 걸어온 길보다 더 먼 길을 가야 하며, 예상했던 것보다 더 많은 어려움을 겪어야 할 것이다. 또 옛날에나 가능했던 속박을 현대 세계에 강행하려 하면, 결국 지나칠 정도의 엄중한 규제를 하게 되고, 이것은 곧바로 인간본성 상의 저항을 초래할 것이다. 이것은 너무나 명백하기 때문에 어떠한 위험이나 곤란이 있다 하더라도, 우리들은 세계를 후퇴시키는 것보다는 전진시키는 것에 만족하지 않으면 안 된다. 바로 이러한 목적을 위해서 진정으로 새로운 도덕이 필요하게 될 것이다.

내가 말하고자 하는 바는 과거에 생각되었던 의무나 임무와는 매우 다를지라도, 의무나 임무가 앞으로도 결코 무시되어서는 안 된다는 것이다.

모든 도덕주의자들이, 예컨대 도도새처럼 지금은 사멸한 제도로 복귀할 것을 주장하며 자기 만족하는 한, 새로운 자유를 도덕적으로 해석하거나 그것에 따르는 새로운 의무를 지적하는 등의 작업은 할 수 없을 것이다.

새로운 제도가 낡은 제도보다 더 제멋대로 충동에다 내맡기는 것을 인정하는 것은 아니라고 생각된다. 그러나 충동을 억제하는 기회와 동기는 이제까지의 것과는 다른 것이어야 할 것이다.

진실로 성도덕의 문제를 전반적으로 새로이 검토해 볼 필요가 있다.

현대에는 국가가 아버지를 대신한다

이 책의 4장에서 우리는 모계 가족과 가부장제 가족 그리고 각각의 성윤리에 대한 원시적 견해의 의의를 고찰할 것이다. 여기서는 성적 자유를 제한하는 유일한 합리적 기반을 제공하는 가족에 관해서 고찰하기로 하겠다.

우리는 성과 죄에 관해서도 앞으로 논의할 것이다. 성과 죄를 결부시키는 것은 초기 기독교도들이 발명한 것은 아니었지만, 그들에 의하여 최대한으로 이용되었고, 지금은 우리들 대부분의 무의식적인 도덕판단 속에 구체화되어 있다. 성에는 어떤 사악한 면이 있어서, 오직 자손을 얻고자 하는 욕망과 결혼이 결합함으로써만 그것을 제거할 수 있다고 하는 신학적 견해를 여기서 문제삼지는 않겠다. 우리가 지금 생각해야 할 문제는 아이들의 이익을 위해서 요구되는 안정적인 성관계의 모습, 즉 우리가 안정된 결혼생활을 요구하는 이유로서의 가족에 관해서이다.

이 문제는 그리 간단한 것이 아니다. 우선 아이가 가족의 한 사람이 되는 데서 오는 이익과 아이가 없을 때의 이익을 비교해 보아야 한다. 버려진 아이들을 수용하는 시설이 매우 훌륭하다면 대가족을 이루기보다는 오히려 그 편을 선택할지 모른다. 또 가족 생활에서 아버지가 어떠한 중요한 역할을 하고 있는가를 생각해 보아야 한다. 왜냐하면 여성의 정조가 가족에 절대로 필요하다고 여겨진 것은 오로지 그를 위해서였기 때문이다. 우리는 아이들 개개인의 심리에 미치는 가족의 영향(프로이트는 이것을 상당히 비관적으로 바라보았다)을 검토해야 한다.

경제제도가 아버지라는 존재의 중요성에 어떠한 영향을 미치는가도 생각해 보아야 한다. 국가가 아버지의 위치를, 혹은 가능하다면(플라톤이 제안한 것처럼) 어머니의 역할까지 맡는 것을 희망해야 할 것인가 어떤가를 자문해 보아야 한다. 그리고 보통은 부모가 있는 것이 아이들에게 가장 좋은 환경으로 간주되지만, 그중 어느 한쪽이 어버이로서의 책임에 부적당한 경우, 혹은 부모가 도저히 화합할 수 없어 헤어지는 편이 아이의 이익에 바람직한 경우 등 무수한 경우들을 생각해 보아야 한다.

신학적인 근거에서 성의 자유에 반대하는 사람들은 일반적으로 아이들의 이익에 어긋난다는 이유로 이혼에 반대한다. 그러나 신학적인 의도에서 이렇게 주장하는 것은 결코 진실한 것이 못 된다. 이러한 사람들은 어버이의 한쪽이 매독에 걸려 있고, 아이 역시 감염될 우려가 있을 때에도 이혼이나 피임을 허용하려고 하지 않는다. 이러한 종류의 사례는 막다른 지경에 다다라서 어린 아이들의 이익을 위해서였다고 흐느껴 울면서 호소하는 것이 실은 자신들의 잔혹함에 대한 변명에 불과하다는 것을 보여주는 것이다. 결혼과 아이들의 이익이라는 상호연관된 문제는 편견 없이 그리고 해답이 처음부터 명백하게 주어지지는 않는다는 것을 고려하여 고찰할 필요가 있다. 이 점에 관해서 좀더 설명해 보겠다.

가족제도는 인류가 이 땅에 존재하기 이전부터 있었다. 이러한 주장은 임신과 수유기간 동안 아버지의 도움이 아이의 생존에 필수적이라는 사실에서 그 생물학적 정당성을 갖는다.

그러나 우리는 트로브리안드 섬사람의 예에서 알 수 있는 것처럼 그리고 유인원의 경우에서 충분히 짐작할 수 있는 것처럼, 아버지가 이러한 도움을 주는 이유는 원시적 상태에서와 문명사회에서 서로 같지 않다.

원시인 아버지는 아이가 자기와 생물학적 관계를 가지고 있다는 것을 모른다. 아이는 자기가 사랑하는 여자가 낳은 것이다. 이런 사실은 그도 알고 있다. 왜냐하면 아이를 낳는 것을 직접 보았기 때문이다. 그와 자식 사이에 본능적 결합이 생기는 것은 단지 이 사실 때문이다. 이러한 단계에서 남편은 아내의 정조를 지키는 것이 생물학적으로 중요하다는 것을 알지 못한다. 만일 아내의 부정을 발견한다면 물론 그도 본능적인 질투를 느낄 것이다. 그러나 이 단계에서 그는 아직 자식이 자기의 것이라는 의식을 가지고 있지 않다. 아이들은 그의 아내와 처남의 소유물일 뿐이며, 그 자신과 아이와의 관계는 단지 애정 관계에 불과하다.

그러나 지능이 발달함에 따라서, 인간은 이내 선악의 지식이라는 열매를 따먹지 않으면 안 되었다. 그는 아이가 자기의 종자에서 나왔다는 것을 알게 되었으며, 아내의 정조를 확실히 해야만 했다. 아내와 자식은 그의 소유물이 되었으며, 어떤 수준의 경제발전 단계에서 아내와 자식은 매우 귀중한 재산이었다. 그는 아내와 자식이 자신에게 의무감을 가지도록 하기 위해서 종교를 이용했다.

자식과 관련해서 이것은 특히 중요하다. 왜냐하면 자식이 어릴 때에는 그가 더 힘이 세지만, 머지 않아 아이는 기력이 왕성한 어른이 되는 반면 그 자신은 노쇠할 때가 올 것이기 때문이다. 이 단계에서는 자식이 그를 존경하는 것이 그의 행복을 위해서 매우 필요하다. 십계명은 이 문제에 관해서 기만적으로 말하고 있다. "너의 애비와 너의 어미를 공경하고, 이 땅에서 그들이 오래 살 수 있도록 기도할지어다." 고대 문명에서 볼 수 있는 부모 살해에 대한 공포는 이 유혹을 극복하기가 얼마나 어려운가를 반증하는 것이다. 식인(食人)처럼 우리 자신이 범하리라고 상상할 수도 없는 범죄는 우리들에게 진정한 공포를 불러일으키지 않는다.

가족제도가 완성되어 정착된 것은 초기의 목축 및 농경 사회의 경제적 조건들에 의해서였다. 대개의 사람들은 노예 노동을 이용할 수 없었기 때문에 노동력을 얻는 가장 쉬운 방법은 자식을 낳아서 키우는 것이었다. 자식들이 아버지를 위해서 일하도록 만들기 위해서, 가족이라는 제도를 종교와 도덕의 총력을 기울여서 신성화하는 작업이 필요했다. 점차적으로 장자 상속이 일반화되면서 가족 단위는 방계(傍系)로까지 확장되었고, 가장의 권력은 강화되었다. 왕과 귀족의 지위는 본질적으로 이러한 사상체계, 더 나아가 신성에 의존하였다. 제우스는 모든 신들의 아버지이며, 동시에 모든 인간의 아버지였다.

이 시기까지는 문화의 발달이 가족의 힘을 증대시켰다. 그러나 이 시기 이후에는 그와는 정반대의 움직임이 나타났다. 그리고 마침내 서구 세계에서 가족은 과거의 흔적에 불과한 것이 되어버렸다. 가족의 쇠퇴를 가져온 원인의 일부는 경제적인 것이었으며, 일부는 문화적인 것이었다.

완전히 발달한 가족은 도시 거주민이나 선원에게는 결코 적합한 것이 아니었다. 상업은 현대를 제외한 모든 시대를 통하여 문화의 주요한 원인이었다. 그것은 사람들로 하여금 자기 이외의 관습과 접촉함으로써 자신의 종족적 편견에서 벗어나는 것을 가능하게 했다. 따라서 항해에 종사한 그리스인들은 동시대의 사람들에 비해서 가족의 구속을 덜 받았다. 바다의 해방적 영향력을 보여주는 다른 예들은 베니스에서, 네덜란드에서 그리고 엘리자베스 시대의 영국에서 찾아볼 수 있을 것이다.

그러나 이것은 논점 밖의 문제이다. 우리의 관심을 끄는 것은 가족 가운데 한 사람이 나머지 식구들을 집에 두고 긴 항해를 떠나면, 그는 필연적으로 가족의 속박을 벗어나게 되며, 그에 비례해서 가족이 약화된다는 사실이다. 모든 문명 상승기의 특징인 농촌 인구의 도시 유입도 가족을 약화시킨다는 점에서 해상무역과 공통된다.

하층 계급과 관련하여, 가족의 약화를 촉진한 보다 중요한 요인은 노예제도였다. 주인은 자기 노예의 가족관계를 거의 고려하지 않았다. 그는 언제나 마음대로 부부를 갈라놓을 수 있었다. 물론 마음에 드는 여자노예와 성교할 수도 있었다. 그러나 이것이 귀족의 가족을 약화시키지는 않았다. 귀족의 가족은 명예욕과 권세욕에 매여 있었다. 몬타규가와 캬퓰렛가의 싸움은 고대 도시생활과 중세 말에서 르네상스기에 걸친 이탈리아 도시생활의 특징을 잘 나타내 준다.

그러나 귀족제는 로마제국 최초의 1세기 동안에 그 위엄을 상실하고 말았다. 마침내 승리한 기독교는 원래 노예와 무산자의 종교였다. 이러한 계급들에서 먼저 가족이 약화된 것은 초기의 기독교가 어느 정도 가족에 대해서 적대적이었으며, 불교 윤리를 제외한 어느 기존 윤리보다도 가족의 지위를 낮게 보는 윤리를 형성하였다는 사실 때문이다. 기독교 윤리에 있어서 중요한 것은 영혼과 신의 관계이지, 인간과 인간의 관계가 아니다.

그러나 불교의 경우, 지나치게 경제적 원인을 강조하는 것은 경계해야 할 것이다. 불교가 개인의 영혼을 중시하는 것은 경제적인 이유에서라고 결론지을 만큼 불교가 전파될 당시의 인도 사정에 대해서 나는 잘 알지 못한다. 그리고 그러한 원인이 있었는지도 의심스럽다. 인도 불교의 융성기를 개관해 보면, 처음에 그것은 주로 왕후(王侯)들에 의해 신봉되었는데, 그들은 다른 어느 계급보다 강하게 가족과 관련된 사상에 끌렸을 것이다. 그럼에도 불구하고 속세를 천시하고 구원을 추구하는 풍조가 일반화되면서, 결과적으로 불교 윤리에 있어서 가족은 매우 경시되었다.

마호메트〔만일 종교가라고 부를 수 있다면 공자(孔子)까지도〕를 제외한 위대한 종교 지도자들은 일반적으로 사회나 정치에 관해서는 매우 무관심하였으며, 오히려 명상과 수행과 망아(忘我)에 의한 영혼의 완성을 추구하였다. 역사시대에 들어와서 일어난 종교는 선사시대에 존재하고 있었던 여러 종교와는 반대로 대체로 개인주의적이며, 인간은 고독한 가운데서 모든 의무를 완수할 수 있다고 생각하는 경향이 있었다. 물론 그들은 인간이 사회적 관계를 가지고 있는 이상, 이들 관계에 속하는 의무라고 인정되는 것을 수행해야 한다고 주장하였지만, 대체로 이러한 관계를 의무 그 자체로 보지는 않았다.

이것은 특히 기독교에서 현저하다. 기독교는 가족에 대해서 언제나 모호한 태도를 취해 왔다. “나보다 부모를 더 사랑하는 자는 훌륭하지 못하니라.” 복음서 가운데 이 구절은 요컨대 사람은 자기가 옳다고 생각하는 바를 비록 어버이가 그것을 나쁘다고 생각하더라도 해야 한다는 것을 의미한다. 이러한 견해에 대해 고대 로마인이나 중국인은 찬성하지 않을 것이다. 기독교의 이러한 개인주의적 요소는 서서히 작용하였지만, 차츰 모든 사회 관계를 약화시켰다. 특히 가장 열렬한 신자들 사이에서 그러하였다.

이러한 영향은 카톨릭보다도 프로테스탄트에서 더욱 두드러진다. 왜냐하면 우리가 복종해야 할 대상은 인간이 아니라 신이라는 프로테스탄트의 원리 속에 무정부주의적 요소가 내포되어 있기 때문이다. 신에게 복종한다는 것은 곧 개인의 양심에 따르는 것을 의미한다. 그러나 양심은 사람마다 다를 수 있다. 그러므로 양심과 법률은 때때로 충돌하지 않을 수 없다. 이 경우 진실한 기독교도는 법률의 명령보다는 오히려 자기의 양심에 따르는 사람을 존경해야 한다고 느낄 것이다.[2)] 초기 문명에서는 아버지가 곧 신이었다. 기독교에서는 신이 곧 아버지다. 그 결과 단순히 인간에 불과한 어버이의 권위는 약화된다.

근대에 들어와서 가족의 쇠퇴가 주로 산업혁명 때문이었다는 점은 의심할 여지가 없지만, 그것은 이미 산업혁명 이전부터 시작하였으며, 그 출발은 개인주의 이론에 의해서 고취되었다. 젊은이들은 어버이의 명령에 따르지 않고, 자기의 의지에 따라서 결혼할 권리를 주장하였다. 결혼한 자식이 아버지의 집에서 사는 관습은 없어졌다. 자식은 교육을 다 받자마자 곧 집을 떠나서 독립된 생활을 영위하는 관습이 생겼다.

과거에는 어린 아이들이 공장에서 일할 수 있는 한, 과로로 죽을 때까지 어버이의 생계의 원천이 되었다. 그러나 공장법(the Factory Acts)은 (그것으로 살아가는 사람들의 항의에도 불구하고) 이러한 형태의 착취에 종지부를 찍었다. 생계의 수단이었던 아이들은 이제 경제적 부담이 되었다. 이 단계에서 피임방법이 알려지게 되었고, 출생률이 저하하기 시작했다. 어느 시대에나 사람들은 많지도 적지도 않은, 자신이 감당할 수 있을 만큼의 아이를 낳았다는 주장이 있다. 어쨌든 이것은 오스트레일리아의 원주민, 랭카셔 지방의 방적(紡績) 노동자 그리고 영국의 귀족에게는 참인 것 같다. 이러한 견해가 이론적 정확성을 갖고 주장될 수는 없을 것이다. 그러나 사람들이 생각하는 것처럼, 그것이 진실에서 그리 먼 것은 아니다.

이처럼 궁지에 몰린 가족의 지위는 오늘날 국가의 행위에 의해 더더욱 약화되고 있다. 전성시대의 가족은 나이 지긋한 가장과 성인이 된 많은 아들들 그리고 그들의 아내와 자식들(그리고 그 자식들의 자식들)로 이루어졌으며, 모두 한 집에서 살고, 모두가 하나의 경제적 단위로서 협동하며, 모두가 군국적인 근대국가의 시민처럼 외부 세계를 향하여 굳게 뭉쳤다.

오늘날 가족은 아버지와 어머니 그리고 그들의 어린 자식들로 축소돼 버렸다. 그러나 어린 자식들까지도 국가의 법령에 의해서 대부분의 시간을 학교에서 보내며, 부모가 바라는 것보다 국가가 아이들에게 좋다고 생각하는 것을 거기에서 배운다(그러나 이에 대해서 종교는 부분적으로 예외이다). 영국인 아버지는 로마인 아버지처럼 그의 아이들에 대한 생살여탈(生殺與奪)의 권리를 가지기는커녕, 만일 자기 자식을 백년 전에 대개의 아버지가 도덕 교육상 필요하다고 여겼던 그러한 방식으로 취급한다면, 학대했다는 이유로 기소될 우려가 다분히 있다. 만일 부모가 가난하다면, 국가가 아이들의 병과 충치를 치료해 주며 먹을 것도 준다.

아버지의 기능은 이와 같이 해서 최소한도로 축소된다. 왜냐하면 그 대부분을 국가가 맡아 하기 때문이다. 문명이 발달함에 따라서 이것은 불가피한 일이다. 원시 상태에서는 아버지가 꼭 필요했다. 새나 유인원 사이에서처럼, 경제적 이유에서도 그랬고, 자식과 아내를 폭력으로부터 보호하기 위해서도 그랬다. 후자의 기능은 벌써 오래 전에 국가의 손으로 넘어갔다. 아버지를 잃은 아이가 아버지가 살아 있는 아이보다 살해될 위험성이 더 많다고 할 수는 없을 것이다.

유복한 계급에서 아버지의 경제적 기능은 살아 있을 때보다도 죽었을 때 더 효과적으로 수행된다. 왜냐하면 자기 자신을 부양하기 위해서 한 푼도 쓰지 않고, 자식에게 재산을 물려줄 수 있기 때문이다.

그날그날 돈을 벌어 살아가는 사람들 사이에서 아버지는 여전히 경제적으로 유용한 존재이다. 그러나 임금 노동자에 관한 한, 이러한 유용성은 사회의 인도주의적 감정에 의하여 부단히 축소되고 있다. 이 감정은 비록 비용을 치루어줄 아버지가 없더라도, 국가가 아이들을 최소한도라도 돌봐주어야 한다고 주장한다.

아버지가 현재 가장 중요한 것은 중산계급이다. 그가 살아서 상당한 수입을 얻고 있는 동안은 자식들에게 값비싼 교육을 받게 할 수 있고, 또 그 교육 때문에 아이들은 사회적 경제적 지위를 보존해 갈 수 있을 것이다. 그러나 자식들이 아직 어릴 때 아버지가 죽는다면 아이들이 사회적으로 몰락할 우려가 크다. 그러나 이러한 상태에 대한 불안은 생명보험에 듦으로써 많이 감소된다. 그러나 이러한 방법을 통해 전문직업 계급의 신중한 아버지는 오히려 자기 자신의 유용성을 크게 경감시킨다.

현대 사회에서 대다수의 아버지들은 일을 너무나 고되게 하기 때문에 자식들과 얼굴을 맞댈 시간이 거의 없다. 아침에는 너무나 바삐 일터로 나가기 때문에 이야기할 사이도 없다. 저녁에 집으로 돌아왔을 때에는 아이들은 자고 있다(또는 자고 있어야 한다). 아버지를 '주말에 오는 사람'이라고 생각하는 아이들도 있다 한다. 아이들을 돌보는 중대한 일에 아버지는 좀체로 참여할 수 없다. 사실상 이러한 의무는 어머니와 교육당국이 나누어 갖고 있다. 자녀들과 함께 지내는 시간이 적음에도 불구하고 아버지가 그들에 대한 강한 애정을 가지고 있다는 것은 사실이다. 일요일마다 런던의 어느 빈민지구에서나 어린 자녀를 데리고 있는 많은 아버지들을 볼 수 있는데, 그들은 서로를 알 수 있는 이 짧은 기회를 즐긴다. 그러나 아버지의 생각이야 어떻든, 아이들에게 그것은 그다지 대단치 않은 유희적 관계에 불과하다.

상류계급과 전문직업 계급은 아이들이 어릴 때는 보모에게 맡기고, 그 다음에는 기숙학교에 보내는 것이 보통이다. 어머니는 보모를 선택하고 아버지는 학교를 선택한다. 그렇게 해서 부모는 자식에 대한 권력감을 무사히 보존한다. 이러한 것은 노동자 계급의 부모에게는 불가능한 일이다. 그러나 모자 사이의 친밀한 접촉에 관한 한, 대체로 부유한 사람들은 임금 노동자를 따라갈 수 없다. 아버지는 공일날 아이들과 같이 놀아 주지만, 자식들의 교육에 관계하지 않는다는 점에서는 노동자 계급의 아버지와 다를 바 없다. 물론 그에게는 경제적 책임이 있으며, 또 자녀가 어디에서 교육받을지를 결정할 권리도 가지고 있다. 하지만 그와 자녀와의 개인적 접촉은 그다지 중요한 것이 못 된다.

자녀가 사춘기에 도달하면, 어버이와 자녀 사이에 충돌이 일어나기 쉽다. 자녀는 이제 자기의 일은 스스로 충분히 처리할 수 있다고 생각하는 반면, 부모는 어버이로서의 근심으로 가득 차 있기 때문이다. 그러나 그것은 종종(자식에게 휘두르던) 권력에 대한 애착을 가장한 것이다. 어버이들은 보통 자녀들이 사춘기에 겪는 여러 가지 도덕적인 문제들을 자신들이 해결해 주어야 한다고 생각한다. 그러나 그들의 의견이 너무나 독단적이기 때문에 젊은이들은 좀체로 믿으려 하지 않으며, 남몰래 자기의 길을 찾아가는 것이 보통이다. 그러므로 이 시기에 대부분의 부모들은 자녀에게 그다지 도움이 안 된다고 할 수 있다.

인간은 자식을 가지면 욕심이 많아진다

이상에서 우리는 현대 가족의 약점들을 고찰하였다. 이제 어떤 점에서 그것이 아직도 강점을 갖고 있는가를 고찰하지 않으면 안 된다.

오늘날 가족이 필요한 것은 다른 어떤 이유보다도 그것이 어버이에게 주는 감정 때문이다. 남자가 가지는 어버이라는 감정은 여성에 있어서와 마찬가지로, 다른 어떠한 감정보다도 더 행동을 좌우하는 힘을 가지고 있다. 자녀를 가진 사람은 남녀를 막론하고, 대체로 자녀들과 관련해서 그들의 생활을 조절한다. 그리고 보통 남녀가 어떤 방면에서 비이기적인 행동을 하는 것도 자녀들 때문이다. 아마도 생명보험이 가장 명확하고 꼭 알맞는 예일 것이다.

백년 전의 경제학 교과서에는 아이들에 관한 것은 조금도 들어 있지 않았다. 틀림없이 경제학자들이 생각해 보기는 했겠지만, 그들이 가정한 일반적 경쟁이 아버지와 자식 사이에 존재한다고는 도저히 인정할 수 없었을 것이다. 분명히 생명보험에 대한 심리는 전적으로 고전 정치경제학에서 다루는 동기의 테두리 밖에 있었다. 그러나 그 경제학이 심리학과 무관한 것은 아니었다. 왜냐하면 소유욕은 어버이라는 감정과 매우 밀접하게 결부된 것이기 때문이다. 리버스〔William Halse Rivers, 1865～1922; 영국의 생물학자이며 인류학자〕는 모든 사유재산은 가족 감정에서 유래한 것이라고까지 주장하였다. 그는 새끼를 기르는 계절에 한해서 영역을 확보하는 어떤 종류의 새를 예로 들고 있다. 대개의 인간이 자녀를 가지면, 이전에 비해서 훨씬 욕심이 많아진다는 데 대다수가 수긍하리라고 생각한다. 이러한 결과는 흔히 말하는 본능적인 것이다. 즉 그것은 자연적이며, 잠재의식적인 근원에서 연유하는 것이다. 이 점에서 가족은 인류의 경제적 발전에서 무한한 중요성을 가지고 있으며, 지금도 사람들이 돈을 모으는 지배적인 요인은 바로 이것이라고 나는 생각한다.

이 점에 관해서 자칫하면 아버지와 자녀들 사이에 기묘한 오해가 일어나기 쉽다. 부지런히 일하는 아버지는 게으른 아들에게 자신은 평생 동안 자녀를 위하여 노예처럼 일해 왔다고 말할 것이다. 반대로 아들은 아버지가 죽은 다음의 재산보다는 현재의 5파운드짜리 지폐와 조그마한 친절을 훨씬 고맙게 여길 것이다. 더욱이 자식은 아버지가 돈을 벌러 직장에 가는 것은 부모로서의 애정 때문이 아니라 습관에 의해서 그렇게 하는 것이라 여긴다. 따라서 아버지가 자식을 낭비만 하는 놈으로 생각하듯이 자식은 아버지를 허풍쟁이라고 여긴다.

그러나 자식이 옳지 못하다. 그는 중년의 아버지를 본다. 그 무렵 아버지의 모든 습관은 이미 형성되어 있는데, 그러한 습관을 형성케 한 막연하고, 무의식적인 힘을 자식은 깨닫지 못한다. 아마 아버지는 젊었을 때에는 가난에 쪼들렸을 것이며, 첫 아이를 낳았을 때에는 자식에게는 자기가 겪은 고생을 시키고 싶지 않다고 본능적으로 맹세했는지도 모른다. 이러한 결의는 너무나도 중대하고 생생한 것이었으므로 의식적으로 되풀이할 필요가 없다. 반복할 필요도 없이, 그것은 그 이후 쭉 행동을 지배하기 때문이다. 바로 이것이 가족이 아직도 매우 강력한 힘을 가지고 있는 일면이다.

어린 아이들의 입장에서 본다면, 그들은 어버이로부터 그의 형제자매 이외에는 아무에게도 주지 않는 애정을 받기 때문에 부모가 중요한 것이다. 이것은 좋은 면도 있고, 나쁜 면도 있다. 이 책의 후반부에서 나는 가족이 자녀들에게 미치는 심리적 영향을 고찰할 것이다. 따라서 여기서는 가족은 분명히 성격 형성에 있어서 매우 중요한 요소이며, 어버이와 떨어져서 자라난 아이들은 더 좋든 나쁘든 보통 아이들과는 상당히 다를 것이라는 점만을 말해 두겠다.

귀족 사회 혹은 적어도 개인의 영예를 인정하는 사회에서, 가족은 어떤 중요한 개인과 관련해서 역사적 연속성을 의미하는 표시이다. 다윈이라는 이름을 가진 사람들은 어릴 적 스누크라고 이름을 고친 사람들보다는 과학 분야에서 더 나을 것처럼 보인다. 만일 성(姓)이 남성이 아니라 여성의 계통을 통해서 계승된다고 하더라도, 이러한 식의 영향은 크게 다르지 않으리라고 생각한다.

이와 같은 경우, 유전과 환경의 몫을 따로따로 나누는 것은 전혀 불가능하다. 그러나 갤턴〔Sir Francis Galton, 1822～1911; 영국의 인류학자. 유전학, 기상학에 공헌하였으며, 영국에 지문확인법을 소개하였다〕과 그 제자들이 유전에서 기인한다고 생각한 현상들에서 가족의 전통이 매우 중요한 역할을 한다고 나는 확신한다. 가족의 전통의 영향을 잘 보여주는 사례는 사무엘 버틀러〔Samuel Butler, 1835～1902; 영국의 소설가〕의 경우이다. 그가 무의식적 기억의 원리를 생각해내고, 신라마르크파의 유전학설〔neo-Lamarckian theory of heredity; 라마르크설을 수정하여, 후천적인 성질도 유전한다고 함〕을 제창한 것은 순전히 가족적인 이유에서 찰스 다윈에 그가 동의할 수 없다고 느꼈기 때문이다. (겉으로 드러난 바에 의하면) 그의 조부는 다윈의 조부와 사이가 나빴으며, 그들의 아버지끼리도 역시 그러하였고, 따라서 그는 다윈과 다투지 않으면 안 되었다. 다윈과 버틀러가 성미 급한 조부를 가졌다는 사실 때문에 쇼의 므두셀라〔Methuselah; 노아 이전의 유태의 족장이며 전설적인 장수자. 여기서는 버나드 쇼(Bernard Show)의 희곡 『*Back to Methuselah*』를 말함〕가 지금과 같은 모습이 된 것이다.

피임법이 발달한 오늘날, 가족이 갖는 최대의 중요성은 아마도 그것이 아이를 낳는 습관을 유지하고 있다는 점일 것이다. 만일 남자에게 자녀를 소유할 권리가 없고, 또 자녀와 애정이 통하는 관계를 유지할 기회가 없다면, 자식을 낳는 데는 거의 관심을 가지지 않게 될 것이다. 물론 우리의 경제 조직을 조금만 변경하더라도, 어머니만으로 구성되는 가족을 만들 수 있을 것이다. 그러나 지금 내가 고찰하고자 하는 것은 그러한 가족이 아니다. 왜냐하면 그것이 성적인 미덕에 관한 어떤 동기를 주는 것도 아니요, 여기서 우리가 관심을 가지는 것은 안정된 결혼의 한 가지 이유로서의 가족이기 때문이다.

아버지라는 존재는 (부자가 사회주의에 의하여 없어지지 않는다면) 부유한 자를 제외하고는 머지 않아 소멸할지 모른다. 실제로 나는 그럴 가능성이 크다고 생각한다. 그러한 경우 여성은 개인적인 아버지가 아니라 국가와 더불어 그들의 자녀들을 양육할 것이다. 그녀는 원하는 대로 아이를 낳을 것이며, 아버지는 아무런 책임도 지지 않을 것이다. 실제로 어머니가 전혀 상대방을 가리지 않는다면, 누가 아버지인지를 결정할 수 없을 것이다.

그러나 만일 그렇게 된다면, 남성의 심리와 활동에 심각한 변화가 일어날 것이다. 그것은 대부분의 사람들이 짐작하는 것보다 훨씬 심각한 변화일 것이다. 남성에게 미치는 이러한 영향이 좋은가 나쁜가에 관해서 나는 감히 말할 수 없다. 그것은 성애(性愛)에 못지 않은 유일한 감정을 그들의 삶에서 빼앗아갈 것이다. 그것은 성애 자체를 보잘것없는 것으로 만들 것이다. 자기의 사후에 무슨 일이 일어나든지 아무런 관심이 없을 것이다. 그것은 남성을 무기력하게 만들고, 일찌감치 일에서 물러나도록 할 것이다. 역사에 대한 관심과 역사적 전통의 지속성이라는 의미를 감퇴시킬 것이다. 동시에 그것은 문명인 남성이 갖기 쉬운 가장 사납고 야만적인 감정, 즉 유색인종의 공격으로부터 처자를 보호할 때 느끼는 분노를 없앨 것이다. 그것은 아마 남성의 호전적인 경향을 적게 할 것이며, 또한 탐욕을 적게 할 것이다. 영향의 손익계산은 거의 불가능할 것이다. 그러나 그 영향이 심각하고, 광범위한 것임은 분명하다. 그러므로 가부장제 가족은, 그것이 얼마나 오랫동안 지속할지는 의심스럽지만, 여전히 중요하다.

3. 결혼과 이혼

결혼한 여성은 가축과 같은 존재이다

이 장에서는 아이와는 상관없는, 다만 남녀간의 관계인 결혼에 관해서 논의해 보겠다. 결혼은 법률상의 제도라는 점에서 다른 성관계와는 구별된다. 그것은 물론 대부분의 사회에서 종교적인 제도이기도 하나, 중요한 것은 어디까지나 법률적인 측면이다. 법률상의 제도란 원시인뿐만 아니라 원숭이, 기타 다른 동물들 사이에도 존재하는 습관을 구체적으로 표현한 것에 불과하다.

동물도 새끼를 기르기 위해서 수컷의 협력이 필요할 경우에는 실질적으로 결혼과 같은 생활을 한다. 동물의 결혼은 일반적으로 일부일처제이며, 전문가들에 의하면 이러한 예는 유인원 사이에서 현저하다고 한다. 이러한 전문가의 견해를 믿는다면, 이 행복한 동물들에게 인간사회를 괴롭히고 있는 문제는 전혀 일어나지 않는 것처럼 보인다. 수컷이 일단 결혼하면 다른 암컷에게는 매력 없는 것이 되며, 암컷 또한 결혼하고 나면 다른 수컷에게는 매력이 없어지기 때문이다. 그러므로 유인원은(물론 종교가 없기 때문인지도 모르지만) 죄라고 하는 것을 알지 못한다. 왜냐하면 본능만으로도 미덕을 낳는 데 충분하기 때문이다.

대단히 원시적인 부족 사이에서도, 이와 유사한 모습을 찾아볼 수 있다. 부시맨은 엄격하게 일부일처제라고 한다. 또 (지금은 절멸한) 타스마니아인들은 일평생 동안 자신들의 아내에게 변함없이 충실하였다 한다. 심지어 문명인에게서도 일부일처제의 본능의 흔적을 가끔 볼 수 있다.

행동에 미치는 습관의 영향력을 고려해 볼 때, 일부일처제에 대한 본능이 오늘날 그다지 강하지 못하다는 것은 아마 놀랄 만한 일일 것이다. 그러나 이것은 인간 정신의 특별함을 보여주는 한 예일 뿐이다. 바로 이것으로부터 인간의 악행과 지성, 즉 습관을 깨뜨리고 새로운 행동 방식을 창조해내는 상상력이 분출되는 것이다.

원시적 일부일처제가 붕괴된 것은 경제적 동기의 출현에 의해서였다고 생각된다. 이 동기가 성행위에 어떠한 영향을 주는 경우 반드시 재앙을 불러온다. 왜냐하면 그것은 본능에 기초한 관계를 노예와 주인의 관계, 또는 사는 자와 파는 자의 관계로 바꿔놓기 때문이다.

초기의 농경목축 사회에서 아내와 자식은 모두 남자의 경제적 자산이었다. 아내는 남편을 위하여 일했고, 아이들은 6~7

세가 되면 농사나 가축을 돌보는 일을 하기 시작했다. 결과적으로 힘있는 남자는 될 수 있는 대로 많은 처를 가질 것을 목표하였다. 물론 일부다처제가 사회의 일반적인 관습이 될 수는 없었을 것이다. 왜냐하면 대체로 여자의 수효가 크게 초과하는 일이 없었기 때문이다. 그것은 족장이나 부자의 특권이었다. 많은 아내와 아이들은 그 자체 귀중한 재산이었다. 따라서 이러한 것을 소유한 자는 이미 갖고 있던 특권적 지위를 더욱 높일 수 있었다.

이와 같이하여 아내의 첫째 기능은 이로운 가축의 기능과 같은 것이 되었으며, 성적 기능은 부수적인 것이 되었다. 문명의 이러한 단계에서 남자가 아내와 이혼하는 것은 대체로 용이하였다(물론 이때 아내가 가져온 지참금은 모두 그녀의 가족에게 돌려주어야 했다). 그러나 여자가 남편과 이혼하는 것은 일반적으로 불가능하였다.

반(半)문명사회의 간통에 대한 태도 역시 대체로 이러한 견해와 같은 성질의 것이었다. 문명 수준이 극히 낮은 단계에서 간통은 때때로 묵인되었다. 사모아 섬의 원주민들은 여행을 떠날 때 그들이 집에 없는 동안 아내가 무엇으로 스스로를 위로할지 충분히 각오하고 있다고 한다.[1] 그러나 이보다 조금만 수준이 높아지면, 여성의 간통은 죽음 아니면 나아봤자 엄벌에 처해졌다.

멍고 파크〔Mungo Park; 스코틀랜드의 아프리카 탐험가〕의 멈보 점보 이야기는 내가 젊은 시절에는 누구나 잘 알고 있었다. 그러나 나는 지성인으로 자처하는 요즘 미국인들이 멈보 점보를 콩고의 신으로 잘못 알고 있다는 사실을 알고 무척 놀랐다. 멈보 점보는 사실 신도 아니요, 콩고와 관련된 것도 아니다. 그것은 죄를 지은 여성을 위협하기 위해서 아프리카 니제르 북부의 남자들이 발명한 거짓 귀신이었다. 멍고 파크의 이야기는 야만인의 행위에는 이성적인 비열한 행동 같은 것은 도저히 있을 수 없다는 볼테르류의 종교의 기원에 관한 견해를 상기시키는데, 현대의 인류학자들은 이러한 사실을 조심스럽게 숨기는 경향이 있다. 다른 남자의 아내와 간통한 남자도 물론 죄가 있다. 그러나 미혼 여자와 성교한 남자는 결혼 시장에서 그녀의 가치가 깎이지만 않는다면, 아무런 비난도 받지 않았다.

기독교의 출현과 더불어 이러한 견해는 달라졌다. 결혼에 있어서 종교의 역할이 매우 커졌다. 결혼법을 어기는 것은 재산상의 이유에서보다는 터부를 범했다는 이유로 비난받게 되었다. 다른 남자의 아내와의 성관계는 전이나 마찬가지로 그 남자에 대한 죄로 여겨졌다. 그러나 혼외의 성관계는 어떤 것이든 신에 대한 죄로 간주되었고, 이것은 교회에서 볼 때 더욱 중대한 문제였다. 같은 이유에서 종래에는 쉬운 조건으로 남자에게 용인되었던 이혼이 용납될 수 없는 것으로 되었다. 결혼은 일종의 신성한 의식이 되었으며, 그 때문에 종신적인 것이 되었다.

이것은 인간의 행복에 어떠한 득실을 가져왔을까? 그것은 말하기 매우 어려운 문제이다. 농촌에서의 기혼 여성의 삶은 늘 고단했다. 그리고 전체적으로 가장 원시적인 농민이 가장 힘들었다. 대개의 야만족에서 여자는 25세면 늙어버려 아름다운 흔적을 조금도 찾아볼 수 없게 된다. 여성을 가축과 동일시하는 것이 남성에게 매우 즐거운 일이었으리라는 것은 틀림없다. 그러나 여성에게 그것은 힘들고 고된 생활 이외에 아무것도 아니었다.

기독교는 어느 면에서는, 특히 부유한 계급의 경우에는 여성의 지위를 한층 더 악화시켰지만, 적어도 신학상으로는 남녀의 평등을 인정하였으며, 여성을 전적으로 남편의 재산으로 생각하는 것을 거부하였다. 물론 결혼한 여성이 다른 남자와 결혼하기 위하여 남편으로부터 벗어날 권리를 가질 수는 없었다. 그러나 종교 생활을 위해서라면 남편을 버릴 수도 있었다. 대체로 대다수의 사람들에게 여성의 지위 개선은 기독교 이전의 입장보다는 기독교적 입장이 훨씬 유리하였다.

행복을 기대하지 않는 결혼만이 행복할 수 있다

우리가 오늘날의 세계를 돌아보며 대체로 어떠한 조건이 결혼을 행복하게 하고, 또 어떠한 조건이 불행을 초래하는가를 자문할 때 우리는 좀 이상한 결론에 도달하지 않을 수 없다. 즉, 문명이 발달한 민족일수록 한 사람의 배우자와 함께 평생 동안 행복을 누리는 경우가 드물다는 사실이다. 아일랜드의 농민들은 최근까지도 부모가 정해 준 상대와 결혼을 했지만, 부부 생활은 대체로 행복하고 서로에게 충실하였다 한다.

일반적으로 결혼은 사람들 사이에 별 차이가 없을수록 용이하다. 어떤 남자가 다른 남자와 거의 다름이 없고, 또 어떤 여자가 다른 여자와 거의 다르지 않다면, 어떤 다른 사람과 결혼하지 못 했다는 것을 후회할 특별한 이유는 없을 것이다.

그러나 사람들은 저마다 여러 가지 다양한 취미와 목적과 관심을 가지고 있으며, 그들의 배우자도 자기와 같은 것을 공유하기를 바랄 것이다. 그러나 그들이 기대한 대로 되지 않을 때에는 실망하기도 그만큼 쉬울 것이다. 교회는 결혼을 성의 관점에서만 바라보는 경향이 있으며, 배우자의 한쪽이 왜 다른 쪽과 똑같이 하지 않는가를 이해하지 못한다. 따라서 결혼생활이 가끔 어려움을 가진다는 사실을 깨닫지 못하고 그것의 영속성만을 주장한다.

결혼을 행복하게 하는 다른 또 하나의 조건은 미혼 여성의 수를 줄이고, 기혼 남성이 다른 여성과 만나는 사교의 기회를 없애는 일이다. 만약 자기의 아내 이외의 어떠한 여자와도 성관계를 맺을 수 있는 가능성이 없다면, 대개의 남성들은 그러한 상태에 순응할 것이며, 유달리 나쁜 경우를 제외하고는 견딜 만하다고 여길 것이다. 결혼이 커다란 행복을 가져다주리라고 생각하지만 않는다면, 아내에 대해서도 이와 똑같이 말할 수 있을 것이다. 즉, 결혼은 두 당사자 모두가 너무 많은 행복을 그것에 기대하지만 않는다면, 그런대로 행복하게 될 것이다.

같은 이유에서, 사회적 관습의 견고함이 이른바 불행한 결혼을 막을 수 있을 것이다. 만약 결혼이라는 유대를 처음이자 마지막인 것이며 취소할 수 없는 것이라고 생각한다면, 더 황홀한 행복을 찾아 방황하는 마음은 사라질 것이다. 이러한 마음 상태를 지니고서 가정의 평화를 지키기 위해서, 남편이나 아내는 일반적으로 품위 있는 행동의 표준이라고 생각되는 것을(비록 그 표준이 어떻든 간에) 함부로 벗어나서는 안 된다.

현대의 문명인들 사이에서는 이른바 행복에 대한 이러한 조건이 하나도 충족되지 않기 때문에, 많은 결혼 생활은 처음 몇 년이 지나면 행복하지 않게 된다. 불행의 원인 가운데는 문명과 결부되어 있는 것도 있지만, 그 이외의 것은 남녀가 지금보다 더 교화된다면 소멸될 수 있는 것들이다. 후자부터 논의를 시작해 보기로 하자.

무엇보다 중대한 것은 그릇된 성교육이다. 이것은 농부들보다 부유한 계급에서 훨씬 일반적이다. 농부의 자녀는 일찍부터 이른바 생명이라는 현상을 알게 된다. 인간뿐만 아니라 동물 사이에서도 그렇다는 사실을 관찰할 수 있다. 이렇게 해서 그들은 무지와 결벽으로부터 벗어나게 된다. 반대로 엄격한 교육을 받은 부유한 가정의 아이들은 성문제에 관한 모든 실제적인 지식으로부터 차단된다. 현대적인 부모들은 책을 통해서 아이들에게 이러한 사실을 가르치기는 하지만, 농부의 아이들이 어릴 때부터 체득하는 구체적이고 친밀한 느낌을 줄 수는 없다.

기독교의 가르침이 개가를 올리는 것은 남녀가 다 성적 경험 없이 결혼할 때이다. 이러한 경우 대체로 그 결과는 불행하다. 인간의 성행위는 본능적인 것이 아니다. 그러므로 아마 이 사실에 대해서 전혀 무지하고 경험이 없는 신부와 신랑은 수치와 불쾌감에 압도될 것이다. 여자만이 순결하고, 남자는 매춘부로부터 방법을 배운 경우에는 그래도 낫다. 대개의 남성은 구애의 과정이 결혼 후에도 필요하다는 것을 모르고 있다. 그리고 곱게만 자라난 많은 여성들은 무뚝뚝하고 육체적으로 냉담한 것이 얼마나 결혼생활을 해치는 것인지 모르고 있다. 이러한 모든 것이 보다 나은 성교육을 통해서 시정될 수 있으며, 또 사실상 현대의 젊은 세대는 그들 부모나 조부모보다는 훨씬 나은 처지에 있다.

여자가 남자보다 성적 쾌락을 덜 느낀다는 이유에서, 여성이 남성보다 도덕적으로 우월하다는 신념이 지금까지 여성들 사이에 널리 퍼져 있었다. 이러한 태도는 부부 사이의 솔직한 유대 감정을 불가능하게 하였다. 이것은 결코 옳다고 할 수 없다. 왜냐하면 성을 즐길 수 없다는 것은 미덕이라기보다는 생리적 혹은 심리적인 결함에 불과하며, 마치 식사를 맛있게 못하는 것(100년 전만 해도 얌전한 여성은 그러해야 한다고 생각되었다)과 흡사하다.

그러나 결혼을 불행하게 만드는 다른 현대적 원인은 그리 쉽사리 해결되지 않는다. 남자든 여자든 문명인은 그 본능에 있어서 일부다처제(혹은 일처다부제)를 선호한다고 나는 생각한다. 그들은 깊은 사랑에 빠져, 몇 해 동안은 한 사람에게 전적으로 열중할지 모른다. 그러나 조만간 성적으로 상대방을 잘 아는 것이 날카로운 정열을 무디게 한다. 그리하여 그들은 지난날의 그 흥분을 다른 곳에서 찾기 시작한다. 물론 도덕의 힘으로 이러한 충동을 어느 정도 억제할 수는 있다. 그러나 충동이 일어나지 않게 하기는 매우 어렵다. 여성의 자유가 커짐에 따라서, 부부 사이에 부정이 일어날 기회도 옛날에 비해서 훨씬 더 많아졌다. 기회가 생각을 낳게 하고, 생각은 욕망을 일으킨다. 종교의 억제가 없다면 이 욕망은 행위를 낳게 된다.

여성의 해방은 여러 가지 점에서 결혼을 더욱 어렵게 만든다. 옛날에는 아내가 남편에게 순종하였지만, 남편은 아내에게 순종할 필요가 없었다. 그러나 오늘날의 많은 부인들은 자신의 개성과 직업에 대한 권리를 이유로 어느 정도 이상으로는 남편에게 순종하려 하지 않는다. 한편 아직도 남성 지배의 낡은 전통을 동경하는 남자들은 자기가 순종해야 할 이유를 모르고 있다.

이러한 말썽은 특히 부정과 관련해서 일어난다. 옛날에는 남편이 가끔 부정한 짓을 하더라도 아내는 대체로 몰랐다. 만일 아내가 안다면, 남편은 죄를 지은 것을 고백하고 뉘우쳤다는 것을 아내가 믿도록 만들었다. 반면 아내는 대체로 정숙하였다. 만일 아내가 부정을 저지르고, 그 사실을 남편이 알게 되면 결혼은 파탄에 이르고 말았다. 오늘날의 결혼에서 흔히 볼 수 있는 것처럼 서로의 정조가 요구되지 않는다 해도 질투의 본능은 여전히 남아 있어서, 비록 드러내놓고 싸움을 벌이지는 않는다 하더라도 부부간의 친밀감이 오래 유지되지 못하곤 한다.

오늘날의 결혼에는 또 하나의 곤란한 점이 있다. 그것은 특히 사랑의 가치를 가장 잘 알고 있는 사람들이 통감하고 있는 것이다. 사랑은 자유롭고 자발적일 때에만 자라날 수 있다. 의무라고 생각할 때 사랑은 죽고 만다. 이러이러한 사람을 사랑하는 것이 너의 의무이다라고 말하는 것은 그 상대방을 미워하게 만드는 가장 확실한 방법이다. 법률이라는 올가미로 사랑을 결합시키려고 하는 결혼은 이와 같이 해서 실패하고 만다.

셸리는 다음과 같이 노래하고 있다.

나는 저 위대한 종문(宗門)에 귀의한 적 없노라.
교리에 가로되, 세상 사람들 가운데 한 사람의 아내나 벗을 가려내고
나머지는 비록 총명하고 착할지라도 차디찬 망각에 맡기라 한다.
바로 이것이 오늘날 세상의 도리이다.
가련한 노예가 지친 발걸음으로
뚜벅뚜벅 걸어가는 고단한 길.
인생 행로의 넓고 먼 그 길 위에서
사자(死者)들 속에서
그는 안식처를 찾고 있다.
쇠사슬에 한데 묶인 친구,
아마도 질투어린 적일지 모를 그와 함께
그 처량하고 지루한 길을 간다.

다른 어떤 곳으로부터도 사랑이 접근할 수 없을 만큼 결혼생활에 몰두하는 것이 감수성과 동정심, 그밖에 귀중한 인간적인 접촉의 기회를 감소시킨다는 것은 의심할 나위도 없다. 가장 이상주의적인 관점에서 본다면 그것은 본래 바람직한 어떤 것을 해치는 것이다. 그리고 모든 종류의 구속적인 도덕률과 마찬가지로, 그것은 인간 생활 전반에 걸쳐서 이른바 경찰관적 견해, 즉 언제나 무엇인가를 금지할 기회만을 찾는 견해를 조장하는 것이다.

이러한 이유 때문에, 그 대부분은 분명히 좋은 것과 결부되어 있음에도 불구하고 결혼생활은 어려운 것이 되고 말았다.

결혼이 행복의 장애가 되지 않으려면, 어떤 새로운 방법을 생각해 보지 않으면 안 된다.

흔히 이야기되고, 또 미국에서 실제로 대규모로 시도하고 있는 한 가지 해결책은 이혼을 용이하게 하는 일이다. 인간미가 풍부한 사람은 물론 동의하리라고 생각하지만, 나는 영국의 법률이 허용하는 것보다 더 많은 사유에서 이혼을 허용하는 것이 당연하다고 생각한다. 물론 이혼을 용이하게 하는 것이 곧 결혼에 대한 말썽거리를 해소하는 것이라고는 생각하지 않는다. 아이가 없는 결혼생활의 경우, 양쪽이 최선을 다해 품위 있게 행동한다 해도 이혼이 정당한 해결책일 때가 있다. 그러나 아이가 있는 경우에는 결혼생활의 안정이 상당히 중요한 일이라고 나는 생각한다(이 문제에 관해서는 다음에 가족과 관련시켜서 고찰하겠다).

결혼생활이 충실하고 부부가 다같이 합리적이며 품위 있게 행동해, 그 결혼생활이 평생 동안 계속될 것이라고 충분히 기대되는 경우에라도 혼외의 성관계가 전혀 없다고는 말할 수 없다. 열렬한 사랑으로써 시작하여 이윽고 바라던 아이를 낳게 되는 결혼은 당연히 남녀 사이를 굳게 맺어줄 것이며, 성적 정열이 식은 다음에라도 그리고 비록 한쪽이 혹은 양쪽이 다 어떤 다른 사람에게 성적 정열을 느낀다 하더라도, 부부는 어떤 무한히 귀중한 유대감을 느낄 것이다.

이처럼 아름다운 결혼생활을 방해하는 것은 질투심이다. 그러나 비록 그것이 본능적 감정이라 할지라도, 질투심은 만약 그것이 나쁜 것이라고 생각한다면 억제할 수 있는 것이며, 정당한 도덕적 분개의 표현이라고는 생각되지 않는다. 오랜 세월 동안 고락을 같이해 온 사이에는 만족이 넘치고 있다. 그러한 만족은 사랑에 빠진 지 얼마 안 되는 연인들은 맛볼 수 없는 것이다. 그리하여 시간이 얼마나 가치를 증진하는가를 알고 있는 사람이라면, 새로운 사랑을 위하여 이러한 친밀감을 함부로 내팽개치지 않을 것이다.

그러므로 문명화된 남녀가 행복한 결혼생활을 누리기 위해서는 많은 조건이 충족되어야 한다. 부부 쌍방이 완전한 평등감을 느껴야 하고, 서로의 자유를 간섭해서는 안 되며, 가장 완전한 육체적이고 정신적인 화합이 있어야 하며, 가치의 기준도 어느 정도 유사해야 한다(예컨대 한쪽은 금전에 가치를 두고, 다른 쪽은 일에만 가치를 두는 경우 결혼생활은 치명적이다). 이러한 모든 조건만 구비된다면, 결혼이 두 인간 사이에 존재할 수 있는 가장 좋고도 중요한 관계라고 나는 믿는다. 그것이 지금까지 실현되지 못하였다면, 그것은 주로 남편이나 아내가 스스로를 상대방을 감시하는 경찰이라고 생각해 왔기 때문이다. 만일 결혼이 갖는 가능성을 충분히 실현하고자 한다면, 남편이나 아내는 비록 법률이 뭐라 하든, 사생활에 있어서 두 사람 모두 자유로워야 한다는 것을 이해해야 한다.

간통은 이혼의 사유가 될 수 없다

하나의 제도로서의 이혼은 대부분의 시대와 국가들에서 일정한 사유에 한해서 허락되어 왔다. 그것은 일부일처제 가족에 대한 하나의 대안으로서 의도된 것이 아니라, 단지 특별한 이유에서 결혼생활을 더 이상 계속할 수 없다고 느꼈을 때,

그 고통을 완화하려는 것이었다. 이 문제에 관한 법규는 시대와 장소에 따라 매우 달랐으며, 또 현재에도 다양하다. 미국 내에 있어서도 이혼을 전혀 인정하지 않는 사우스 캐롤라이나 주에서 그 정반대인 네바다 주에 이르기까지 가지각색이다.[2)]

많은 비기독교 문명에 있어서 이혼은 남편에게 매우 용이하였으며, 나라에 따라서는 아내에게도 용이하였다. 모세의 율법은 남편이 이혼장을 주는 것을 허용했으며, 중국의 법률은 결혼할 때 아내가 가지고 온 재산을 돌려주기만 하면 이혼을 허락하였다. 카톨릭 교회는 결혼을 일종의 신성한 의식으로 간주함으로써, 이유를 불문하고 이혼을 허락하지 않았다. 그러나 실제로 이 엄격성은 어느 정도 완화되었다(특히 상류층 인사들과 관련하여 이 율법을 무효로 만드는 많은 사유가 인정되었다[3)]).

기독교 국가들에서 이혼에 대한 너그러움은 프로테스탄트 세력의 정도와 비례하였다. 누구나 알고 있는 것처럼 밀턴은 이혼에 찬성하는 글을 썼다. 그것은 그가 열렬한 프로테스탄트였기 때문이다. 영국의 교회가 스스로를 프로테스탄트라고 간주하던 무렵에는 다른 이유에서는 안 될지라도 간통에 대해서 만은 이혼을 인정하였다. 그러나 요즘 영국 교회의 대다수의 성직자들은 모두 이혼을 반대한다. 스칸디나비아의 이혼법은 간단하며, 미국의 많은 프로테스탄트 지역도 대개 그러하다. 스코틀랜드는 영국보다 이혼에 대해서 덜 까다로우며, 프랑스에서는 반(反)교권주의가 이혼을 용이하게 만들고 있다. 소비에트 연방에서는 당사자 중 어느 한쪽의 요구만으로도 이혼이 허가된다. 결혼생활에서의 간통이나 불법에 대해 어떠한 사회적, 법률적 제재도 받지 않는 러시아에서 결혼은(특히 지배계급에 관한 한) 다른 나라에서와 같은 중요성을 상실하고 있다.

이혼에 있어서 가장 기묘한 것 가운데 하나는 법률과 관습 사이에 차이가 존재한다는 사실이다. 가장 용이한 이혼법이 반드시 가장 많은 이혼을 낳는 것은 아니었다. 중국에서는 최근의 대변혁 이전에는 이혼이라는 것을 거의 몰랐다. 공자의 예가 있었음에도 불구하고, 이혼은 매우 불명예스러운 것으로 생각되었다. 스웨덴에서는 쌍방의 합의만 있으면 이혼을 허용하는데 비해 미국의 모든 주는 이것을 정당한 이혼 사유로 인정하지 않는다. 그러나 내가 수치를 비교할 수 있는 가장 최근 해인 1922년의 인구 10만 명 당 이혼수는 스웨덴 24, 미국 136이다.[4)]

이와 같은 법률과 관습의 차이에는 중요한 의미가 있다고 나는 생각한다. 왜냐하면 나는 이 문제에 관해서 법률이 어느 정도 너그러워야 한다고 생각하지만, 양친제의 가족이 기준으로서 존속하는 한, 어느 정도 극단적인 경우를 제외하고는 관습이 이혼을 반대하는 데는 강한 이유가 있다고 생각되기 때문이다. 내가 이러한 견해를 취하는 것은 결혼을 단순히 성적인 결합 관계가 아니라 자녀를 낳아서 기르기 위한 하나의 공동 사업이라고 보기 때문이다. 결혼을 이와 같이 이해하는 것은 경제적인 여러 힘의 작용에 의해서 그것이 붕괴될 가능성 및 개연성을 내포하고 있다. 그러나 만일 그렇게 된다면 이혼도 역시 붕괴할 것이다. 왜냐하면 그것은 결혼의 존재를 전제로 하며, 그 내부에 일종의 안전 밸브를 제공하기 때문이다.

그러므로 우리는 일반적으로 생각되는 양친제 가족의 테두리 안에서만 논의를 전개해 보자.

일반적으로 프로테스탄트와 카톨릭은 모두 이혼을 가족의 생물학적 목적이라는 관점에서가 아니라, 죄에 대한 신학적인 개념이라는 관점에서 봐왔다. 카톨릭은 결혼을 신의 관점에서 볼 때 결코 해체될 수 없는 것이라고 생각하기 때문에 필연적으로 두 사람이 일단 결혼한 이상, 결혼생활 중 어떠한 일이 일어나더라도 상대방이 살아 있는데도 다른 사람과 관계하는 것은 죄라고 주장한다. 프로테스탄트가 이혼을 인정한 이유 가운데 일부는 카톨릭의 신성한 의식에 관한 교리에 반대하기 때문이며, 일부는 결혼을 해소할 수 없다는 것이 간통의 주원인이므로 이혼을 용이하게 하면 보다 쉽게 간통을 줄일 수 있을 것이라고 믿었기 때문이다.

결혼이 용이하게 해소될 수 있는 프로테스탄트 국가에서는 간통이 매우 불명예스러운 짓이라고 생각되는데 비해서, 이혼을 인정하지 않는 나라에서는 간통을 죄라고 생각하면서도, 어쨌든 남자에 대해서는 묵인하는 상태이다. 이혼이 극도로 곤란하였던 제정 러시아 시기의 사람들은 고리키의 정치적 견해에 대해서 어떻게 생각했든, 그의 사생활 때문에 그를 나쁘게 생각하지는 않았다. 반대로 그의 정견에 아무도 반대하지 않았던 미국에서, 그는 도덕적 이유로 책망당했으며 하룻밤 묵을 호텔도 구할 수가 없었다.

이 문제에 대한 프로테스탄트나 카톨릭의 어떤 관점도 합리적인 근거를 주장할 수 없다. 먼저 카톨릭의 관점을 생각해 보자. 결혼 후에 남편이나 아내에게 정신이상이 생겼다고 가정해 보라. 이 경우, 정신이상의 혈통에서 아이를 더 낳는 일이나 이미 낳은 아이가 광인과 접촉하는 것은 결코 바람직하지 않다. 그러므로 정신이상자가 가끔 제정신으로 돌아온다 하더라도, 양친이 완전히 헤어지는 것이 아이를 위하여 바람직한 일이다.

이 경우 정신이 온전한 배우자에게 일체의 성관계를 못하도록 규정하는 것은 공공 목적과는 아무런 상관 없는 지독히 잔혹한 짓이다. 정신이 온전한 배우자는 매우 괴로운 기로에 서게 된다. 그 또는 그녀는 법률과 공중 도덕에 따라서 금욕하든가, 그렇지 않으면 아이를 낳지 않으면서 내밀한 관계를 맺든가, 혹은 아이가 있든 없든 개의치 않고 공공연히 죄를 범하든가, 그 어느 것을 선택해야 한다. 어떠한 경우이든 커다란 반대가 있을 것이다.

완전히 성과 단절하는 것은 특히, 결혼생활에서 이미 그것에 익숙해진 사람에게는 매우 괴로운 일이다. 남자든 여자든 그것 때문에 조로(早老)하게 되는 경우가 많다. 그것은 자칫하면 정신착란을 낳기 쉬우며, 강제된 금욕은 언제나 불쾌하고, 아량 없는, 고약한 성격을 형성한다. 남자의 경우, 자제력이 갑자기 무너져 야수로 돌변할 위험성이 항상 있다. 만일 그가 혼외의 성교는 모두 나쁜 짓이라고 믿으면서도 그것을 하고자 한다면, 이왕 양(羊)을 잡을 바에야 큰 양을 잡는다는 심정으로, 일체의 도덕적 억제를 내동댕이칠지도 모르기 때문이다.

둘째 선택 즉, 아이를 낳지 않는 내밀한 관계를 맺는 것은 우리가 고려하고 있는 상황 안에서는 실제로 가장 널리 채용되고 있는 것이다. 이에 대해서도 역시 커다란 반대가 있다. 모든 은밀한 것은 바람직하지 않으며, 자녀들과 공적인 생활 없이는 건실한 성관계를 충분히 발전시킬 수도 없다. 뿐만 아니라 젊고 정력이 왕성한 남녀에게 '너는 이제 더 이상 아이를 낳지 말아라'라고 말하는 것은 공공의 이익에도 어긋난다. 또 법률이 실제로 말하는 것, 즉 '네 아이가 또 미친 사람을 어버이로 삼지 않게 하려면, 이제 더 이상 아이를 낳아서는 못 쓴다'는 것도 역시 공공 이익이 되지 않는다.

셋째 선택 즉, '공공연한 죄'의 생활을 보내는 방법은 그것이 실행될 수만 있다면 개인이나 사회에 대해서 가장 해가 적은 것이지만, 경제적인 이유에서 그것은 대부분의 경우 불가능하다. 공공연한 죄의 생활을 시도한 의사나 변호사는 그들의 환자나 변호 의뢰인을 모두 놓치고 말 것이다. 학문적 직업에 종사하는 사람은 곧 그 직위를 잃고 말 것이다.[5] 비록 경제 사정이 공공연한 죄를 가능하게 하더라도, 대부분의 사람들은 사회적 제재를 생각하고 그만두게 될 것이다. 남자들은 클럽에 속하기를 좋아하며, 여자들은 다른 여성들에게 존경받고 방문당하는 것을 좋아한다. 이러한 즐거움을 빼앗기는 일은 분명 커다란 고난이라 생각될 것이다. 그 결과 공공연한 죄를 범하는 것은 부자, 예술가, 작가, 기타 직업상 다소 방종한 사회에서 살 수 있는 사람들을 제외하고는 어려운 일이다.

영국처럼 정신이상에 의한 이혼을 인정하지 않는 나라에서는, 아내나 남편이 정신이상이 된 배우자는 참을 수 없는 자리에 놓여진다. 이 위치를 좋다고 하는 논의는 신학적 미신을 제외하고는 없다. 정신이상에 있어서 참인 것은 성병, 상습적 범죄 및 주벽에 관해서도 참이다. 이러한 모든 것은 어떠한 관점에서 보든지 결혼을 파괴하는 것이다. 그것들은 다른 사람과의 교제를 불가능하게 하고, 아이를 낳는 것을 바람직하지 못한 일로 만들고, 죄 있는 어버이와 자식과의 접촉을 피해야 할 것으로 만든다. 이러한 경우 이혼에 반대하는 주장은 이것이다. '결혼은 경솔한 자가 속아서 빠진 함정이다. 그것은 비애를 통해서만 정화될 수 있다.'

유기(遺棄), 이것이 사실이라면, 물론 이혼의 사유가 된다. 왜냐하면 그 경우 판결은 기존 사실, 즉 결혼생활이 끝났다는 것을 법률적으로 확인하는 것에 불과하기 때문이다. 그러나 법적 관점에서 유기가 이혼의 사유가 된다면 바로 그 때문에 이용되고, 그것이 사유가 되지 않았다면 그러했을 것보다 훨씬 빈번하게 일어나게 될 것이다. 이와 비슷한 악용이 그 자체로서는 완전히 타당한 여러 가지 사유들에 대해서도 일어난다. 법이 허락하는 거의 모든 수단에 호소하여 헤어지고자 하는 열정적인 욕구를 가진 많은 부부들이 있다. 이전에 영국에서 흔히 그러했던 것처럼, 이혼하기 위해서는 남자가 간통과 같은 죄를 지어야 할 필요가 있었던 시대에는, 증거를 마련하기 위하여 남편이 아내와 결탁해서 하인들 앞에서 아내를 때리는 일이 적지 않았다.

서로 헤어지기를 열망하고 있는 두 사람이 법률의 압력에 의하여 참고 함께 사는 것이 바람직한지 어떤지는 다른 문제이다. 그러나 우리가 올바로 인식해야 할 것은 이혼 사유가 되는 것은 무엇이든지 그 극단에까지 남용될 것이고, 많은 사제외하고는 없다. 정신이상에 있어서 참인 것은 성병, 상습적 범죄 및 주벽에 관해서도 참이다. 이러한 모든 것은 어떠한 관점에서 보든지 결혼을 파괴하는 것이다. 그것들은 다른 사람과의 교제를 불가능하게 하고, 아이를 낳는 것을 바람직하지 못한 일로 만들고, 죄 있는 어버이와 자식과의 접촉을 피해야 할 것으로 만든다. 이러한 경우 이혼에 반대하는 주장은 이것이다. '결혼은 경솔한 자가 속아서 빠진 함정이다. 그것은 비애를 통해서만 정화될 수 있다.'

유기(遺棄), 이것이 사실이라면, 물론 이혼의 사유가 된다. 왜냐하면 그 경우 판결은 기존 사실, 즉 결혼생활이 끝났다는 것을 법률적으로 확인하는 것에 불과하기 때문이다. 그러나 법적 관점에서 유기가 이혼의 사유가 된다면 바로 그 때문에 이용되고, 그것이 사유가 되지 않았다면 그러했을 것보다 훨씬 빈번하게 일어나게 될 것이다. 이와 비슷한 악용이 그 자체로서는 완전히 타당한 여러 가지 사유들에 대해서도 일어난다. 법이 허락하는 거의 모든 수단에 호소하여 헤어지고자 하는 열정적인 욕구를 가진 많은 부부들이 있다. 이전에 영국에서 흔히 그러했던 것처럼, 이혼하기 위해서는 남자가 간통과 같은 죄를 지어야 할 필요가 있었던 시대에는, 증거를 마련하기 위하여 남편이 아내와 결탁해서 하인들 앞에서 아내를 때리는 일이 적지 않았다.

서로 헤어지기를 열망하고 있는 두 사람이 법률의 압력에 의하여 참고 함께 사는 것이 바람직한지 어떤지는 다른 문제이다. 그러나 우리가 올바로 인식해야 할 것은 이혼 사유가 되는 것은 무엇이든지 그 극단에까지 남용될 것이고, 많은 사한다면 다른 사람에게 마음이 끌릴 리 없다고 주장하였다. 이것이 진실이 아니라는 것은 누구나 다 알고 있다. 질투심의 영향 때문에, 모두가 이 그릇된 이론을 믿고 침소봉대(針小棒大)해서 떠들어댈 뿐이다. 그러므로 간통은 이혼의 좋은 사유가 아니다. 물론 경우에 따라서는 아무리 생각해 보아도 배우자보다는 다른 사람이 좋을 수 있다. 그러나 그것은 예외이다.

이것은 물론 간통에 의한 성교가 아이를 낳지 않는 경우에 한에서이다. 사생아가 태어나면 문제는 더욱 복잡해진다. 특히 그 아이가 아내의 아이인 경우에 그러하다. 왜냐하면 그러한 경우에 만일 결혼생활을 계속한다면, 남편은 남의 자식을 자기 자식과 함께(그리고 만일 추문을 피하려 한다면) 자기 자신의 자식으로서 길러야 할 필요에 당면하기 때문이다. 이것은 결혼의 생물학적 원리에 배치되며, 또 거의 참을 수 없는 본능적 긴장을 포함하게 될 것이다. 이러한 이유에서 피임법 이전의 시대에 간통이 그처럼 중시되었던 것이다. 그러나 피임법은 이전에 비해서, 성교 자체와 생식을 위한 결합으로서의 결혼의 구별을 보다 용이하게 만들었다. 이러한 이유에서 지금은 인습적인 관례에서 그러했던 것보다 간통을 훨씬 덜 중시하게 되었다.

아이 없는 부부의 이혼은 즉각 승인되어야 한다

이혼을 바람직한 것으로 만드는 이유에는 두 가지 종류가 있다. 정신병, 음주광, 범죄처럼 당사자 한 사람의 결함에 기인하는 것과 남편과 아내의 관계에 근거를 두는 것이 그것이다. 부부의 어느 쪽에도 비난할 만한 점이 없는데도 의좋게 살 수 없거나, 어떠한 커다란 희생 없이는 살아갈 수 없는 경우도 있을 수 있다. 각자가 해야 할 중요한 일이 있고, 또 일의 성질상 따로 살아야 할 것을 요구하는 수도 있다. 부부의 한 사람이 상대방이 싫지는 않으나 어떤 다른 사람에게 깊은 애착을 느끼게 되어 그 때문에 결혼을 참을 수 없는 연분으로 느낄 수도 있다.

그러한 경우 만일 법률의 구제가 없다면 증오가 솟아나는 것은 당연하다. 참으로 그러한 경우, 다 아는 바와 같이, 살인으로까지 이어질 수도 있다. 서로가 용납할 수 없기 때문에, 혹은 부부의 어느 한쪽이 어떤 다른 사람에게 누를 수 없는 열정을 품게 되었기 때문에 결혼이 파탄나는 경우, 현재처럼 비난을 수반하는 판결이어서는 안 된다. 이러한 이유 때문에, 모든 경우에 가장 좋은 이혼의 사유는 쌍방간의 합의이다. 합의 이외의 사유는, 부부의 어느 한쪽에 어떠한 결정적인 결함이 있기 때문에 결혼이 실패로 돌아갈 경우에만 인정되어야 한다.

이혼에 관한 법률을 적용할 때 매우 곤란한 문제가 있다. 왜냐하면 그 법률이 어떠한 것이든지 간에 재판관과 배심원은 감정에 지배될 수 있으며, 한편 남편과 아내는 입법자의 의도를 앞지르기 위해서는 어떠한 짓이라도 할 것이기 때문이다. 영국 법률에서는 부부 사이에 어떠한 합의가 있더라도(잘 알다시피 그러한 경우가 종종 있다) 이혼은 불가능하다. 뉴욕 주에서는 한 걸음 더 나아가 간통죄를 입증하기 위해서 위증하는 사람을 고용하는 일도 심심찮게 있다.

학대 행위는 이론상 훌륭한 이혼 사유가 된다. 그러나 불합리하게 해석될 수도 있다. 어떤 유명한 영화배우가 학대 행위를 했다는 사유로 아내로부터 이혼을 당했다. 학대 행위의 증거 가운데 하나는 그가 칸트 이야기를 하는 친구를 집에 잘 데리고 온다는 것이었다. 남편이 가끔 아내의 면전에서 지적인 대화를 했다는 이유로 이혼할 수 있도록 하는 것이 캘리포니아 주 입법자의 의도였다고는 믿어지지 않는다.

이러한 혼란, 핑계, 불합리를 피하는 유일한 방법은 정신이상처럼 이혼을 바라는 한쪽의 욕구를 정당화할 수 있는 어떤 매우 명확하고도 입증할 수 있는 사유가 없는 경우에는, 모두 합의에 의해서만 이혼할 수 있도록 하는 것이다. 그렇게 되면 당사자들은 법정 밖에서 금전적인 타협을 보게 될 것이고, 서로가 상대방이 천하에 나쁜 놈이라는 것을 입증하기 위해서 사람을 고용할 필요도 없어질 것이다.

성교가 불가능한 경우 이혼이 가능하다는 판결이 났지만, 결혼해서 아이가 없는 경우에도 신청만 하면 이혼이 승인되어야 한다는 것을 나는 첨가하고 싶다. 즉 아이 없는 부부가 헤어지려 하면, 아내가 불임이라는 진단서를 제출함으로써 그렇게 될 수 있어야 한다. 아이는 결혼의 목적이며, 아이 없는 결혼에다 사람을 붙잡아놓는 것은 잔인한 기만이다.

이혼에 관한 법률은 이상과 같은 것이지만, 관습은 또 다른 문제이다. 이미 본 바와 같이, 법은 이혼을 용이하게 하는 반면, 관습은 이것을 어렵게 만든다. 미국에서 이혼이 매우 빈번한 것은, 부분적으로는 사람들이 결혼에서 추구해서는 안 될 것을 추구한다는 사실 때문이며, 이것은 다시 부분적으로 간통에 대해 관대하지 못하다는 사실 때문이라고 나는 생각한다. 결혼이란 적어도 아이들이 어릴 동안에는 부부가 함께 의도하는 공동생활이어야 하며, 어느 쪽이나 그것을 일시적인 정사(情事)에 좌우되는 것이라고 보아서는 안 된다.

만일 이러한 일시적인 정사를 여론이나 관계자의 양심이 용서하지 않는다면, 각자는 그때마다 결혼해야 할 것이다. 이것은 쉽사리 양친제 가족을 완전히 파괴해 버릴 수 있을 것이다. 왜냐하면 어떤 여자가 2년마다 새 남편을 얻어서 그때마다 새 아이를 낳는다면, 아이들은 결과적으로 자신들의 아버지를 빼앗기게 될 것이고, 따라서 결혼은 그 존재 이유를 상실할 것이기 때문이다. 이것은 성 바울의 윤리학이다. 미국에서 결혼은, 「고린도 전서」에 기록되어 있는 것처럼, 간음(fornication)*을 막는 수단으로 간주되고 있다. 그러므로 간음을 하고 싶다면, 먼저 이혼을 해야만 한다.

결혼을 아이와 관련시켜 생각해 보면 전혀 다른 윤리가 등장하게 된다. 부부가 자녀에 대해 애정을 가지고 있다면, 될 수 있는 대로 아이들이 행복하고 건강하게 성장할 수 있도록 자신들의 행위를 규제할 것이다. 이것은 때로는 상당히 큰 자제력을 요구하는 것일지 모른다. 그것은 부모들이 그들 자신의 낭만적 감정의 요구보다는 아이들의 요구가 더 중요하다는 것을 깨달을 것을 요구한다. 물론 어버이의 애정이 진실되고, 그릇된 윤리가 질투심을 불타게 하지 않는다면, 자연스레 이

---

* '간음'으로 번역한 fornication은 부부 아닌 남녀가 성관계를 맺는 것을, '간통'으로 번역한 adultery는 배우자 있는 사람이 배우자 이외의 이성과 성관계를 맺는 것을 가리킨다〔역주〕.

렇게 될 것이다.

혹자는 부부 사이에 정열적인 애정이 사라지고, 서로가 혼외의 성경험을 방관한다면, 그들이 자녀의 교육에 적절히 협력하는 것은 불가능하다고 말한다. 월터 리프만(Walter Lippmann; 미국의 평론가)은 "서로 사랑하지 않는 사람들은 버트란드 러셀이 생각하는 것과는 달리, 진정으로 협력해서 아이들을 기르지 않을 것이다. 그들은 제대로 주의를 기울이지 않을 것이며, 항상 불충분하게 해줄 것이고, 그것도 단지 의무감에서만 하게 될 것이다"[6]라고 말한다.

이러한 주장에는(아마도 의도하지는 않았겠지만) 약간의 잘못이 있다. 물론 서로 사랑하지 않는 사이라면 아이를 기르는 데 협력하지 않을 것이다. 그러나 리프만도 인정하듯이, 아이가 태어났다고 해서 모든 것이 끝나는 것은 아니다. 그리고 자연스런 애정을 기울일 수 있는 감성적인 사람들이라면, 열정적인 사랑이 식었다 해도 서로 협력해 아이를 키우는 데 결코 초인적인 노력이 필요한 것은 아니다.

내가 개인적으로 알고 있는 여러 사례들로부터 이것을 증명할 수 있다. '어떤 부모들은 오직 의무감만을 느낀다'고 말하는 것은 어버이의 사랑이란 감정—육체적인 정열이 식은 후에도 오랫동안 부부간의 끊을 수 없는 유대를 유지해 주는 순수하고 강렬한 감정—을 무시하는 것이다. 리프만은 프랑스에 관해서 전혀 들은 적이 없는 것 같다. 그곳에서는 간통에 대해서 이상하리만큼 자유로운데도 불구하고, 가족의 유대가 대단히 강하며 어버이도 강한 의무감을 갖고 있다. 반면 미국에서는 가족이라는 감정이 극도로 희박한데, 이혼이 잦은 것도 사실은 이 때문이다. 가족 감정이 강한 곳에서는 이혼이(비록 그것이 법적으로는 용이하더라도) 비교적 적을 것이다.

현재 미국에서 볼 수 있는 것과 같은 손쉬운 이혼은 양친제 가족으로부터 순수한 모계 가족으로의 과도기적 단계라고 이해될 수 있다. 그러나 그것은 아이들에게는 상당히 괴로운 단계이다. 왜냐하면 현재로서는 아이들이 부모가 모두 있기를 기대하고, 또 이혼한 후에도 아버지에게 강한 애착이 남아 있을 수 있기 때문이다. 양친제 가족이 공인된 규율로 생각되는 한, 이혼하는 부모는(중대한 원인이 있는 경우는 예외이지만) 어버이로서의 의무를 다하지 못하는 것이라고 나는 생각한다. 나는 결혼의 지속을 법적으로 강제하는 것이 사태를 개선하게 되리라고는 생각하지 않는다. 내가 바라고 싶은 것은 첫째, 결혼을 좀더 견딜 만한 것으로 만들기 위해 서로의 자유를 확대하는 일이며 둘째, 성 바울과 낭만주의 운동이 너무나 성을 강조한 나머지 망각되었던 아이들의 중요성을 인식하는 일이다.

결론은 다음과 같다. 영국을 비롯한 많은 나라에서 이혼은 너무나 어렵다. 그러나 손쉬운 이혼이 결혼 문제에 대한 진정한 해결책을 제공해 주지는 않는다. 만일 결혼이 계속되어야 하는 것이라면, 결혼생활의 안정이 아이들의 이익을 위해서 중요하다. 그러나 이러한 안정을 추구하는 최선의 방법은 결혼과 단순한 성관계를 구별함으로써 그리고 부부애의 낭만적인 측면보다는 그 생물학적 측면을 강조함으로써 가능할 것이다. 이렇게 하면 결혼이 귀찮은 의무로부터 벗어날 수 있다고 감히 말하려는 것은 아니다. 내가 권하는 제도에서 남자는 부부간의 정조에 대한 의무가 없어지는 것은 사실이지만, 그 대신 질투를 눌러야 할 의무를 지게 된다. 자제하지 않고서는 행복한 삶을 누릴 수 없다. 그러나 사랑과 같은 관대하고 넓은 감정보다는 오히려 질투와 같은 구속적이며 적대적인 감정을 억제하는 편이 더 좋다. 인습적 도덕이 저지른 잘못은 자제를 요구하는 데 있지 않고, 엉뚱한 곳에다 그것을 요구한다는 데 있다.

4. 가부장제냐 모계사회냐

외삼촌이 전권 가지는 모계사회

결혼이라는 관습은 언제나 세 가지 요소가 혼합된 것이었다. 그것은 막연하나마 각각 본능적 · 경제적 · 종교적인 것이라고 부를 수 있을 것이다. 그러나 이러한 것들이 명확히 구별될 수 있는 것은 아니다. 그것은 결혼 이외의 분야에 있어서도 마찬가지이다. 일요일에 가게문을 닫는 관습은 종교적인 것에서 연유한 것이지만, 오늘날에는 경제적인 사실로 되어 있다. 성에 관한 여러 가지 법률과 관습도 이와 마찬가지이다. 종교적인 것에서 연유한 관습이라도 그것이 유용한 것이라면, 종교적인 기반이 사라진 후에도 그 유용성 때문에 존속하는 경우가 가끔 있다. 종교적인 것과 본능적인 것을 구별하는 것도 역시 어려운 일이다. 인간 행동에 강한 영향력을 갖고 있는 종교는 일반적으로 어떤 본능적인 기반을 가지고 있다. 그러나 종교는 전통을 중시한다는 점에서 그리고 본능적으로 가능한 여러 가지 행동 가운데 어떠한 종류의 행동만을 선호한다는 점에서 본능과는 구별된다. 예컨대 사랑과 질투는 다같이 본능적 감정이지만, 종교는 질투를 사회가 마땅히 지지해야 할 도덕적 감정이지만, 사랑은 기껏해야 묵인하는 것에 지나지 않는다고 생각한다.

성관계에 있어서 본능적인 요소는 흔히 생각되는 것보다는 훨씬 적다. 오늘날의 문제를 설명하는 데 필요한 경우를 제외하고는, 나는 여기서 인류학의 영역에까지 들어갈 생각은 없다. 그러나 우리의 목적상 한 가지 점에서 이 학문이 대단히 필요하다. 그 한가지 점이란 우리가 흔히 본능에 어긋나는 것이라고 생각해 왔지만, 실제로는 본능과 그다지 큰 충돌을 일으키지 않으면서 오랫동안 존속해 온 관습들이 얼마나 많은가를 보여주는 일이다.

예컨대 처녀가 사제들에 의해서 공식적으로(때로는 공공연하게) 능욕당하는 것은 미개인뿐 아니라, 일부 비교적 문명화된 종족 사이에서도 발견되는 관습이다. 기독교 국가에서는 처녀를 능욕하는 것은 신랑의 특권이라고 생각되어 왔다. 따라서 대다수의 기독교도들은 최근까지도 종교적인 처녀 능욕의 관습에 대한 자신들의 혐오감을 본능적인 것이라고 생각한다. 손님을 접대하는 한 가지 방법으로서 자기의 아내를 손님에게 빌려주는 관습 역시 현대의 유럽인들이 본능적으로 혐오하는 것이지만, 매우 널리 행해져 왔다. 일처다부제도 무식한 백인에게는 인간 본성에 어긋나는 관습이라고 여겨질 것이다.

영아살해에 대해서는 더욱 그러할 것이다. 그러나 경제적으로 유리하다고 생각되는 곳이라면 어디서나, 그러한 관습에 기꺼이 호소했다는 것을 사실이 증명하고 있다.

그 사실이란 곧 인간에게 있어 본능이란 퍽 막연한 것이며, 그것이 자연스런 경로에서 쉽사리 벗어난다는 것이다. 이것은 미개인 사이에서나 문명사회에서나 다 같다고 할 수 있다. 사실 '본능'이라는 말은 성과 관련된 인간 행동처럼 고정적이지 않은 어떤 것에다 적용하기에는 적절한 표현이 아니다. 엄밀한 심리학적 의미에서 본능적이라고 불리울 수 있는 유일한 행동은 아기가 젖을 빠는 행동뿐이다.

미개인은 어떤지 모르지만, 문명인은 성행위하는 방법을 배워야 한다. 결혼한 지 수년이 지난 부부로부터 어떻게 하면 어린애를 낳을 수 있는가라는 질문을 받은 의사가 조사를 해보니 부부가 전혀 성행위를 할 줄 몰랐다. 이러한 사례가 결코 적지 않다. 따라서 성행위에 대한 자연적인 경향과 그것 없이는 쉽사리 만족되지 않는 어떤 욕망이 있기는 하지만, 엄밀한 의미에서 볼 때 성행위는 본능적인 것이 아니다.

사실 인간에게서, 다른 동물들 사이에서 발견되는 것과 같은 명확한 행동은 찾아볼 수 없다. 이러한 의미에서 본능은 어떤 다른 것으로 대체되어야만 한다. 우리들 인간이 가지고 있는 것은 무엇보다도 불만이며, 그것은 마구잡이식의 불완전한 행동을 낳는다. 그러나 그것은 서서히 그리고 우연히 만족을 주는 활동에 이르게 되며, 그 때문에 반복된다. 이처럼 본능적인 것은 완결된 활동이라기보다는 오히려 그러한 활동을 배우려는 충동이며, 만족을 주는 활동이 명확하게 미리 정해져 있는 것도 아니다. 물론 생물학적으로 대단히 이로운 활동을 그와 상반되는 습관 이전에 배웠다면 커다란 만족을 얻을 수 있을 것이다.

현대의 모든 문명사회가 가부장제 가족에 기초를 두고 있으며, 여성의 정조 관념이 전적으로 가부장제 가족을 가능하게 하기 위하여 형성된 것이라면, 어떠한 자연적 충동이 아버지라는 감정을 낳았는가를 탐구해 볼 필요가 있다. 이 문제는 분별 없는 사람들이 생각하는 것처럼 결코 간단한 것이 아니다.

자식에 대한 어머니의 감정은 이해하기에 어렵지 않다. 어쨌든 젖을 뗄 때까지는 긴밀한 육체적인 유대가 있기 때문이다. 그러나 아이에 대한 아버지의 관계는 어디까지나 간접적이고 가설적이며 추리적이다. 그것은 아내의 정조에 대한 신뢰에 기초를 두고 있으며, 따라서 본능적이라기보다는 오히려 지적인 영역에 속하는 것이다. 그렇지 않고 아버지라는 감정이 친자식들에게는 저절로 생겨나는 것이라고 가정한다면, 또 그렇게 보일 수도 있다. 그러나 반드시 그렇다고 할 수는 없다.

멜라네시아인들은 사람에게는 아버지가 있다는 사실을 알지 못한다. 그러나 그들도 아버지와 자식의 관계를 명확히 아는 사람들이 그러하듯이 자식을 사랑한다. 트로브리안드 섬의 원주민에 관한 말리노프스키〔B. K. Malinowski, 1884~1942 ; 폴란드 태생의 영국의 문화인류학자〕의 저서들은 아버지라는 심리를 이해하는 데 커다란 공헌을 하였다. 특히 그의 세 권의 저서, 『미개사회에서의 성과 억압』『원시 심리학에서의 아버지』『서북 멜라네시아에서의 미개인의 성생활』은 이른바 아버지라고 하는 복잡한 감정을 이해하는 데 없어서는 안 될 책이다.

사실 남자가 자식에게 관심을 갖게 되는 데는 두 가지의 뚜렷한 이유가 있다. 즉 자기의 자식이라고 믿기 때문에 그 아이에게 관심을 가질 수도 있고, 아내의 아들이라는 것을 알기 때문에 아이에게 관심을 가질 수도 있다. 생식에서의 아버지의 역할을 모르는 곳에서는 두번째 동기만이 작용한다.

트로브리안드 섬의 원주민들이 아버지가 있다는 것을 모른다는 사실은 말리노프스키에 의해서 의심할 여지도 없을 만큼 밝혀졌다. 예를 들어 어떤 남자가 일 년 이상이나 항해를 하고 집에 돌아왔을 때, 그의 아내가 새로 태어난 어린애를 데리고 있는 것을 보고 기뻐하였으며, 유럽인이 그의 아내의 정조에 관해서 의혹을 던져도 그것을 곧이들으려 하지 않는다는 사실을 그는 발견하였다. 이를 더욱 확신하게 만드는 다음과 같은 사실도 발견하였다. 우량종의 돼지를 치고 있던 한 사내가 어느날 수놈 전부를 거세해 버리고도 그것이 종의 퇴화를 초래한다는 것을 알지 못했다. 그들은 신령이 아이를 가지고 와서 어머니의 뱃속에다 넣어주는 것이라고 생각한다.

물론 처녀가 임신할 수 없다는 것은 알고 있다. 그러나 그것은 신령의 활동을 처녀막이 가로막고 있기 때문이라고 생각한다. 미혼 남녀는 완전한 자유연애의 생활을 하고 있으나, 어떤 이유에선지 미혼 여성이 임신하는 일은 매우 드물다. 임신을 할 경우 매우 이상하게 들리겠지만, 그들의 소박한 철학에 따르면 전적으로 그들의 책임이 아닌데도 불구하고 그 임신을 불명예스럽게 생각한다. 조만간 그녀는 변화에 싫증을 느끼고 결혼해 버린다. 그녀는 남편의 마을에 가서 산다. 그러나 그녀와 그녀가 낳은 아이들은 여전히 그녀의 친정 마을에 속해 있다고 여겨진다. 반면 남편은 아이와는 아무런 혈연 관계가 없다고 여겨진다. 혈통은 오로지 여자의 계통을 통해서만 이어진다. 다른 곳에서는 아버지가 갖는 자식에 대한 권위가 트로브리안드 섬의 원주민들 사이에서는 외삼촌에게 속해 있다.

그러나 여기에는 매우 기묘하고도 복잡한 문제가 있다. 남매간의 터부는 극도로 엄하여, 성장한 후에는 아무리 완곡하게라도 성에 관한 이야기를 해서는 안 된다. 그 결과, 외삼촌이 아이들에 대한 권위를 가지기는 하지만, 아이들이 어머니와 집을 떠나 찾아올 때 외에는 좀처럼 그들을 만날 수 없다. 훈계를 하지 않고서도 아이들에게 애정을 쏟을 수 있는 이 놀라운 제도는 다른 데서는 비슷한 예를 찾아볼 수 없는 것이다. 아버지는 아이들과 같이 놀아주고 잘해 주지만 그들에게 명령할 권리가 없는데 반하여, 그들에게 명령할 권리를 가진 외삼촌은 그들이 살고 있는 장소에 있을 권리가 없다.

더욱 이상한 것은 아이와 그 아이의 어머니의 남편 사이에 혈연관계가 없다고 믿는데도 불구하고, 아이들은 어머니나 형제자매보다도 오히려 어머니의 남편을 닮는다고 여긴다는 사실이다. 실제로 형제자매들이 서로 닮았다거나 아이와 그 어머니가 닮았다고 말하는 것은 대단한 실례이며, 심지어 명백히 닮은 경우에도 완강히 부인한다. 이에 대해 말리노프스키는 아이들에 대한 아버지의 애정이 어머니보다 아버지를 닮았다고 믿는 데서 자극되기 때문이라고 추측한다. 그는 이들의 부자 관계가 문명인 사이에서 볼 수 있는 것보다 훨씬 더 화목하고 애정이 넘치며, 오이디푸스 콤플렉스의 흔적은 전혀 없음을 발견하였다.

말리노프스키는 아무리 설명해 주어도 부성(父性)이라는 것이 있다는 사실을 이 섬의 친구들에게 도저히 납득시킬 수 없음을 깨달았다. 그들은 이것을 선교사들이 꾸며낸 어리석은 이야기라고 생각했다. 기독교는 가부장적인 종교이며, 따라서 부권(父權)이라는 것을 모르는 민족에게는 감정적으로나, 지적으로나 이해되지 않는다. '하느님 아버지시여' 하는 대신에 '하느님 외삼촌이시여' 하고 말해야 할 것이다. 그러나 이것만으로 그것의 참다운 의미가 전달될 수 있는 것은 아니다. 일반적으로 부성이 권력과 사랑의 두 가지 면을 포함하는데 반하여, 멜라네시아에서는 외삼촌이 권력을, 아버지가 사랑을 각각 나누어 갖기 때문이다.

사람은 신의 자식이라는 관념을 트로브리안드 섬 사람들에게는 전달할 수 없다. 왜냐하면 그들은 어느 누구도 남성의 아들이 아니라고 생각하기 때문이다. 그 결과 선교사들은 설교를 하기 전에 먼저 생리학적인 사실에 매달리지 않으면 안 되었다. 말리노프스키가 전하는 바에 따르면, 그들은 이 최초의 과업에 실패하였으며, 따라서 복음서를 설교하는 데까지 이르지 못하였다.

만일 남자가 임신과 해산하는 동안 그의 아내와 같이 있는다면, 태어난 아이를 좋아하게 되며, 바로 그것이 아버지라는 감정의 기초가 된다고 말리노프스키는 주장하였다. 나 역시 그의 이러한 생각에 동의한다. 그는 다음과 같이 말하고 있다. "얼핏 아무런 생물학적 근거가 없는 것처럼 보이는 인간의 부성이 자연적인 천품과 생물적인 욕구에 깊이 뿌리박고 있다는 것을 알 수 있다."

그러나 만일 남자가 임신중인 아내와 떨어져 있었다면, 그가 아이에 대해서 본능적으로 애정을 느끼지는 않을 것이다. 그러나 관습과 종족의 윤리가 그로 하여금 그 어미와 자식과 함께 있도록 한다면, 그 어미와 쭉 같이 있었던 경우와 마찬가지로 애정이 우러나게 될 것이다. 모든 중요한 인간 관계에서 사회적으로 바람직한 행동은, 본능이 이를 강요할 만큼 강하지 못할 때는, 사회의 윤리가 그 실행을 강제하는 법이다. 이것은 미개인 사회에 있어서도 그러하다. 관습은 어미의 남편이 아이들이 어린 동안, 그들을 돌보며 보호할 것을 명한다. 이것을 강요하는 것은 그다지 어렵지 않다. 왜냐하면 이것은 대체로 본능과 일치하기 때문이다.

말리노프스키가 멜라네시아인 아버지의 아이들에 대한 태도를 설명하기 위해서 든 본능은 그의 저서에 나타나 있는 것보다 좀더 보편적인 것이라고 나는 생각한다. 남자든 여자든 자기가 돌봐줘야 할 아이에 대해서는 애정을 느끼는 법이다. 관습이나 관례, 혹은 보수 때문에 아이들을 돌보게 되었다 하더라도, 돌보고 있다는 그 단순한 사실이 대다수의 경우 애정을 싹트게 만든다. 이러한 감정이 그 아이가 자기가 사랑하는 여성의 아이일 때 더욱 강해진다는 것은 의심할 나위도 없다. 그러므로 이 미개인들이 자신들의 아내의 자식에게 적지 않은 애정을 표시하는 것은 이해할 수 있는 일이며, 문명인 남성들이 그의 자식들에게 쏟는 애정 가운데도 이것이 커다란 요인일 것이다.

말리노프스키는 부성을 전혀 몰랐던 시대가 있었음에 틀림

없기 때문에, 인류는 모두 현재의 트로브리안드 섬의 원주민과 같은 단계를 거쳐왔을 것이라고 주장하였다. 그의 이러한 의견은 반박할 여지가 없는 것처럼 보인다. 동물의 가족도 그것이 애비를 포함하는 경우, 이와 흡사할 것이다. 왜냐하면 이 외에 달리 생각할 수 없기 때문이다. 그러나 어떻게 해서 아버지가 된다는 사실을 알고 나서 부성의 감정을 우리가 잘 알고 있는 부권의 형태로 바꾼 것은 오직 인간뿐이다.

가부장제 이후 더 활력이 넘치고 경쟁적인 사회가 되었다

부성이라고 하는 생물학적 사실이 알려지자마자, 전혀 새로운 요소가 아버지라는 감정 속에 들어가, 그 요소가 거의 모든 곳에서 가부장제 사회를 만들어내었다. 자식을 성경에서 말하는 자기의 '씨〔種〕'와 같은 것으로 인식하자마자, 자식에 대한 아버지의 감정에는 두 가지 요소, 즉 권력에 대한 사랑과 사후에도 살아남으려는 불멸에의 욕망이 강화되었다. 자손들의 성공은 어느 의미로는 그의 성공이며, 자손들의 생명은 곧 그의 생명의 연장이다. 그의 야심은 무덤과 함께 사멸되지 않고, 자손의 생애를 통하여 무한히 연장될 수 있게 된다. 예컨대, 그의 자손이 가나안 땅을 영유(領有)하게 될 것이라는 계시를 받았을 때의 아브라함의 만족을 생각해 보라.

모계사회에서 가족에 대한 야망은 여자만이 가질 수 있었다. 그러나 여자는 전투적이 아니기에 여자가 가지는 가족에 대한 그러한 야망은 남자의 그것보다 큰 효과를 얻을 수 없었다. 따라서 부성의 발견은 인간 사회를 모계의 단계보다 훨씬 경쟁적이고 활력이 넘치며, 역동적이고 세차게 하였다.

어느 정도 가설적인 이러한 설명에서 부분적인 원인을 찾아 볼 수 있겠지만, 아내의 정조를 강요하는 데는 어떤 새롭고, 매우 중요한 이유가 있었다. 질투심 속에 있는 순전히 본능적인 요소는 대다수의 현대인들이 상상하는 것처럼 그렇게 강한 것은 아니다. 가부장제 사회에서 질투심이 극히 강한 것은 자손의 위조를 두려워하기 때문이다. 이것은 아내에 싫증을 느끼고, 정부(情婦)에 빠져 있는 남자라도 아내에 관한 일이라면, 정부의 애정을 빼앗으려는 연적(戀敵)을 발견하였을 때 이상으로 질투한다는 사실에서 확인해 볼 수 있다.

정통의 자식은 남성의 자아(ego)의 연장이며, 자기 자식에 대한 애정은 이기주의의 한 형태이다. 그러나 반대로 만일 아이가 정통이 아니라면, 추정상의 아버지는 생물학적으로 아무런 관계도 없는 아이를 속아서 열심히 돌봐주고 있는 셈이다. 이 때문에 부성의 발견은 아내의 정조를 확보하는 유일한 수단으로서 여성의 예종(隷從)—처음에는 육체적인 예종, 다음에는 빅토리아 시대에 그 최고조에 달한 정신적 예종—을 낳았다.

이러한 여성의 예종으로 말미암아, 대부분의 문명사회에서 남편과 아내의 진정한 우애를 찾아보기란 힘들다. 그들의 관계는 한쪽은 우월감에서 친절을 자랑하는 듯한 태도이며, 다른 한쪽은 오직 의무감만을 느낄 뿐이다. 중대한 사상이나 목적은 모두 남자들만이 간직했다. 왜냐하면 그러한 사상을 아내가 알게 되면 자기를 배반할지도 모르기 때문이다. 대부분의 문명사회에서 여자가 세상일을 경험하는 것은 거의 모두 차단되었다. 여자는 인위적으로 우둔한 상태에 놓여졌으며, 따라서 무료한 삶을 살아왔다.

플라톤의 대화편들을 읽으면, 그와 그의 벗들은 다만 남성만을 진정한 사랑의 대상으로 여긴다는 인상을 받게 된다. 그들이 흥미를 느낀 모든 것이 아테네 여성에게는 완전히 봉쇄되어 있었다는 것을 생각해 보면 하등 이상할 것이 없다. 최근까지의 중국 그리고 페르시아 시(詩)가 전성기를 누렸을 때의 페르시아, 기타 많은 시대와 장소에서 이와 똑같은 상태가 널리 퍼져 있었다. 남녀간의 관계로서의 사랑은 아이들의 정통성을 확실히 하고자 하는 욕구에 의하여 파괴되었다. 그리고 같은 이유에서 사랑뿐만 아니라, 문명에 대해서 여성이 공헌할 수 있는 모든 길도 저지되었다.

자손을 생각하는 방식이 변함에 따라서 경제제도 역시 변화하였다. 모계사회에서 남자는 외삼촌으로부터 상속을 받았다. 가부장제 사회에서는 그의 아버지로부터 상속을 받는다. 가부장제 사회의 부자 관계는 모계사회에 존재하는 어떠한 남성간의 관계보다도 밀접하다. 왜냐하면 앞에서 살펴본 것처럼, 우리가 당연히 아버지에게 속한다고 보는 기능이 모계사회에서는 아버지와 외삼촌이 나누어 갖기 때문이다. 즉 애정을 주고 돌보는 일은 아버지가 그리고 권력과 재산은 외삼촌이 맡았다. 그러므로 가부장제 가족이 보다 원시적인 형태의 가족보다 훨씬 긴밀하게 짜여 있다는 것은 분명하다.

남성이 신부의 처녀성을 바라게 된 것은 가부장제와 더불어 비로소 시작되었다고 생각된다. 모계 제도가 존재하는 데서는 젊은 여자도 젊은 남자와 마찬가지로 방탕하였다. 그러나 결혼 이외의 성교는 모두 나쁜 짓이라고 여성에게 설득하는 일이 대단히 중요해졌을 때, 이는 용서할 수 없는 것이 되었다.

스스로의 존재에 대한 사실을 알게 된 아버지들은 아무 데서나 힘자라는 데까지 이것을 사용하기 시작하였다. 문명의 역사는 주로 이러한 가부장의 권력이 서서히 쇠퇴해 간 기록이다. 그것은 대부분의 문명국가에서 역사적 기록이 시작되기 직전에 최고조에 이르렀다. 중국과 일본에서 오늘날까지 지속돼 온 조상숭배는 초기 문명의 보편적인 특색이었다. 아버지는 자식에 대해서 절대적인 권력을 가졌으며, 많은 경우(로마에서 볼 수 있는 것처럼) 생살여탈권까지 가졌다.

딸들은 모든 문명국가에서 그리고 아들들은 대부분의 나라에서 아버지의 동의 없이는 결혼할 수 없었으며, 배우자를 아버지가 결정하는 것이 통례였다. 여성은 처음에는 아버지에게, 다음에는 남편에게 예속되었기 때문에, 평생 동안 독립된 존재로서 생활할 수 없었다. 그러나 동시에 늙은 여성은 집안에서는 거의 전제적인 힘을 행사할 수 있었다. 그녀의 아들들과 며느리들은 모두 그녀와 같은 지붕 밑에서 살았으며, 며느리는 전적으로 그녀에게 예속되었다. 중국에서는 오늘날에도 젊은 며느리가 시어머니의 구박 때문에 자살하는 일이 없지 않다. 중국에서 찾아볼 수 있는 이러한 일은 최근까지 유럽과 아시아의 문명국들에서도 보편적으로 발견되었던 현상에 불과하다. 예수가 아버지와 아들, 며느리와 시어머니 사이의 대립을 해소하기 위하여 이 세상에 왔노라고 말하였을 때, 그는 오늘날까지 극동 지역에서 찾아볼 수 있는, 꼭 그러한 가족을 염두에 두고 있었던 것이다.

아버지가 먼저 자신의 우월한 힘으로 획득한 권력은 종교에 의하여 더욱 강화되었다. 종교란 대개 신은 지배자의 편이라는 믿음이라고 정의할 수 있다. 조상숭배나 이와 유사한 것이 매우 광범위하게 유포되었다. 기독교의 종교적 이념에는, 앞에서 살펴본 것처럼, 부성의 존엄성이 깃들어 있었다. 군주제나 귀족제의 사회 조직과 상속 제도는 도처에서 부권을 그 기초로 하여 수립되었다. 옛날에는 경제적 동기가 이 제도를 지탱했었다. 「창세기」를 읽어보면 사람들이 얼마나 많은 자손을 갖기를 바랐으며, 또 자손을 얻었을 때 그것이 얼마나 그들에게 이로웠던지 알 수 있다. 자식이 느는 것은 양떼나 소떼가 느는 것처럼 이로웠다. 이런 까닭으로 그 당시 여호와는 인간에게 자손이 번성할 것을 명하였던 것이다.

그러나 문명이 발달함에 따라서 경제적 상황도 변화하게 되었고, 한때는 사적인 이익을 권고해 주었던 종교의 가르침은 점차 성가신 것이 되었다. 로마가 번영한 후부터 부유한 자들은 더 이상 대가족을 거느리지 않았다. 대로마제국 말기 수세기 동안 낡은 귀족의 가계(家系)는 차츰 멸망해 갔다. 물론 도덕주의자들의 권고가 있었다. 그러나 그것은 오늘날과 마찬가지로 그 당시에도 그다지 효과가 없었다. 이혼이 용이해졌으며, 또 예사로운 일이 되었다. 상류계급의 여성들은 남성과 거의 동등한 지위에 이르렀으며, 부권(*patria potestas*)은 점점 쇠퇴해 갔다.

이와 같은 전개는 여러 면에서 오늘날의 그것과 매우 흡사하다. 그러나 그것은 상류계급에만 한정되었으며, 그것이 이익이 될 만큼 부자가 아닌 사람들에게는 충격을 주었다. 고대 문명은 오늘날의 문명과는 반대로 전체 인구의 극소수만이 향유하였다. 바로 이러한 사실 때문에 고대 문명이 존속하는 동안에도 늘 불안정하였으며, 드디어는 아래로부터 밀려오는 미신의 커다란 조류에 휩쓸리고 말았다. 기독교와 야만족의 침입은 그리스·로마의 사상체계를 파괴하였다.

가부장제는 아직 남아 있었고, 귀족적인 로마의 제도에 비해 처음에는 그것이 강화되었지만, 그럼에도 불구하고 새로운 요소, 즉 성에 대한 기독교적 견해와 영혼과 구원에 관한 기독교의 교리에서 유래하는 개인주의에 적응해야만 했다. 기독교 사회는 고대나 극동의 문명처럼 솔직하게 생물학적일 수는 없었다. 뿐만 아니라 기독교 사회의 개인주의는 차츰 기독교를 믿는 나라들의 정치에 영향을 미쳤으며, 영혼불멸의 약속은 자신의 자손을 남기는 일에 대한 관심을 감소시켰다. 이전에는 자손을 남기는 일이야말로 인간에게 가능한 불멸에 이르는 가장 가까운 길이라고 여겨졌었는데 말이다.

현대사회가 아직도 부계 중심이며, 가족이 존속해 있다고는 하지만, 그것이 부성에 대해서 부여하는 중요성은 고대사회에 비하면 너무나 작다. 가족의 힘도 옛날에 비해서 현저하게 약화되었다. 오늘날 남성의 희망과 야심은 「창세기」의 가장의 그것과는 전혀 다르다. 현대의 남성은 많은 자손을 갖기보다는 국가에서 상당한 지위를 차지함으로써 성공하기를 열망한다. 전통적인 도덕과 신학이 옛날에 비해서 약화된 이유 가운데 하나가 바로 이러한 변화이다. 한편 기독교 신학도 부분적으로 변화하였다. 왜 이렇게 되었는가를 이해하기 위해서는 종교가 남성의 결혼관과 가족에 대하여 어떠한 영향을 끼쳤는가를 검토해 봐야 할 것이다.

고대 종교의 남근숭배

부성이라는 사실이 처음으로 발견된 이래, 성(性)은 언제나 종교의 커다란 관심거리였다. 종교가 신비적이며 중대한 모든 일에 관여하기에, 이것은 쉽사리 짐작할 수 있는 것이다. 농작물이든 가축이든, 혹은 여성이든 간에 그것이 결실을 맺는다는 것은 농경목축 초기 단계의 남성에게는 가장 중요한 일이었다. 농작물이 항상 잘 자라는 것은 아니며, 성교가 반드시 임신으로 이어지는 것은 아니었다. 종교와 마술이 바람직한 결과를 확실히 하기 위해서 요구되었다. 사람의 마음을 홀리는 마술이 일반적으로 그러한 것처럼, 사람들은 인간의 다산(多産)을 촉진함으로써 토지도 비옥해질 수 있다고 생각하였다. 그리고 많은 원시사회가 원했던 인간의 다산성은 여러 가지 종교적이고 마술적인 의식에 의하여 촉진되는 것이라고 생각하였다.

모계시대가 채 끝나기도 전에 농업이 시작된 고대 이집트에서는 종교에서의 성적 요소가 처음에는 남근이 아니라, 여성 생식기에 관한 것이었다. 여성 생식기의 모양을 닮은 코리(cowry) 조개껍질은 마력을 가졌다고 여겨졌으며, 화폐로까지 사용되었다. 그러나 이러한 단계가 지난 후, 후기 이집트에 와서는 대부분의 고대문명과 마찬가지로, 종교에 있어서의 성적 요소는 남근숭배의 형태를 취하게 되었다.

로버트 브리폴트는 『문명에서의 성』[1)]이라는 책의 한 장에서 이와 관련된 가장 두드러진 사실을 매우 간명하게 설명하고 있다.

> 농사와 관련된 축제, 특히 파종과 수확에 관련된 축제는 세계의 모든 지역과 모든 시대에 걸쳐서 일반적인 성적 방탕의 가장 현저한 예를 보여준다. 알제리 농민들은 여성의 방탕에다 어떠한 제재를 가하는 것도 좋아하지 않는다. 성도덕을 강요하는 것은 모든 농사일을 방해하는 짓이라고 생각하기 때문이다. 아테네의 파종제(thesmophoria)는 다산과 관련된 마술의 원시적인 성격의 흔적을 간직하고 있다. 여성은 남근을 상징하는 것을 손에 들고 음란한 말을 지껄인다. 농신제(saturnalia)는 로마의 파종제로, 남유럽의 사육제(carnival)로 이어졌는데, 거기서는 수(Sioux)족과 다호미(Dahomey)족 사이에 유행하였던 것과 흡사한 남근 상징이 최근에 이르기까지 뚜렷한 특색이 되어 전해 왔다.[2]

세계의 여러 지방에서 달(남성이라고 생각했다)을 모든 아이들의 진정한 아버지라고 생각해 왔다.[3] 이러한 견해는 물론 달 숭배와 관련된다. 우리가 지금 논의하는 문제와 직접 관련은 없으나, 달숭배 종교의 사제와 태양숭배 종교의 사제 사이에 그리고 음력과 양력 사이에 기묘한 충돌이 있었다. 달력은 언제나 종교에서 중요한 역할을 해왔다. 영국에서는 18세기까지, 러시아에서는 1917년 혁명 때까지, 그레고리력(曆)은 카톨릭식이라는 이유에서 부정확한 달력을 계속해서 사용해 왔다. 마찬가지로 열렬히 달을 숭배하는 사제들에 의해서 매우 부정확한 음력이 도처에서 옹호되었다. 태양력의 승리는 완만하고 부분적인 것이었다. 이집트에서는 이러한 갈등이 한때 내란의 원인이 되기도 했다. '달'이라는 단어의 성(gender)에 관한 문법상의 논쟁도 이와 관련이 있다고 생각된다(독일에서는 오늘날까지도 '달'을 남성명사로 간주한다). 태양숭배와 달숭배는 다같이 기독교 안에 그 흔적을 남기고 있다. 예수는 동지에 태어났으며, 유월절(踰月節)의 보름께에 부활하였다. 원시 문명이 어느 정도 합리성을 띠고 있었다고 생각하는 것은 경솔한 판단일지 모르나, 태양숭배자가 결국 승리하였다는 사실은 태양이 농작물에 대해서 달보다 더 큰 영향을 준다는 명백한 사실에서 기인하는 것이라고 결론을 내려도 무방할 것이다. 따라서 농신제는 일반적으로 봄에 행해졌다.

고대의 모든 이교에는 어느 것이나 남근숭배적인 요소가 농후하며, 이것은 신부들에게 논쟁거리를 제공해 주었다. 그러나 신부들의 비난에도 불구하고, 남근숭배의 흔적은 중세기를 통해서 존속해 왔으며, 프로테스탄트만이 겨우 그것을 근절하는 데 성공하였다.

> 플랑드르와 프랑스에서는 브리타니의 성(聖) 질르, 앙쥬의 성 르네, 부르쥬의 성 그레루숑, 성 르뇨, 성 아르노와 같은 남근숭배에서 유래한 성자가 드물지 않다. 남프랑스 일대에 걸쳐 가장 평판이 높았던 성 푸텡은 리용 최초의 주교라고 여겨진다. 암브랑에 있는 그의 성당이 위그노 교도들에 의해서 파괴되었을 때 폐허 속에서 성상(聖像)의 남근을 찾아내었다. 그런데 그것은 예배자들이 너무 많이 포도주를 바친

나머지 빨갛게 물들어 있었다. 예배자들은 그 위에다 포도주를 붓고 불임(不姙)과 발기불능에 대한 묘법으로서 음복(飮福)하는 관습이 있었다.[4)]

신성한 매음은 고대에 매우 널리 보급된 제도였다. 지방에 따라서는 보통 훌륭한 신분을 가진 부인들이 사원에 가서, 사제나 우연히 만난 낯선 남성과 성교를 하였다. 때로는 여사제 자신이 신성한 매춘부이기도 했다. 아마도 이러한 모든 관습은 신의 은총에 의해서 여성의 다산(多産)을, 또는 마술에 의해서 농작물의 풍요를 비는 마음에서 생겨났을 것이다.

가장 음탕한 사회에서 금욕주의가 싹튼다

지금까지 우리는 종교에서의 성에 대한 긍정적인 요소를 고찰해 왔다. 그러나 성에 대한 부정적인 요소도 다른 요소와 마찬가지로 오랜 옛날부터 존재하였으며, 기독교와 불교가 유포되어 있는 곳이면 어디서나 부정적 요소들이 긍정적인 요소들에 대하여 완전히 승리를 거두었다.

웨스터마르크는 이른바 "성관계 일반은 물론이요, 결혼생활에도 불순하고 사악한 것이 있다는 기묘한 견해"의 예를 많이 제공하고 있다.[5)] 기독교나 불교의 영향력이 전혀 미치지 않는 여러 곳에서도, 사제와 여사제들이 독신생활을 맹세하는 계율이 있었다. 유태인들 중에서도 에세네파(Essene派)는 모든 성교를 불순한 것이라고 생각하였다. 이러한 견해는 기독교에 대해서 가장 적대적이었던 사회에 있어서까지도 고대에는 상당한 힘을 가지고 있었던 것처럼 생각된다.

실제로 로마제국에는 금욕주의적 경향이 널리 퍼져 있었다. 에피큐로스 철학은 거의 절멸해 버렸고, 개명한 그리스인이나 로마인 사이에는 스토아 철학이 유행하고 있었다. 『외전(Apocrypha)』 속에 있는 많은 글귀는 『구약성서』의 고본(古本)에 나오는 강건한 사내다운 태도와는 달리, 여성에 대해 수도승과 같은 태도를 가질 것을 권유하고 있다. 신(新)플라톤 학파는 기독교도에 못지 않게 금욕적이었다. 물질은 악이라는 교리가 페르시아로부터 서구에 전파되었고, 모든 성교는 불순한 것이라고 믿게 되었다. 이처럼 극단적인 형태는 아니라 할지라도, 이것이 이른바 교회의 견해이다. 그러나 교회에 관한 고찰은 다음 장으로 미루기로 한다.

분명히 말할 수 있는 것은 어떤 환경 아래서 사람은 무의식 중에 성을 두려워하게 되며, 이러한 성에 대한 공포는 성에 대한 일반적인 매력과 똑같이 자연스러운 충동이라는 것이다. 어떤 종류의 성제도가 인간 본성을 가장 잘 만족시킬 수 있는가를 판단할 수 있으려면, 이러한 사실을 고려하고, 심리학적으로 이해할 필요가 있다.

이러한 종류의 태도의 근원을 신념에서 찾으려고 하는 것은 쓸데없는 짓이라는 것을 먼저 말해 두어야겠다. 이러한 종류의 신념은 무엇보다도 분위기에서 연유하는 것이다. 일단 신념들이 존재할 때, 그것들이 분위기를, 또는 분위기에 따른 행동을 영구화할 것이라는 것은 사실이다. 그러나 그것이 성에 대한 부정적인 태도의 근본적인 원인이라고는 볼 수 없다. 그러한 태도의 두 가지 주요한 원인은 내가 생각하기에 질투와 성적인 피로이다.

일단 질투심이 일어나면, 아무리 그것이 미약하다 할지라도, 성행위는 역겨우며, 성에 대한 욕정은 불쾌하게 여겨진다. 순전히 본능에만 이끌리는 사나이는 가능하다면 모든 여성이 자기를, 오직 자기만을 사랑하도록 만들 것이다. 그러나 그녀들이 다른 남자들을 사랑한다면, 그의 감정은 쉽사리 도덕적 비난으로 변할 것이다. 특히 그 여자가 자기의 아내인 경우에는 두말할 것도 없을 것이다. 예를 들어 셰익스피어의 작품 속에 등장하는 남성들은 자기의 아내가 열정적인 것을 좋아하지 않는다. 셰익스피어에 따르면, 이상적인 아내란 의무감에서 남편의 포옹에 순응하는, 애인을 갖는다는 것은 생각조차 않는 여성이다. 성 자체가 그녀에게는 불유쾌한 것이며, 다만 도덕률이 그렇게 해야 한다고 명령하기에 견딜 뿐이다.

본능적인 남편은 아내가 자기를 배반했다는 사실을 발견했을 때, 그녀와 그녀의 연인에 대한 증오에 가득 차 성은 모두 불결한 것이라고 생각할 것이다. 무절제나 노화로 성불능자가 된 사람은 특히 더할 것이다. 대부분의 사회에서 젊은이보다는 노인이 더 존중된다. 따라서 열정적인 젊은이의 의견이 성 문제에 관한 공공연하고 올바른 의견이 될 수 없다는 것은 당연하다.

성적 피로는 문명이 파생시킨 현상이다. 동물 사이에서는 그러한 것이 전혀 없으며, 또 미개인 사이에서도 매우 드물 것이다. 일부일처제의 결혼생활에서 극히 경미한 경우를 제외하고는, 그러한 일은 아마 일어나지 않을 것이다. 대부분의 남성이 육체적 과도함에 빠지는 것은 어떤 새로운 자극 때문이다. 여성이 남성의 성애(性愛)를 거절할 자유가 있을 때에도 역시 성의 피로는 일어나지 않을 것이다. 왜냐하면 그러한 경우 여성은, 동물의 암컷이 그러하듯이, 성교를 할 때마다 사전에 애무를 요구하여, 남성의 정욕이 충분히 자극되었다고 느껴지기 전까지는 그의 사랑에 응하지 않을 것이기 때문이다.

이러한 순전히 본능적인 감정과 행동은 문명 때문에 매우 드물게 되어버렸다. 이것을 배제하는 데 가장 큰 몫을 한 것은 경제적 요인이었다. 결혼한 여자와 매춘부는 다같이 자신들의 성적 매력에 의하여 생활하고 있으며, 따라서 반드시 그녀들 자신의 본능이 충동할 때에만 응할 수가 없었다. 이것은 성적 피로에 대한 자연의 안전장치인 구애의 역할을 현저하게 감퇴시켰다. 그 결과 상당히 엄격한 윤리에 의해서 자기를 억제하지 못하는 남성은 과도함에 빠지기 쉽게 되었다. 이것은 결국 권태와 혐오감을 낳으며, 자연스레 금욕주의적 신념으로 이끈다.

흔히 그러한 것처럼, 질투와 성적 피로가 상호작용을 일으키면 성에 대한 부정적인 감정은 더욱 커진다. 금욕주의가 대단히 음탕한 사회 속에서 자라나기 쉬운 것은 주로 이 때문이라고 나는 생각한다.

그러나 역사적 현상으로서의 독신생활에는 다른 요인들이 있다. 신에 봉사하는 일에 몸을 바친 사제들이나 여사제들은 신과 결혼한 것으로 생각할 수 있으며, 그 때문에 인간과 교접하는 것을 일체 삼가해야 할 의무를 지고 있다고 볼 수 있다. 그들은 자연히 예외적 존재로서 신성시되며, 이렇게 해서 신성과 독신생활 사이에 일종의 연결이 생기게 된다. 카톨릭 교회에서는 오늘날까지도 수녀를 그리스도의 신부(新婦)라고 여기고 있다. 바로 이것이 인간과 교접하는 것은 나쁜 짓이라고 그녀들이 생각하는 이유 중 하나일 것이다.

고대의 금욕주의가 그것의 후기에 더욱 증대한 데에는 우리가 지금까지 고찰한 것보다 덜 눈에 띄는 어떤 다른 원인이 있을지도 모른다. 인생이 유쾌하게 보이고, 사람마다 활기가 넘치며, 현세에 사는 기쁨이 충만한 시기가 있다. 반면 모든 사람들이 지쳐 보이고, 이 세상과 그 기쁨에 만족을 못 느끼며, 이 땅 위의 공허함을 보충하기 위하여 사람들이 영혼의 위안과 내세의 삶을 추구하는 전혀 다른 시기도 있다. 「아가(雅歌)」의 솔로몬과 「전도서」의 솔로몬을 비교해 보라. 하나는 전성기의, 다른 하나는 쇠망기의 고대 세계를 그리고 있다.

이러한 차이가 생기는 원인이 무엇인지 나는 알지 못한다. 아마도 야외에서의 활동적인 생활을 하다 앉아만 있는 도시생활로 바뀌었기 때문이라는, 매우 단순한 생리학적인 이유에서인지도 모른다. 스토아 학파의 철학자들은 아마 게으름뱅이였을지도 모른다. 「전도서」의 저자가 모든 것이 공허하다고 생각한 것은 아마 운동 부족 때문이었는지도 모른다. 어쨌든 이러한 기분이 성에 대한 비난으로 쉽게 이어진다는 것은 틀림없다.

아마도 여기에 든 원인과 기타 다른 여러 가지 원인들이 고대 후기의 일반적인 권태를 낳았을 것이며, 이 권태의 한 가지 형태가 금욕주의였을 것이다. 불행히도 기독교 윤리는 이러한 퇴폐적이고 병든 시대를 배경으로 형성되었다. 후세의 원기발랄한 남성들은, 생물학적인 가치와 삶의 지속에 관한 모든 의미를 상실한, 병들고 지치고 환멸을 느낀 사람들이 형성한 인생관에 맞추어 사는 데 그들의 최선을 다하지 않으면 안 되었다. 다음 장에서 이에 관해 논의해 보자.

5. 기독교 윤리와 로맨틱한 사랑

성을 가장 죄악시했던 시기

웨스터마르크는 "가족이 결혼에 뿌리박고 있는 것이라기보다는 오히려 결혼이 가족에 뿌리박고 있다"고 말한다. 이러한 견해는 기독교 이전 시대에는 자명한 이치였을 것이나 기독교 출현 이래 그것은 특히 강조해야 할 중요한 명제가 되었다. 기독교, 특히 성 바울은 결혼이 존재하는 것은 아이들을 낳기 위해서가 아니라, 무엇보다도 간음의 죄를 방지하기 위해서라는 매우 기이한 결혼관을 도입하였다.

성 바울의 결혼관은 「고린도 전서」 속에 더 바랄 여지없이 분명하게 표명되어 있다. 고린도(Corinth)의 기독교도들은 계모와 부정한 성관계를 맺는 기이한 관습을 가지고 있었다고 한다(「고린도 전서」 5장 1절). 그래서 그는 이러한 문제를 특

히 강조해서 다룰 필요가 있다고 느꼈다. 그가 주장하는 결혼관은 다음과 같다.[1)]

1. 너희들이 내게 적어보낸 것에 대해 말한다면, 남자는 여자를 건드리지 않는 것이 좋으니라.
2. 그럼에도 불구하고 간음을 피하기 위하여, 남자는 제각기 그 아내를 가지며, 여자 또한 제각기 그 남편을 가질지어다.
3. 남편은 아내에게 자비심을 베풀어야 할 것이며, 아내 또한 그러하여야 할 것이니라.
4. 아내는 자기 몸을 지배할 권리가 없으며, 이를 지배하는 자는 남편이니라. 남편 또한 자기 몸을 지배할 권리가 없으며, 이를 지배하는 자는 아내이니라.
5. 서로 속이지 말지어다. 다만 기도에 몸 바치기 위해서 합의하여 헤어졌다가 다시 만남은 좋으니라. 너희들의 음란 때문에 사탄의 유혹에 빠지지 말지어다.
6. 그러나 나의 이 말은 명령이 아니라 용서이니라.
7. 내가 바라는 바는 모든 사람이 나처럼 되는 데 있느니라. 그러나 신은 제각기 응분의 선물을 주었노라. 이 사람에겐 이것을 저 사람에겐 저것을.
8. 그러므로 나는 미혼 남녀와 미망인들에게 말하노니, 그들이 만약 나처럼 산다면 그들을 위하여 좋으리라.
9. 만약 스스로 억제하지 못한다면 혼인할지어다. 혼인함이 애타는 가슴보다는 나으니라.

이 구절 속에서 성 바울은 아이들에 관해서는 조금도 말하지 않고 있다. 결혼의 생물학적인 목적이 그에게는 그다지 중요하지 않았던 것 같다. 이것은 지극히 당연한 일이다. 왜냐하면 그는 그리스도의 재림이 멀지 않았으며, 세상은 곧 종말을 고할 것이라고 믿고 있었기 때문이다. 그리스도가 재림하는 날 사람들은 선인과 악인으로 구분될 것이므로, 참으로 중요한 오직 한 가지 일은 그때 선인 사이에 끼는 것이었다. 성 바울은 성교는(비록 그것이 결혼에 있어서 행해질지라도) 구원을 받는 데 장애가 된다고 생각했다(「고린도 전서」 8장 32~34절). 그럼에도 불구하고 혼인한 자에게는 구원될 가망이 있다. 그러나 간음은 크나큰 죄이며, 간음을 하고도 회개하지 않는 자는 악인 사이에 끼일 것이 틀림없다.

나는 언젠가 의사로부터 금연하도록 충고받은 적이 있다. 그때 의사는 담배를 피우고 싶을 때에는 신 것을 조금 마시면 도움이 될 것이라고 일러주었다. 성 바울이 결혼을 권하는 것도 이러한 의미에서이다. 그는 결혼이 간음처럼 즐거운 것이라고는 말하지 않는다. 그러나 그렇게 함으로써 약한 형제들이 유혹을 더 잘 견디어 낼 수 있다고 믿었다. 그는 결혼에는 어떠한 적극적인 선이 있다든가, 부부간의 애정은 아름답고 바람직한 것이라든가 하는 말은 한마디도 하지 않았다. 또 그는 가족에 대해서도 아무런 관심이 없었다. 간음이 언제나 그의 사상의 중심이었으며, 그의 성윤리 전체가 이와 관련해서 짜여졌다.

이것은 마치 빵을 굽는 유일한 이유가 사람으로 하여금 과자를 훔치지 않게 하는 데 있다고 주장하는 것과 흡사하다. 성 바울은 왜 그가 간음을 그처럼 나쁜 짓이라고 생각하는가에 관해서는 말하지 않았다. 그는 모세의 율법을 파기하고 돼지고기를 먹는 것도 자유라고 인정하였지만, 그럼에도 불구하고 자기의 도덕률이 정통적인 유태교의 그것에 못지 않게 엄격하다는 것을 보여주려고 하였던 것 같다. 아마도 돼지고기에 대한 여러 해 동안의 금기 때문에 유태교도에게는 그것이 간음만큼이나 맛있는 것처럼 느껴졌을 것이다. 따라서 그는 교리 가운데 있는 금욕적인 요소를 특히 강조할 필요가 있었는지도 모른다.

모든 간음을 죄악시하는 것은 기독교에서는 새로운 일이었다. 고대 문명의 대부분의 율법처럼, 『구약성서』 역시 간통을 금지하고 있다. 그러나 그것은 결혼한 여자와 성교하는 것을 의미한다. 이것은 『구약성서』를 주의해서 읽어보면, 누구나 알 수 있는 사실이다. 예를 들어 아브라함이 사라를 데리고 이집트로 갔을 때, 그는 왕에게 사라가 자기의 누이동생이라고 말했다. 왕은 이를 믿고 그녀를 첩으로 삼았다. 그후 사라가 아브라함의 아내임이 드러나자, 왕은 본의아니게 죄를 범한 것을 알고 놀라며, 그에게 사실대로 말하지 않았던 아브라함을 책망한다. 이것은 고대의 일반적인 율법이었다.

여성이 혼외의 성교를 하는 것은 나쁜 짓이라고 생각되었다. 그러나 남자는 남의 아내와 관계하지만 않으면 비난받지 않았다. 남의 아내를 범하는 경우, 타인의 재산을 침해한 죄가 되었다. 결혼 외의 모든 성교를 부도덕하다고 보는 기독교의 견해는, 위에서 든 바울의 글에서 보는 것처럼, 모든 성교는 결혼에 있어서까지도 좋지 못한 것이라는 견해에 기초를 두고 있다. 생물학적 사실에 역행하는 이러한 종류의 견해는 정신이 온전한 사람에게는 병적이며, 상식을 벗어난 것으로밖에 생각될 수 없다. 이러한 관점이 기독교 윤리의 근저에 있었기에 기독교는 그 전역사를 통해서 정신적 혼란과 불건전한 인생관을 퍼뜨리게 되었다.

성 바울의 견해는 초기의 교회에 의하여 강조되고 또 과장되었다. 독신생활은 신성한 것이라고 생각되었으며, 사람들은 사막으로 물러나서 음탕한 생각을 일으키는 사탄과 싸웠다.

교회는 육체를 매력 있게 하는 일은 어떤 것이든지 사람들을 죄에 물들기 쉽게 만든다는 이유에서 목욕하는 습관을 공격하였다. 불결이 찬양되었고, 고결한 향기가 더욱 스며들었다. "육체와 이를 감싼 의복의 청결함은 영혼의 불순을 의미한다"라고 성 폴라는 말하였다.[2] 이〔蝨〕는 신의 진주라 불리웠고, 이가 그득한 것은 성인의 불가결한 표시였다.

은자 성 아브라함은 개종한 날로부터 죽을 때까지의 50년 동안 얼굴이나 발을 씻는 것을 완강히 거부했다. 그는 원래 보기 드문 미남자였다고 전해진다. 그의 전기작가가 "그의 얼굴은 그의 깨끗한 영혼을 반영하고 있다"고 말하는 것은 의미심장하다. 성 아몽은 자신의 나체를 한번도 본 적이 없었다. 실비아라는 유명한 처녀는 나이가 60이 되었고, 또 자기의 그러한 습관 때문에 병에 걸렸음에도 불구하고, 종교상의 주의라 하여 손가락을 제외하고는 신체의 어느 부분도 씻으려 들지 않았다. 성 유프락시스가 130명의 수녀가 있는 어느 수도원을 방문했을 때, 그녀들이 자신들의 발을 씻은 적이 없었으며, 또 목욕에 관한 이야기만 들어도 몸서리를 친다는 사실을 발견하였다.

어떤 은자는 사막에서 때(垢)와 오랜 세월 동안 그을린 탓에 새까맣게 된 벌거숭이의 생물이 백발을 바람에 휘날리면서 자기 앞을 스쳐 지나가는 것을 보았을 때, 자기가 악마의 환상에 속은 것이라고 생각했다. 그러나 그것은 한때 아름다운 여인이었던 이집트의 성 메리였다. 그녀는 47년 동안 이런 식으로 자신의 죄를 속죄해 왔던 것이다.

이런 고상한 습관을 저버린 퇴폐적인 수도승들은 비난의 표적이 되었다. 수도원장 알렉산더는 슬픈 듯이 과거를 회고한다.

"우리 교부들은 결코 세수를 하지 않았다. 그러나 우리는 가끔 공중 목욕탕에 드나들었다."

그들의 수도원은 사막 한가운데 있었다. 따라서 수도승들은 음료수 부족으로 매우 고생하였다. 그러나 수도원장인 테오도시우스의 기도로 말미암아 많은 물이 흐르게 되었다. 얼마 못 되어 그 풍부한 물에 홀린 일단의 수도승들은 오랜 고행으로부터 벗어나, 흐르는 물을 이용해 목욕탕을 만들도록 수도원장을 설득했다. 그리하여 목욕탕이 만들어졌다. 수도승들은 한 번, 오직 한 번만 목욕을 즐길 수 있었다. 흐르던 물이 갑자기 끊어지고 만 것이다. 이제는 기도도, 눈물도, 단식도 허사였다.

만 일 년이 지난 후 수도원장은 신을 노엽게 한 목욕탕을 헐었다. 그러니까 물이 다시 흐르기 시작했다.[3)]

성에 대한 이러한 견해가 지배적인 곳에서, 성관계는 마치 금주법 아래서 음주하는 것처럼 야수적이고 거칠게 되는 경향이 있다. 사랑의 기술은 망각되고, 결혼생활은 잔인한 것이 되었다.

금욕주의가 사람의 마음속에 순결이 중요하다는 깊고도 지속적인 확신을 새겨준 공적은 매우 크지만, 그것이 결혼에 끼친 악영향도 이에 못지 않았다. 교부들의 방대한 책 속에는 결혼에 관한 아름다운 기술(記述)을 몇 가지 찾아볼 수 있다. 그러나 대체로 이 제도에 대해서 그들이 생각하는 태도보다 더 보잘것없고 불쾌한 것은 좀체로 생각하기 어려울 것이다.

죽음의 파멸을 보상한다는 숭고한 목적을 위하여 자연이 만들어놓은 관계, 그리고 식물학자 린네가 지적하였듯이 꽃의 세계에까지 이르는 관계가 아담의 타락의 결과로 한결같이 취급되었으며, 오로지 결혼의 가장 낮은 측면만이 생각되었다. 결혼이 자아내는 부드러운 사랑, 그것에 따르는 신성하고 아름다운 가정적인 특성은 결코 고려되지 않았다.

금욕의 목적은 사람들을 순결한 생활로 유도하는 것이었다. 그 필연적인 결과로 결혼은 열등한 상태로 간주되었다. 그것은 단지 종족의 번식을 위해서 그리고 인간으로 하여금 보다 큰 죄악에서 벗어나게 하기 위해서 필요한 것이며, 그 때문에 정당한 것이라고 여겨졌다. 그러나 여전히 그것은 일종의 타락 상태라 간주되었으며, 진정한 수도자가 되고자 갈망하는 사람은 이러한 경지를 벗어나야 했다. 성 제롬의 생생한 표현을 빌리자면 '순결의 도끼로 결혼의 나무를 찍어

넘어뜨리는' 일이 성자의 목적이었다. 만일 그가 결혼에 대한 찬양에 동의한다면, 그것은 다만 결혼이 순결한 영혼을 낳기 때문이다.

결혼한 후라 할지라도, 금욕주의자의 열의에는 아직 가시가 남아 있었다. 그것이 가정 생활의 다른 관계들을 얼마나 쓰라리게 하였는지는 앞에서 살펴본 바와 같다. 그것은 모든 것 가운데서 가장 신성한 것〔곧 결혼〕에 열 배의 고통을 불어넣었다. 남편이나 아내가 강한 종교적 열정에 사로잡혀 있을 때, 그 최초의 영향은 행복한 화합을 불가능하게 만든다는 것이었다. 종교심이 보다 강한 배우자는 곧 고독한 금욕 생활을, 혹은 표면상으로는 별거하지 않더라도 사실상 떨어져 사는 부자연스러운 생활을 열망했다.

이러한 생각이 교부들의 설교책자나, 성자에 관한 얘기책 속에 매우 큰 자리를 차지하고 있다는 것은 이 방면의 문학에 약간의 지식을 가진 자라면 누구나 다 알고 있는 사실이다. 몇 가지 예를 든다면 성 닐루스는 이미 두 아이의 아버지였지만 당시 유행하던 금욕주의를 동경한 나머지, 자기의 아내를 설득하였고 그녀는 많은 눈물을 흘린 끝에 별거하는데 동의했다. 성 아몽은 결혼 첫날밤 신부에게 결혼생활의 사악한 점들에 관하여 장광설을 늘어놓은 끝에 곧 별거하는데 동의를 받아낼 수 있었다. 성 멜라니아는 오랫동안 꾸준히 남편을 설득한 끝에 겨우 남편의 침대에서 떠나도 좋다는 승낙을 얻어냈다. 성 아브라함은 결혼 첫날밤 신부에게서 도망쳐버렸다. 성 알렉시스도 비교적 새로운 전기에 의하면 이와 똑같은 행동을 하고는 여러 해가 지난 뒤 예루살렘에서 아버지의 집으로 돌아왔다. 그의 아내는 그가 자기를 버리고 떠난 것을 슬퍼하면서 아직도 그곳에 머물고 있었다. 그는 간청한 끝에 동정하는 의미에서 주어진 오두막에 머물 수 있었지만, 죽을 때까지 그곳에서 천대를 받으면서 아무도 알아주지 않는 삶을 살아야 했다.[4]

화형보다는 결혼이 낫다

그러나 카톨릭 교회는 성 바울이나 테베의 은자처럼 그렇게 비생물학적인 태도를 취하지는 않았다. 성 바울은 결혼을 오로지 성욕의 다소간 합법적인 배출구 정도로 생각하였던 것 같다. 또 그의 말에서 짐작해 보건대, 그는 산아제한에 별로 반대하지 않는 것 같다. 오히려 그는 임신과 출산 기간 동안의 금욕이 위험하다고 생각한 것 같다. 교회는 이와 다른 견해를 가지고 있다. 정통 기독교의 교리에 의하면, 결혼은 두 가지 목적을 가지고 있다. 그 하나는 성 바울이 인정한 것이며, 다른 하나는 아이를 낳는 것이다.

결과적으로 성도덕은 성 바울이 주장한 것보다 더 어려운 것이 되었다. 성교는 결혼생활에 있어서만 합법적일 뿐 아니라, 남편과 아내 사이라도 임신을 목적으로 하는 것이 아니라면 죄가 되었다. 실제로 카톨릭 교회에 의하면, 정통의 자손을 바라는 욕망만이 성교를 정당화할 수 있는 유일한 동기이다. 그러나 이러한 동기는 아무리 잔혹한 일이 따르더라도 언제나 성교를 정당화한다. 설혹 아내가 성교를 싫어하더라도, 한 번 더 임신하면 죽을 위험성이 있더라도, 태어나는 아이가 병들거나 미치광이일지라도, 극도의 비참한 상태를 막을 만한 돈이 없더라도, 남자가 아이를 얻고자 남편으로서의 권리를 주장한다면, 그것을 결코 부당하다고 할 수 없게 된다.

이 문제에 관한 카톨릭의 교설은 두 가지 기초 위에 서 있다. 하나는 앞에서 말한 성 바울에서와 같은 금욕주의이고, 다른 하나는 모든 영혼은 구원될 수 있기 때문에 가능한 한 많은 영혼을 이 세상에 가져오는 것이 선이라고 보는 견해이다. 어떠한 이유에서인지는 알 수 없으나, 모든 영혼이 다같이 파멸할 수 있다는 사실은 고려되지 않았다. 그러나 그럴 가능성을 전혀 몰랐던 것은 아니다. 예컨대 카톨릭은 자신의 정치적 영향력을 이용해서 프로테스탄트들이 산아제한하는 것을 금지하려고 하였다. 하지만 그들의 정치적 행동이 원인이 되어서 태어나는 많은 프로테스탄트의 아이들이 다음 세상에서 영원한 고초를 겪을 것이라는 것을 그들이 모를 리 없다. 이러한 사실은 그들의 행동을 어느 정도 몰인정하게 보이도록 한다. 그러나 물론 이러한 것은 세속적인 사람에게는 이해될 가망이 없는 신비스러운 것이다.

아이를 결혼 목적의 하나로 인정하는 카톨릭의 교리는 매우 편파적이다. 그것은 아이를 낳을 의도가 없는 성교는 죄악이라고 결론을 내리는 데 그친다. 불임을 이유로 이혼을 허용하는 데까지는 결코 이르지 못한다. 아무리 남편이 아이를 바란다 하더라도 아내가 불임이라면, 기독교 윤리는 그에게 구제책을 제공할 수 없다. 결혼의 적극적인 목적, 즉 아이를 낳는 일은 극히 부차적인 역할을 할 뿐이며, 그 주요한 목적은 성 바울의 경우와 마찬가지로 죄를 막는 데 있다. 간음은 여전히 무대의 중앙을 차지하고 있다. 결혼은 본질적으로 어느 정도 덜 후회스러운 차선책이라 여겨진다.

카톨릭 교회는 결혼은 신성한 의식이라는 교리를 통해서 이 저속한 결혼관을 은폐하려고 하였다. 이 교리의 실제적 효력은 결혼은 해소할 수 없는 것이라는 결론을 내리는 데 있다. 부부의 어느 쪽이 어떤 짓을 하든 간에, 가령 한 사람이 미치광이가 되거나, 매독에 걸리거나, 주정뱅이가 되거나, 또는 공공연하게 다른 남자나 여자와 동거하더라도, 부부 관계는 여전히 신성하며, 경우에 따라 별거 생활이 허용될 수는 있어도, 재혼은 결코 허용될 수 없다. 물론 이것이 원인이 되어서 많은 불행을 초래할 수 있다. 그러나 이러한 불행은 하느님의 뜻이기 때문에 참고 견디어야 한다는 것이다.

이처럼 극단적으로 엄격한 이론을 고수하면서도, 카톨릭은 죄라고 여겨지는 것에 대해서 항상 어느 정도의 관용을 베풀어 왔다. 교회는 보통의 인간성을 가지고서는 이 계율을 지킬 수 없음을 예상하고, 죄를 저지른 자가 자신의 과오를 인정하고 회개할 경우에는 간음을 용서할 용의를 가지고 있었다. 이러한 관용은 성직자들의 세력을 키우는 한 방법이었다. 왜냐하면 성직자들만이 사면(赦免)을 선고할 수 있으며, 또 사면을 얻지 못하면, 간음은 영원한 저주로 남게 될 것이기 때문이다.

프로테스탄트의 견해는 이와는 약간 다르다. 이론상으로는 이보다 덜 엄격하였지만, 실제로 어떤 면에서는 카톨릭보다 더 엄격하였다. 루터는 "화형보다는 결혼이 낫다"는 말에 매우 감명받았다. 그는 한 수녀와 연애를 하고 있었다. 그는 다음과 같이 추론하였다. 독신생활을 맹세하였음에도 불구하고 결혼하지 않으면, 그의 강한 정열이 그로 하여금 치명적인 죄를 범하게 할지도 모르기 때문에, 그와 수녀는 결혼할 권리가 있다는 것이다. 이렇게 하여 프로테스탄트는 카톨릭 교회의 특징이었던 독신생활의 예찬을 포기하였다. 그리고 그 세력이 커감에 따라, 결혼은 신성한 의식이라는 교리마저 버리고, 사정에 따라서는 이혼도 용인하게 되었다.

그러나 프로테스탄트는 카톨릭 이상으로 간음을 미워하며, 한층 더 엄격한 도덕적 비난을 가했다. 카톨릭 교회는 어느 정도의 죄를 예상하여, 그것을 처리할 방법을 갖추고 있었다. 반면에 프로테스탄트는 고해성사나 사면과 같은 카톨릭적 의식을 버린 채, 죄인을 카톨릭 교회의 경우에서보다 훨씬 더 구원받을 수 없는 지위로 내몰았다. 우리는 이 두 가지 측면을 오늘날의 미국에서 찾아볼 수 있다. 그곳에서는 이혼은 매우 쉬우나, 간통은 대개의 카톨릭 국가에서보다 더 엄격히 비난받는다.

기독교적 교육이 우리 모두에게 부과한 선입견을 가능한 한 버리고서, 카톨릭이든 프로테스탄트이든 기독교 윤리의 전 체계를 재검토할 필요가 있다는 것은 명백하다. 어떤 주장이 강조되거나 반복된다면(특히 유년기에 있어서 그러하다면), 대부분의 사람들은 무의식중에 어떤 굳은 신념을 가지게 될 것이다. 정통적 교리에서 해방되었다고 믿는 많은 사람들이 실제로는 여전히 잠재의식적으로 이러한 가르침에 지배받고 있다. 우리는 스스로에게 무엇이 교회로 하여금 일체의 간음을 비난하게 하였는가를 솔직히 물어보아야 한다. 이러한 비난에는 정당한 근거가 있다고 생각하는가? 만약 그렇지 않다면, 교회가 제시한 예 이외에 우리를 동일한 결론으로 이끌 어떤 다른 근거가 있는가?

초기 교회의 태도는 성교에는 본질적으로 불순한 것이 있으며, 일정한 전제조건이 충족된 후에야 용인될 수 있다는 것이었다. 이러한 태도는 그 자체 순전히 미신적인 것이라고 생각하지 않을 수 없다. 그러한 태도를 가지게 된 이유는 아마도 앞에서 살펴본 성에 대한 부정적인 태도의 원인이라 생각된 것들과 관련있을 것이다. 그러한 견해를 최초로 주장한 자들은 육체나 정신이, 혹은 둘 다가 병적 상태에 빠져 있었을 것이다.

어떤 의견이 폭넓게 지지를 받는다는 사실이 그것이 전적으로 불합리한 것이 아니라는 증거가 되는 것은 아니다. 실로 대다수 인간들의 우매함을 생각해 볼 때, 폭넓게 퍼져 있는 신념들의 대부분은 이치에 닿기보다는 어리석은 데가 더 많다. 펠레우 섬의 원주민들은 코에다 구멍을 뚫는 것이 영원한 행복을 얻는 데 필요하다고 믿고 있다.[5] 유럽인들은 어떤 주문을 중얼거리면서 머리를 적심으로써, 이 목적에 보다 잘 도달할 수 있다고 생각한다. 그러나 펠레우 섬 원주민들의 신념은 미신이며, 유럽인들의 신념은 신성한 종교적 진리의 하나라는 것이다.

제레미 벤담은 행동의 동기일람표라는 것을 작성한 적이 있다. 그 표는 사람들이 그것을 칭찬하는가 비난하는가, 혹은 중립적인 태도를 취하는가에 따라서, 인간의 모든 욕망을 세 가지로 나누고 있다. 이를테면 하나의 난에 '게걸스레 먹어

댐' 이, 다음 난에는 이와 대비되는 '사교적 회식의 즐거움을 좋아하는 것' 이 위치한다. 또 충동에 대한 칭찬하는 말은 '공공 정신' 이고, 이와 반대되는 것은 '악의' 이다. 나는 윤리적인 문제를 명확히 생각해 보려는 사람에게 이와 같은 벤담의 방식을 본받을 것을 권한다. 그리고 비난을 의미하는 거의 모든 말이 칭찬을 의미하는 말을 함께 수반한다는 사실을 깨닫고 칭찬도 비난도 의미하지 않는 말을 쓰는 습관을 붙일 것을 권한다.

'간통(adultery)' 과 '간음(fornication)' 은 다같이 매우 강한 도덕적 비난을 의미하는 말이기 때문에, 이러한 말을 사용하면서 그것이 포함하는 윤리적 문제를 명확하게 생각하기란 어려운 일이다. 그러나 이밖에도 우리의 도덕을 타락시키려고 하는 호색 문필가들이 쓰는 말들이 있다. 예컨대 '화려한 정사' 나 '법률의 차디찬 굴레에서 벗어난 사랑' 등이 그것이다. 양쪽의 말들은 모두 편견을 낳도록 의도하고 있다. 만약 우리들이 감정적으로 생각하지 않으려면, 이 두 가지 표현 모두 피해야 할 것이다.

불행히도 이것은 반드시 문체의 아름다움을 망쳐버릴 것이다. 칭찬하는 말이나 비난하는 말이나 다같이 멋지고 재미있는 말이다. 작가는 별 어려움 없이 독자를 욕설이나 찬사로 조종할 수도 있고, 그가 원하는 방향으로 독자의 감정을 환기시킬 수도 있다. 그러나 우리는 이성에 호소하려 한다. 따라서 '혼외의 성관계' 와 같은 재미없는 중립적인 문구를 사용해야 한다.

그러나 아마 이것은 너무 엄격한 요구일 것이다. 왜냐하면 결국 우리는 인간적 감정이 매우 강하게 포함되어 있는 문제를 취급하고 있으며, 만약 감정을 완전히 배제하고 글을 쓴다면, 우리들이 다루고 있는 주제의 성질이 무엇인가를 전달할 수 없게 될지도 모르기 때문이다. 모든 성적인 문제는 당사자의 관점에서 서술되는가, 시기어린 방관자의 관점에서 서술되는가에 따라서 극과 극을 달릴 것이다. 우리들 자신이 하면 '정사' 이고, 타인이 하면 '간음' 이다. 그러므로 우리는 감정적 색채가 있는 말을 기억했다가, 경우에 따라서는 그것을 사용해야 할지 모른다. 그러나 함부로 써서는 안 된다. 우리는 대체로 중립적이며, 과학적으로 정확한 표현에 만족해야 한다.

기독교 윤리는 성도덕에 중점을 둔 결과, 필연적으로 여성의 지위를 현저하게 떨어뜨렸다. 도덕주의자들은 남성이었으므로, 여성은 유혹자처럼 보였다. 만일 그들이 여성이었다면, 남성이 이 역할을 맡게 되었을 것이다. 어쨌든 여성이 유혹자였으므로, 여성이 남성을 유혹할 기회를 적게 하는 것이 바람직했다. 그 결과 정숙한 여성은 속박의 우리 속에 점점 더 갇히게 되었고, 정숙하지 못한 여성은 죄많은 것으로 생각되어 매우 천대받았다.

여성이 옛날 로마제국 시대에 누렸던 정도의 자유를 다시 회복한 것은 아주 근대에 들어와서였다. 가부장제는 이미 살펴본 것처럼 여성들을 노예화하였지만, 그 대부분은 기독교가 발흥하기 직전에 이미 허물어져 있었다. 콘스탄틴 대제 이후, 여성을 죄로부터 구제한다는 구실 아래 여성의 자유는 다시 박탈되었다. 여성이 그 자유를 되찾기 시작한 것은 근대에 이르러 죄에 대한 의식이 희박해졌기 때문이다. 교부들의 저작은 여성에 대한 저주로 가득 차 있다.

여성은 지옥의 문, 모든 인간악의 모태라 표현되었다. 그녀는 자신이 여자라는 것을 생각하는 것만으로도 부끄러워해야 했다. 그녀는 스스로가 이 세상에 가져온 저주 때문에 끊임없는 참회 속에 살아야 했다. 그녀는 자신의 의상을 부끄러워해야 했다. 왜냐하면 그것은 그녀가 타락한 표지이기 때문이다. 특히 그녀는 자기의 아름다움을 부끄러워해야 했다. 왜냐하면 아름다움은 악마의 가장 유력한 도구이기 때문이다. 육체의 아름다움은 언제나 성직자들이 통렬히 비난하는 것이었다(단 하나의 예외가 있었다. 중세 주교들의 용모가 아름다웠다는 사실은 끊임없이 그들의 묘비에 기록되었다). 6세기경 어느 지방의 종교회의는 부정하다는 이유로, 여자가 성찬(聖餐)을 맨손으로 받는 것을 금지한 일조차 있었다. 본질적으로 여성의 종속적인 지위는 끊임없이 유지되어 왔다.[6]

마찬가지로 재산과 상속에 관한 법규도 여성에게 불리하게 변경되었다. 딸들이 상속권을 회복한 것은 프랑스혁명 때의 자유사상가들에 의해서였다.

성도덕이 가장 타락했던 시기

기독교와 야만족이 승리함으로써 남녀 관계는 여러 세기 동안 고대 세계에는 전혀 없었던 야수성을 띠게 되었다. 고대 세계는 불순하기는 했으나, 잔인하지는 않았다. 중세기에는 종교와 야만성이 결합하여 인생의 성적 측면을 타락시켰다. 결혼 내에 있어서 아내에게는 아무런 권리도 없었고 결혼 외에 있어서는 모든 것이 죄였으므로, 미개한 남성의 자연적인 야수성을 어떠한 것도 억제할 수 없었다. 중세에는 부도덕성이 만연하여 실로 구역질이 날 지경이었다.

주교는 자신의 딸과 공공연히 죄를 짓는 생활을 하였으며, 대주교는 그가 좋아하는 미남자를 이웃 주교직으로 승진시켰다.[7] 성직자들의 독신생활에 대한 신념은 더욱 늘어갔다. 그러나 실천은 계율과 동떨어져 있었다. 교황 그레고리 7세는 성직자들의 축첩 행위를 일소하려 고군분투하였다. 그러나 그 후 아벨라르의 시대에 와서는(비록 추문을 일으키기는 했지만), 아벨라르 자신은 엘로이즈와의 결혼이 가능하다고 생각하였다. 성직자들의 독신생활이 엄격히 실행된 것은 겨우 13세기 말경에 이르러서였다.

물론 성직자들의 여성과의 부정한 관계는 계속되고 있었다. 성직자들 자신이 그것을 부도덕한 짓이며 불순한 것이라고 생각했기 때문에, 그러한 관계에 어떠한 품위나 아름다움도 부여할 수 없었다. 교회 역시 성에 대한 금욕주의적인 견해를 가지고 있었기에, 사랑이라는 개념을 어떤 식으로도 미화시킬 수 없었다. 필연적으로 이러한 일은 속세의 인간들이나 하는 짓이라 여겨졌다.

일단 서약을 깨뜨리고, 상습적으로 죄를 짓는 생활을 시작한 성직자들이 곧 속세인의 수준 이하로 타락한다 하더라도 놀라울 것은 없다. 다음과 같은 부패의 사례들을 지나치게 강조할 필요는 없을 것이다. 즉, 수많은 죄 중에서 근친상간과 간통 때문에 비난받았던 교황 존 23세. 1171년의 어느 조사 결과, 한 마을에서만 17명의 사생아가 있었다는 것이 알려진 캔터베리의 수도원장 성 아우구스티누스. 1130년 70명이 넘는 첩을 거느리고 있었다는 증거가 드러난 스페인의 성 펠라요라는 수도원장. 혹은 65명의 사생아를 가졌다는 이유로 1274년 폐위된 리에즈의 주교 앙리 3세 등등.

그러나 허다한 종교회의와 교회에 관한 저술가들이 제시하는 증거에는 어쩔 도리가 없다. 그들은 단순한 축첩보다 훨씬 큰 죄악을 묘사하고 있다.

사제가 실제로 아내를 얻었을 때, 그러한 결혼은 도리에 어긋나는 짓이라고 하는 생각이 도리어 그들을 결혼생활에 충실하지 못하도록 하였으며, 중혼(重婚)과 극단적인 애정 편력이 예사로운 일이 되었다.

중세기의 작가들은 매음굴과 같은 수녀원, 또 그 안에서 일어난 허다한 영아살해, 성직자들 사이에 널리 퍼진 근친상간(성직자는 어머니나 자매와 함께 살 수 없다는 매우 엄중한 법령을 재삼 내릴 필요가 있었다) 등에 관한 많은 이야기를 들려주고 있다.

본래 기독교의 커다란 사명 가운데 하나는 이 세상에서 부자연스러운 사랑을 근절하는 것이었다. 그러나 그것이 수도원 안에 우굴우굴하다는 것은 결코 진기한 이야기가 아니었다.

또 종교개혁 직전까지 여성을 유인할 목적으로 고해를 이용하는 일이 매우 빈번하여 큰 원성을 샀다.[8)]

사랑에 눈먼 시기

중세기 내내 교회의 그리스·로마적 전통과 튜톤귀족의 전통 사이에는 기묘한 구별이 있었다. 그들 모두 문화에 공헌하였지만, 그 공헌은 완전히 다른 것이었다. 교회는 학문, 철학, 교회법, 전기독교도의 단합이라는 개념에 공헌하였다. 이것은 모두 고대 지중해 문명으로부터 전해내려온 전통의 결과이다. 속세의 사람들이 기여한 것은 관습법, 현세의 정치 형태, 기사도, 시 그리고 로맨스 문학이다. 그중에서도 특별히 우리가 관심을 갖는 공헌은 로맨틱한 사랑이다.

중세기 이전에는 로맨틱한 사랑이 존재하지 않았다고 단언할 수는 없을 것이다. 그러나 그것이 모든 사람이 인정하는 열정의 한 형태가 된 것은 중세기에 들어와서였다. 로맨틱한 사랑의 본질은 자기가 사랑하는 대상을 매우 얻기 힘들며, 따라서 귀중한 것이라고 생각한다는 점이다. 따라서 그것은 시나 노래나 무훈, 기타 그 여인이 가장 좋아하리라고 생각되는 방법을 통해 사모하는 대상의 사랑을 차지하기 위한 온갖 노력을 다하도록 만든다. 그 여인이 한량없는 가치를 가지고 있다는 확신은 그녀를 차지하기 어렵다는 데서 오는 심리적 영향 탓이다. 남자가 아무런 난관도 없이 여자를 차지할 수 있다면, 그녀에 대한 그의 감정이 로맨틱한 사랑의 형태를 띨 리 없다고 나는 생각한다.

중세기에 나타난 로맨틱한 사랑이 처음에는 성관계를 맺을 수 있는(그것이 정당한 것이든 부당한 것이든 간에) 여성에게 바쳐진 것은 아니었다. 그것은 도덕과 인습이라는 넘기 힘든

울타리에 의하여 로맨틱한 연인과 따로 떨어져 있는 가장 숭고한 여성에게 바쳐졌다. 남성들로 하여금 성이란 원래 불순한 것이라고 느끼도록 하는 일을 교회가 너무나도 철저하게 수행하였기에, 꺾을 수 없는 꽃이라고 여겨지는 여성만이 남성에게 시적인 감정을 불러일으킬 수 있었다. 따라서 사랑이 어떠한 아름다움을 가질 수 있다면, 그것은 플라토닉한 것이어야만 했다.

중세 시대의 시적인 연인들의 심리를 상상하기란 현대인들에게는 매우 어려운 일이다. 그들은 어떠한 친밀감도 바라지 않고 다만 열렬히 헌신할 뿐이다. 그러나 현대인은 이러한 것을 이해할 수 없기에, 그들의 사랑은 단순히 문학의 상투적 표현에 불과한 것이라고 여긴다. 때때로 그것은 실제로 그러했으며, 그것의 문학적 표현이 상투적이었다는 것도 의심할 수 없다. 그러나 『신생(新生, *Vita Nuova*)』에 표현되어 있는 단테의 베아트리체에 대한 사랑은 단순히 상투적인 것이 결코 아니다. 도리어 그것은 대다수의 현대인들은 상상도 할 수 없을 만큼 정열적인 감정이라고 나는 생각한다.

중세 시대의 고귀한 정신은 이 지상의 생활을 나쁜 것이라고 생각하였다. 우리들 인간의 본능이 그들에게는 부패와 원죄의 산물이었다. 그들은 육체와 그것의 욕망을 증오했다. 그들에게 있어 참다운 기쁨이란 성적인 것은 조금도 들어 있지 않은 명상의 황홀경에 잠김으로써만 얻어지는 것이었다. 따라서 이러한 견해는 연애의 영역에서도 단테에서 볼 수 있는 것과 같은 태도를 낳지 않을 수 없었다. 어떤 여성을 깊이 사랑하고 존경하는 남성이 그녀와 성교를 결부시키는 것은 불가능했다. 왜냐하면 그에게 모든 성교는 불순한 것이기 때문이다. 그러므로 그의 사랑은 시적이고 환상적인 형태를 취하였고, 자연히 상징적 표현으로 가득 차게 되었다. 이것이 문학에 미친 영향은 매우 놀랄 만한 것이었다. 프레드릭 2세의 궁정에서부터 싹 터 르네상스 시대에 꽃필 때까지의 연애시의 점차적 발전과정에서도 그 영향력을 찾아볼 수 있다.

중세 후기의 연애에 관해서 내가 알고 있는 가장 훌륭한 설명 가운데 하나는 『중세기의 쇠퇴』(1924)라는 후이징가의 저서 속에서 찾아볼 수 있다.

> 12세기 프로방스의 서정시인들에 의해서, 충족되지 않은 욕망이 사랑이라는 시적 개념의 중심에 놓여짐으로써 문명사에 중대한 전환이 일어났다. 고대인 역시 사랑의 괴로움을 노래하였다. 그러나 그것은 그들에게 행복에 대한 기대, 혹은 그것의 쓰디쓴 좌절을 의미할 뿐이었다. 피라모스와 티스베, 세팔로스와 프로크리스가 감상을 자아내는 것은 그들의 비극적인 최후와 한때 누렸던 행복의 상실에 대한 비통함 때문이다.
>
> 반면, 궁중시는 욕망 자체를 본질적인 소재로 삼음으로써, 소극적인 기조(基調)의 연애 개념을 낳았다. 관능적 연애와의 관련을 단절하지 않고도, 새로운 시의 이념은 모든 종류의 윤리적 염원을 포섭할 수 있었다. 이제야 사랑은 모든 도덕적 문화적 완성이 꽃피는 들판이 되었다. 그의 사랑 때문에 궁의 연인은 순결하였다.
>
> 정신적 요소가 더욱더 지배하게 되었다. 드디어 13세기 말

에 이르러, 단테와 그 동료들의 감미로운 신풍(新風)은 사랑을 통해 신을 공경하고, 신을 직관하는 경지를 보여주었다. 이는 극단에 이른 것이라 할 수 있다.

이탈리아의 시는 애정을 훨씬 솔직하게 표현하는 방향으로 점차 돌아가야 했다. 페트라르카를 기점으로 정신적 사랑이 이상화된 시기와 고대 양식이 보여주었던 보다 자연적인 매력이 부각되는 시기가 나누어진다. 오래지 않아 궁중 연애의 부자연스러운 방식은 버리게 되었다. 그리하여 르네상스의 플라톤주의(이미 궁정시 속에 잠재해 있었던)가 정신적 경향을 띤 연애시의 새로운 형식을 낳았을 때 이 미묘한 구별을 다시 할 필요가 없었다.

그러나 프랑스와 부르고뉴에서의 발전양식은 이탈리아의 경우와 같지 않았다. 왜냐하면 프랑스 귀족의 연애관은 『장미 이야기』로부터 강한 영향을 받고 있었기 때문이다. 이 이야기는 기사도적인 연애를 다루고 있는 것이었지만, 사랑을 불만족스러운 채로 내버려두는 것을 주장하지는 않았다. 실제로 그것은 교회의 가르침에 대한 급격한 반동이었으며, 사실상 인생에서 연애의 정당한 지위를 부여하려는 이교도의 주장이었다.

자신들의 지적이고 도덕적인 관념을 '한물 간 예술(ars amandi)' 속에 담아낸 상류 계급은 역사상 매우 예외적인 존재였다. 문명의 이념이 이처럼 연애의 이념과 융합된 시기는 일찍이 없었다. 마치 스콜라철학이 모든 철학사상을 단 하나의 중심에 통합시키려 한 중세 정신의 위대한 노력을 대표하는 것처럼, 궁중 연애의 이론 역시(그처럼 높은 영역은 아니었지만) 고상한 생활과 관련된 모든 것을 포섭하려 하였다. 『장미 이야기』가 이러한 방식을 타파한 것은 아니었다. 그것은 단지 이러한 경향을 수정함으로써 그 내용을 풍부하게 하였다.[9)]

시대는 매우 보잘것없는 것이었지만, 『장미 이야기』가 고취한 사랑은(성직자들이 말하는 의미에서 도덕적인 것은 아니었다 할지라도) 세련되고, 화려하며, 상냥한 것이었다. 물론 이러한 관념은 귀족들을 위해서만 존재했다. 이러한 관념을 향유하기 위해서는 여가뿐 아니라, 어느 정도 교회의 압제에서 벗어날 것을 전제로 하였다. 연애를 목적으로 한 무술시합을 교회는 질색하였으나 이를 저지할 힘이 없었다. 마찬가지로 기사적 연애방식도 억제할 수 없었다. 오늘날과 같은 민주주의 시대의 사람들은 이 세계가 얼마나 많이 귀족제도에 빚지고 있는가를 잊곤 한다. 기사도에 관한 이야기가 먼저 유포되지 않았다면, 르네상스가 연애의 부활이라는 문제에 있어서 그처럼 성공하지 못했을 것이라는 점은 확실하다.

르네상스 시기에 이교도 사상으로 급선회한 결과, 연애는 시적이기는 했으나 더 이상 플라토닉하지는 않았다. 르네상스기의 사람들이 중세기의 인습을 어떻게 생각하였는지는 돈 키호테와 둘시네아의 이야기에서 엿볼 수 있다. 그러나 중세기의 전통은 여전히 어느 정도 영향력을 가진 채 남아 있었다. 시드니의 『아스트로펠과 스텔라』는 이러한 전통으로 충만해 있으며, 셰익스피어의 W. H. 씨에게 보낸 소네트〔14行詩〕는 이러한 영향을 받고 쓰여졌다. 그러나 전체적으로 르네상스 시대의 연애시는 명랑하고 솔직했다. 엘리자베스 시대의 한 시인은 이렇게 노래하고 있다.

그대 침실에 찾아든 나를 비웃지 마오
차가운 겨울밤이 날 얼어죽게 한다오

이러한 감정은 솔직하고 활달하기는 하지만 결코 플라토닉하지는 못 하다고 할 수 있다. 그러나 르네상스는 중세기의 플라토닉한 연애로부터 구애의 방법으로서 시를 쓰는 것을 배웠다. 『심벨린』에 등장하는 클로튼이란 인물은 연애시를 짓지 못해 어떤 삼류 문인의 힘을 빌려야 했기 때문에 비웃음을 샀다. 그러나 그 풋나기 문인이 쓴 「들어라 들어, 노고지리 소리」라는 시는 상당한 역작이라 할 수 있다.

중세기 이전에도 사랑에 관한 많은 시가 있었지만, 그것이 직접적으로 구애의 일부분이 된 적이 거의 없었다는 것은 상당히 흥미로운 사실이다. 남편을 여읜 아내의 슬픔을 노래한 중국의 시가 있다. 또 신랑(곧 신)이 나타나기를 갈망하는 신부(곧 영혼)를 묘사한 신비스러운 인도의 시도 있다. 그러나 남성은 자신이 원하는 여성을 얻는 데 그다지 힘들지 않았기 때문에 음악이나 시로 구애할 필요가 거의 없었으리라 추측된다.

여성이 너무나 손쉽게 접근할 수 있는 존재라면 예술적 관점에서 볼 때 확실히 유감스러운 일이다. 가장 바람직한 것은 여성에게 접근하기가 어려우면서도 불가능하지는 않은 경우이다. 이러한 상태는 르네상스 이래 오늘날까지 정도의 차이는 있었지만 계속해서 존재해 왔다. 여성에게 접근하기 어려운 이유에는 외적인 것과 내적인 것이 있는데, 후자는 전통적인 도덕률에서 말미암은 망설임 때문이다.

로맨틱한 사랑은 낭만주의 운동이 일어나자 그 정점에 도달하였다. 그 주창자로는 셸리를 들 수 있을 것이다. 셸리는 사랑에 빠졌을 때, 시로서밖에는 표현할 수 없는 대단히 아름다운 감정과 상상들로 가득 찼다. 따라서 그가 이러한 결과를 낳은 감정은 전적으로 좋은 것이며, 사랑이 억제받을 어떠한 이유도 없다고 생각한 것은 지극히 자연스런 일이었다. 그러나 그의 주장은 그릇된 심리학에 기초를 두고 있었다. 그에게 시를 쓰게 한 것은 그의 욕망을 방해하는 것들이었다. 만약 고귀하지만 불행했던 에밀리아 비비아니 부인이 수녀원으로 끌려가지만 않았던들, 그는 「에피사이키디온(Episychidion)」을 쓸 필요를 느끼지 않았을 것이다. 만약 제인 윌리엄스가 진정으로 정숙한 아내가 아니었다면, 그는 「추억」을 쓰지 않았을 것이다. 그가 통렬히 비난한 사회적 제약들이야말로 그의 가장 뛰어난 활동에 대한 자극으로서 없어서는 안 될 부분이었다.

셸리에게 있어서 그러한 것처럼, 로맨틱한 사랑은 불안정한 균형상태에 의존하고 있다. 그러한 상태에서 인습적인 장애는 여전히 존재하지만, 전혀 극복할 수 없는 것은 아니다. 만일 그러한 장애가 너무 엄격하거나 혹은 전혀 존재하지 않는다면, 로맨틱한 사랑이 번성하기는 어려울 것이다.

그 극단적 예로서 중국의 제도를 들어보자. 그 제도하에서 남성은 자기 아내 이외의 여성과는 결코 만날 수 없다. 따라서 자기 아내에게 만족을 느끼지 못할 때는 매음굴로 찾아간다. 그의 아내는 그를 위해서 선택되며, 결혼하는 날까지 남편의 얼굴조차 모르는 경우도 흔하다. 결과적으로 그의 모든 성관계는 낭만적인 의미의 사랑과는 완전히 다른 것이 되고 만다. 그는 연애시를 낳게 하는 구애의 노력을 할 기회를 결코 갖지 못한다.

반대로 완전히 자유로운 상태에서는, 위대한 연애시를 쓸 능력이 있는 남성이라도, 그가 가진 매력에 의해서 성공할 가능성이 크기 때문에, 그가 사랑을 얻기 위해 최선을 다해 상상력을 발휘할 필요를 별로 느끼지 못할 것이다. 이와 같이 연애시는 인습과 자유 사이의 미묘한 균형에 의존하고 있다. 어느 쪽으로든 이 균형이 무너지면 훌륭한 연애시가 나타나기는 어려울 것이다.

그러나 연애시가 연애의 유일한 목적은 아니며, 또 로맨틱한 사랑이 예술적 표현으로 나타나지 않으면서도 융성할 수 있다. 로맨틱한 사랑이야말로 인생에 없어서는 안 될 가장 강렬한 희열의 원천이라고 나는 믿는다. 정열과 상상과 부드러움으로 서로를 사랑하는 남녀 관계는 측량할 수도 없는 가치를 지닌다. 누구든지 그러한 감정을 모른다면 대단히 불행하다 할 수 있다. 나는 사회제도가 이러한 기쁨(비록 그것이 인생의 한 구성요소일 뿐 주요한 목적은 아니라 할지라도)을 마땅히 허용해 줄 수 있어야 한다고 생각한다.

완전히 근대에 들어와서, 즉 프랑스 혁명 무렵부터, 결혼은 로맨틱한 사랑의 결과이어야 한다는 사상이 대두하였다. 대부분의 현대인들은(적어도 영어를 사용하는 나라에서는) 이것을 당연한 것이라고 생각하며, 그것이 그다지 오래되지 않은 혁명적인 변혁이었다는 사실을 알지 못한다. 백년 전의 소설이나 연극은 부모가 선택하는 전통적인 결혼에 반대하여, 결혼에 대한 새로운 기초를 세우려고 하는 젊은 세대의 투쟁을 많이 다루었다.

그 결과가 개혁가들이 희망했던 것처럼 좋은 것이었는지는 의심스럽다. 사랑도 미움도 결혼하고 나면 차츰 줄어들기 때문에, 처음에는 조금 미운 것이 도리어 좋다는 말라프로프 여사의 주장에도 일리가 있다. 서로가 상대방에 대한 성적 예비지식을 갖지 않고, 로맨틱한 사랑의 영향 때문에 결혼하는 경우, 각자는 상대방이 초인간적인 어떤 완전함을 가지고 있다고 상상하며, 결혼을 기나긴 축복의 꿈이라고 여긴다. 아무것도 모른 채 순결하게 자란 나머지 '마음이 서로 맞는다는 것'과 '성욕'을 구별할 줄 모르는 여성의 경우에 특히 그렇게 되기 쉽다.

미국에서는 로맨틱한 결혼관이 다른 어느 곳에서보다 엄숙한 것으로 여겨진다. 그곳의 법률과 관습은 다같이 미혼 여성의 꿈에다 기초를 두고 있다. 그러나 그 결과 이혼이 극단적으로 유행하였으며, 행복한 결혼은 매우 드물게 되었다. 결혼은 두 사람이 서로 결합한다는 기쁨보다 더 중요한 무엇이 있다. 그것은 아이를 낳는다는 사실에 의해서 사회의 본질적인 조직의 일부분을 형성하는 것이며, 남편과 아내의 개인적인 감정을 훨씬 넘어서서 중요성을 갖는 제도이다.

로맨틱한 사랑이 결혼의 동기가 되는 것은 좋은 일일 것이다—나는 좋은 일이라고 생각한다—하지만 결혼의 행복을 유지하고, 그 사회적 목적을 달성하게 하는 사랑은 로맨틱한 것이 아니라, 보다 더 친밀하고 애정이 넘치며, 현실적인 그 무엇이다. 로맨틱한 사랑은 사랑의 대상을 정확하게 나타내지 않고, 환상적인 안개를 통해서 나타낸다. 어떤 유형의 여성이 어떤 유형의 남편만을 가진다면, 결혼 후에도 마찬가지로 이러한 안개 속에 휩싸일 것이다. 그러나 이것은 그녀가 진정으로 남편과 친밀하지 않고, 어느 정도의 육체적 비밀은 물론, 마음속에 있는 사상이나 감정에 스핑크스와 같은 비밀을 간직할 때만 그러할 것이다.

그러나 이처럼 계산된 행동들은 결혼이 갖는 최선의 가능성을 저해하는 것이다. 결혼은 환상이 전혀 포함되지 않는, 애정이 넘치는 친밀감을 요구한다. 더욱이 로맨틱한 사랑이 결혼에 불가결하다는 견해는 너무나 무정부주의적이며, 성 바울의 견해와 마찬가지로(그 의미는 정반대이지만), 결혼이 중대한 것은 아이들 때문이라는 사실을 잊고 있다. 아이들을 위해서가 아니라면, 성에 관한 일체의 제도는 필요 없게 될 것이다. 아이들의 문제가 제기되자마자, 남편과 아내는 자식에 대해 어느 정도 책임감과 애정을 가지고 있다면, 부부 상호간의 감정은 더 이상 중요한 것이 아니라는 사실을 깨달아야만 할 것이다.

6. 매음과 계약결혼

도덕이 엄격할수록 매음이 성행한다

일반 여성들의 정조를 매우 중요한 문제로 간주하는 한, 결혼 제도는 그 제도의 일부라고 생각되는 어떤 다른 제도, 즉 매음 제도에 의하여 보충되어야 한다. "매춘부는 가정의 신성함과 우리의 아내와 딸을 순결하게 하는 보호물이다"라는 렉키의 유명한 문구는 널리 알려져 있다. 이러한 감정은 빅토리아 시대적이며, 표현방법도 낡았지만, 이 사실이 부정될 수는 없다. 도덕주의자들은 렉키의 주장이 그들의 비위를 몹시 상하게 하였으며, 또 그 까닭을 전혀 이해할 수 없었기 때문에 그를 비난하였다. 그러나 그의 주장이 잘못이라는 것을 입증하지는 못했다. 도덕주의자들은 남자들이 자기들의 가르침에만 따른다면 매음은 없어질 것이라고 주장한다. 물론 그럴듯한 소리다. 그러나 남성들이 이러한 가르침에 따르지 않을 것이라는 사실을 누구보다도 도덕주의자 자신이 잘 알고 있다. 따라서 만일 남성들이 이렇게 한다면 어떻게 되리라고 〔도덕주의자들이〕 예상하는 것은 사실과는 무관한 것이다.

매음의 필요는 다음과 같은 사실들에서 생긴다. 즉 많은 남성들이 미혼이거나 아내를 떠나서 여행중이고, 그러한 남성들이 자제할 수 없다는 것 그리고 인습적인 도덕이 지배하는 사회에서는 보통의 여성을 이용할 수 없다는 것이 그것이다. 그러므로 사회는 남성의 이러한 욕구를 충족시키기 위하여 어떤 특정한 여성 계층을 따로 마련해 둔다. 이러한 욕구를 승인하는 것은 부끄러운 일이지만, 전혀 만족시키지 않고 내버려두는 것은 두려운 일이기 때문이다.

매음이 지니는 이점은 즉시 여성을 이용할 수 있을 뿐 아니라, 매춘부에게는 그녀의 직업 이외의 생활이 없으므로 별 어려움 없이 숨겨둘 수 있다는 점, 또 그녀와 함께 있던 남성은 자신의 위신을 손상시키지 않고서 자기 아내와 가족, 교회로 돌아갈 수 있다는 점이다.

그러나 그 가련한 여성은 분명히 자신의 임무를 수행했음에도 불구하고, 또 아내와 딸의 정조와 교회위원들의 체면을 지켜줌에도 불구하고, 도처에서 멸시당하고 천하다고 간주되며, 거래 이외에는 일반인들과의 어떠한 접촉도 허용되지 않는다. 이러한 극심한 불공평은 기독교의 승리와 더불어 시작되어 오늘날까지 지속되어 왔다.

매춘부의 진짜 죄는 그녀가 도덕주의자의 점잖은 말들의 공허함을 폭로한다는 데 있다. 프로이트학파가 말하는 억압된 사고와 마찬가지로, 그녀는 무의식 속으로 추방되어야 했다. 그러나 이러한 추방자가 염원하듯이, 그녀는 의도하지 않은 복수를 하게 된다.

깊은 밤거리에 울려퍼지는
어린 창녀의 저주가
한 가닥 바람이 되어
갓난아기를 울리고
부부를 병들게 하여 장사지내도다

매음이 항상(오늘날 그러하듯이) 멸시받고 숨어서 하는 일이었던 것은 아니다. 참으로 그 기원은 매우 고상한 것이었다. 원래 매춘부는 신이나 여신을 모시는 여사제였다. 그녀는 지나가는 낯선 이에게 몸을 맡김으로써 신을 예배하는 행위를 수행하였다. 그러한 시대에 그녀는 존중받았으며, 남성들은 그녀를 이용하는 한편, 그녀를 존경하였다.

기독교 신부들은 이 제도를 맹렬히 비난하였다. 그들은 이러한 제도를 음탕한 이교 신앙으로 간주했으며, 사탄의 간계에서 비롯된 것이라고 주장하였다. 사원은 폐쇄되었고, 매음은 도처에서(이미 여러 곳에서 행해지고 있었지만) 이윤을 추구하는 상업화된 제도가 되었다. 물론 그것은 매춘부 자신의 이윤이 아니라, 그녀들을 사실상 노예로 삼고 있었던 사람들의 이윤이었다. 지금은 통례로 되어 있는 개별적인 매춘부는 최근까지도 매우 드문 예외에 불과했으며, 대다수는 매음굴이나 목욕탕, 기타 악명 높은 시설들에 종사해 왔다. 인도에서는 종교적 매음으로부터 상업적 매음으로의 전환이 아직 완료되지 않았다. 『어머니 인도』의 저자 캐서린 메이요는 자신이 인도를 비판하는 이유의 하나로서, 종교적 매음이 남아 있음을 들고 있다.

남아메리카를 제외하고는[1] 매음은 차츰 쇠퇴하기 시작하였다. 그것은 분명 과거에 비해 여성들이 할 수 있는 다른 많은 생계수단이 생겨났다는 사실과 이전에 비해 훨씬 많은 여성들이 상업적인 동기에서가 아니라 스스로 원해서 기꺼이 남성들과 혼외 관계를 맺는다는 사실 때문이다.

그럼에도 불구하고 매음이 완전히 사라질 것 같지는 않다. 예컨대 오랜 항해 끝에 육지에 상륙한 선원들을 생각해 보자. 오직 애정이 우러나야만 몸을 허락하는 여성에게 구애할 만큼 그들의 인내심이 강하리라고는 도저히 생각할 수 없다. 또 결혼생활이 불행하고 아내를 두려워하는 많은 남성들을 생각해 보자. 이러한 남성들은 집을 떠나 있을 때 안락과 위안을 찾으려 할 것이고 가능하다면 그것이 정신적 부담이 되지 않는 형식이기를 바랄 것이다.

그러나 매음을 최소한도로 줄이고 싶은 중대한 이유가 있다. 매음에 반대하는 이유는 다음 세 가지이다. 첫째는 사회보건상의 위험이요, 둘째는 여성들이 입는 심리적 손상이요, 세째는 남성들이 입는 심리적 손상이다.

보건상의 위험은 이들 세 가지 중에서 가장 중요한 것이다. 물론 성병은 주로 매춘부를 통해서 퍼진다. 매춘부의 등록과 검진을 통해 이 문제에 대처하려는 시도는 순수한 의학적 관점에서 볼 때 그다지 성공적이지 못했으며, 또 경찰이 매춘부를 단속하는 일을 맡기 때문에 자칫하면 불쾌한 권력 남용에 빠지기 쉽다. 때때로 직업적인 창부가 될 생각이 없었지만, 본의아니게 그 행위가 법에 저촉되어 구속되는 여인도 있다.

성병을 죄에 대한 천벌이라고 생각하지 않는다면, 물론 더 효과적으로 대처할 수 있을 것이다. 예방 수단을 강구하여 그 전염 가능성을 많이 감소시킬 수도 있다. 그러나 그러한 수단이 어떤 것인가를 널리 알리는 것은 그러한 지식이 죄를 촉진할 수 있다는 이유에서 바람직하지 못하다고 생각되고 있다. 성병에 걸린 사람들은, 이러한 종류의 병은 불명예스러운 것이라고 일반적으로 간주되므로, 수치스럽게 여긴 나머지 그 치료를 미뤄두곤 한다. 이러한 점에 관한 사회의 태도는 종래에 비해서 분명히 개선되었지만, 그것이 더욱 개선된다면 결과적으로 성병은 상당히 감소할 것이다. 그렇다 하더라도 매음이 존속하는 한, 그것이 무엇보다 무서운 질병을 퍼뜨리는 매체임에는 틀림이 없다.

현재 존재하고 있는 매음은 분명히 바람직하지 못한 삶이다. 그 자체에 있는 질병의 위험성만 보더라도 매음은 납〔鉛〕공장에서 일하는 것처럼 위험한 장사이다. 그러나 이것은 제쳐놓더라도, 그 생활은 퇴폐적이다. 그것은 게으르고, 음주에 빠지기 쉽다. 무엇보다도 커다란 약점은 매춘부가 일반적으로 멸시당하고 고객들까지도 그녀를 좋지 않게 생각한다는 사실이다. 그것은 본능에 어긋나는 생활이다. 마치 수녀의 생활이 본능에 어긋나는 생활인 것처럼 말이다. 이러한 이유에서 오늘날 기독교를 믿는 여러 나라들에 존재하고 있는 매음은 전혀 바람직하지 못한 직업이라 할 수 있다.

얼핏보아 일본에서는 전혀 사정이 다른 것 같다. 매음은 직업으로서 인정될 뿐만 아니라 존중되고 있으며, 심지어 부모의 권유로 이러한 직업을 택하기도 한다. 결혼 지참금을 벌기 위해 이 직업에 종사하는 경우도 있다. 어떤 권위자에 의하면, 일본인은 어느 정도 매독에 대한 면역성이 있다 한다. 따라서 일본에서 매음이라는 직업은 도덕률이 훨씬 엄한 곳에서 생각되는 것처럼 그렇게 천한 것이 아니다. 만일 매음을 근절할 수 없다면, 유럽적인 형식보다는 일본적인 형식으로 존재하는 것이 차라리 낫다. 어떤 나라에서든지 도덕의 기준이 엄격하면 할수록, 매춘부의 생활이 더욱 더 타락해 간다는 점은 분명하다.

창부와의 접촉은(만일 그것이 습관이 된다면) 남성에게 나쁜 심리적 영향을 줄 것이다. 그는 성교를 하기 위해 상대방을 기쁘게 할 필요가 없다고 생각하게 될 것이다. 또한 그가 일반적인 도덕률을 존중한다면, 접촉한 여자에 대해 경멸감을 가지게 될 것이다. 이러한 정신 상태가 결혼생활에 미치는 반작용은, 그것이 결혼생활을 매음과 동일시하는 형식을 취하든 혹은 거꾸로 양자를 구별하는 정반대의 형식을 취하든, 매우 불행한 것이 될 것이다.

남성 가운데는 자기가 깊이 사랑하고 존경하는 여성과는 성교할 마음이 나지 않는 사람도 있다. 프로이트학파에 의하면, 이것은 오이디푸스 콤플렉스 때문이라고 한다. 그러나 이것은 대체로 이러한 여성과 매춘부 사이에 가능한 한 넓은 간격을 두려고 하는 데서 기인하는 것이라고 나는 생각한다. 이처럼 극단적인 경우가 아니라도 많은 남성, 특히 완고한 남성들은 자신의 아내를 지나치게 존중한 나머지 그들을 언제까지나 심리적인 처녀 상태에 머물게 하고, 성적인 쾌락을 경험하지 못하게 한다. 남편이 아내를 매춘부와 동일시할 때, 이와는 정반대의 폐해가 일어난다. 그것은 성교는 쌍방이 원할 때에만 해야 한다는 것, 또 반드시 구애의 단계를 먼저 거쳐야 한다는 것을 잊어버리도록 만든다. 따라서 그는 아내를 거칠고 난폭하게 대함으로써, 그녀가 강한 혐오감을 느끼도록 만든다.

자유연애만이 매음을 없앨 수 있다

성에 경제적 동기가 포함되는 것은 언제나 다소간 불행한 일이다. 성교는 상호간의 기쁨이어야 하며, 오직 남녀 쌍방의 자발적인 충동에 의해서 행해져야 한다. 그렇지 않은 경우에는 아무런 가치가 없다. 대단히 친밀한 태도로 타인을 이용하는 것은, 모든 진정한 도덕성의 원천이 되어야 하는 인간 존중의 마음을 결여한 것이다. 분별 있는 사람에게 이러한 행동이 진정으로 매력적인 것일 수 없다. 그럼에도 불구하고 만일 육체적인 충동의 억센 힘에서 그러한 행위를 한 경우, 그는 가책을 느끼게 될 것이며, 그 때문에 그의 가치판단은 혼란에 빠질 것이다.

물론 이것은 매음뿐 아니라 결혼에도 해당된다. 결혼은 여성에게는 가장 평범한 생활양식이다. 그리고 여성이 견뎌야 하는 내키지 않는 성의 총량은 아마도 매음에서보다는 결혼생활에서 더 클 것이다. 미신에서 벗어난 성관계의 도덕은 본질적으로 상대방을 존중하는 것이며, 상대방의 욕구를 고려하지 않은 채 오직 자기만을 만족시키는 수단으로 상대방을 이용하지 않는 것이다. 비록 매음이 멸시되지 않고 성병의 위험성이 제거된다 하더라도, 그것이 여전히 바람직한 것이 못 되는 이유는 매음이 이러한 원리에 위배되는 것이기 때문이다.

하베록 엘리스는 그의 매음에 관한 흥미로운 연구에서 나로서는 납득되지 않는 매음 찬성론을 전개하고 있다. 그는 먼저 주신제〔orgy : 고대 그리이스·로마 시대 술마시고 춤추며 바커스 신께 제사드리던 축제〕에 관한 고찰로부터 논의를 시작한다. 그것은 가장 초기의 고대 문명 속에 존재하였으며, 무정부주의적 충동을 배출하는 기회가 되었다(그러한 충동은 시대가 달라짐에 따라서 통제되었다). 그는 매음이 이러한 주신제에서 발달한 것이며, 이전에 주신제가 수행했던 목적을 어느 정도 대신하는 것이라고 주장한다. 그는 또 많은 남성들이 인습적 결혼의 속박과 예의범절, 그 품위있는 테두리 안에서는 완전한 만족을 느낄 수 없다고 말한다. 따라서 이러한 남성들은 가끔 매춘부를 찾아감으로써, 그들에게 가능한 다른 어떤 방법보다도 사회적 저항이 가장 적은 해결책을 발견한다는 것이다.

그러나 이러한 주장은 그 형식에 있어서는 훨씬 근대적이라 할지라도, 렉키의 그것과 근본적으로 같은 것이다. 성생활의 억제를 벗어난 여성은 남성과 마찬가지로 하베록 엘리스가 생각하는 것과 같은 충동에 빠지기 쉽다. 그리하여 여성의 성생활이 자유롭게 된다면, 남성은 금전만을 유일한 동기로 삼는 직업적인 매춘부를 찾지 않고서도 성적 충동을 만족시킬 수 있을 것이다. 이것이야말로 여성의 성 해방으로부터 기대할 수 있는 커다란 이익의 하나이다.

내가 지금까지 관찰해 온 바에 의하면 성에 관한 의견이나 감정이 낡은 터부에 지배되지 않는 여성은 결혼에서, 빅토리아 시대에 가능하였던 것보다 훨씬 커다란 만족을 찾을 수 있었으며, 또 줄 수 있었다. 낡은 도덕이 쇠망한 곳에서는 매음 역시 쇠망해 버렸다. 이전에는 가끔 매춘부를 찾지 않을 수 없었던 젊은 남성들이 이제는 자기와 같은 또래의 처녀들과 어떤 관계를 맺게 되었다. 그것은 쌍방이 다 자유로운 관계이며, 정신적인 요소가 순전히 육체적인 요소 못지 않게 중요한 관계이고, 때때로 양쪽 모두가 열렬한 애정을 품는 관계이다.

순수한 윤리적 관점에서 볼 때, 낡은 제도에 비해서 이것은 눈부신 발전이다. 도덕주의자들은 그것이 노골적이라는 이유에서 불만을 표시한다. 그러나 도덕적 타락이 도덕주의자의 귀에 들어가지 않도록 하는 것이 도덕의 첫째 원리는 아니다. 생각컨대, 젊은이들 사이의 새로운 자유는 기뻐해야 할 일이다. 그것은 잔인성을 결여한 남성과 결벽성을 결여한 여성이라는 새로운 세대를 낳고 있다. 이 새로운 자유에 반대하는 사람들은 자신들이 사실상 딱딱한 계율의 압박에 대한 유일한 안전밸브로서 매음의 존속을 옹호하고 있다는 사실을 솔직히 인정해야만 할 것이다.

성의 개방은 금주법하에서 시작되었다

합리적인 도덕이라면, 아이가 없는 결혼생활은 진정한 결혼생활로 생각하지 않을 것이다. 아이를 못 낳는 부부는 쉽사리 이혼할 수 있어야 할 것이다. 아이를 통해서만 성관계는 사회에 중요한 것이 되며, 법률 제도가 인정할 만큼 가치 있는 것이 되기 때문이다. 물론 이것은 교회의 견해는 아니다. 교회는 성 바울의 영향 아래 아직까지도, 결혼을 아이를 낳는 수단이라기보다는 오히려 간음을 막기 위한 대안으로 보고 있다.

그러나 최근에 이르러 목사들까지도 남성이든 여성이든 결혼할 때까지 성교를 경험하지 않는 사람이 거의 없다는 사실을 인정하게 되었다. 남성의 경우, 매춘부와 관계한 그들의 과실은 잘만 숨겨두면 비교적 쉽게 용서받을 수 있었다. 그러나 직업적 매춘부가 아닌 일반 여성의 경우, 인습적인 도덕주의자들의 이른바 부도덕에 대한 견해는 더욱 완고하였다.

그럼에도 불구하고 미국 · 영국 · 독일 · 스칸디나비아에서는 세계대전 이래 커다란 변화가 일어났다. 양가(良家)에서 자라난 많은 처녀들은 '정조'를 지키는 것이 가치있는 일이라고 생각하지 않게 되었다. 그리고 젊은 남성들은 매춘부에게서 해결책을 찾는 대신에, (그들이 좀더 돈이 많다면) 결혼하고 싶은 유형의 처녀와 접촉하게 되었다.

이러한 과정은 영국에서보다 미국에서 더 앞선 것처럼 보인다. 나는 그것이 금주법과 자동차 때문이라고 생각한다. 금주법 때문에 즐거운 파티에서 누구나 다소간 술을 마시는 것이 필요하게 되었다. 대부분의 처녀들이 자기의 차를 가지고 있기 때문에, 쉽사리 애인과 함께 어버이나 이웃 사람들의 시선을 피할 수 있었다. 그 결과 어떠한 사태가 벌어졌는가 하는 것은 린제이 판사의 저서[1] 속에 묘사되어 있다. 나이든 이들은 과장이라고 그를 비난하지만, 젊은이들은 그렇게 생각하지 않는다.

나는 지나가는 여행자가 할 수 있는 범위 내에서 젊은이들에게 질문함으로써 판사의 주장의 진위를 조사해 보았다. 그들은 판사가 말한 사실 중 어떠한 것도 부정하려 들지 않았다. 곧 결혼해서 가장 높은 지위에 앉게 될 상당수의 처녀들이 성적 경험을 자주, 그것도 여러 명의 애인들과 하고 있는데, 이것은 미국 전역에서 공통된 현상이다. 그리고 완전한 성교까지는 이르지 않더라도 '페팅〔애무〕'이나 '네킹〔목을 껴안고 하는 애무〕'이 허다하여, 성교를 하지 않는 것이 도리어 이상할 정도이다.

나는 현재의 상태를 만족스러운 것이라고 생각할 수 없다. 여기에는 인습적인 도덕주의자들이 영향을 미치는 어떤 바람직하지 못한 특징이 있다. 따라서 인습적 도덕이 변할 때까지는 이러한 바람직하지 못한 특징이 소멸할 것 같지 않다. 사실 은밀히 주고 받는 성관계는 밀주(密酒)와 마찬가지로 정상적인 것보다는 못하기 마련이다. 유복한 미국인들 사이에서 술주정뱅이의 숫자가 금주법 제정 이전보다 젊은 남성의 경우 크게 늘어났으며, 젊은 여성의 경우 더욱 현저히 증가했다는 것은 아무도 부정할 수 없는 사실이다.

법률을 교묘히 잘 빠져나가는 것은 물론 일종의 통쾌감을 느끼게 하며, 그 꾀를 자랑하는 맛이 있다. 음주에 관한 법률을 빠져나갈 수 있다면, 성에 관한 인습 역시 어길 수 있을 것이다. 여기에는 또 대담한 행위에 따른 흥분이 최음제로서 작용한다. 그 결과 젊은이들 사이의 성관계는 도취한 상태에서, 애정 때문이 아니라 허세에서 맺게 되는 가장 어리석은 형태를 띠곤 한다. 따라서 성을(술과 마찬가지로) 농축된, 맛없는 형태로 취할 수밖에 없다. 왜냐하면 이러한 형식만이 당국의 감시망을 피할 수 있기 때문이다. 미국에서는 전인격이 협조하는 품위 있고 합리적이며 성실한 활동으로서의 성관계를 결혼 이외의 영역에서는 좀체로 찾아볼 수 없는 것 같다.

여기까지는 도덕주의자들이 성공하였다. 그들은 간음을 막지 못하였을 뿐 아니라, 오히려 그들의 반대가 양념을 더해 그것을 더욱 일반화하였다. 그러나 모든 알코올이 유해하다는 그들의 주장이 소비되는 다량의 알코올을 유해한 것으로 만드는 데 성공했듯이, 그들은 자신들의 주장처럼 간음을 바람직하지 못한 것으로 만드는 데는 성공했다. 그들은 젊은이들이 성을 일상적 교제와 일상적 노동, 모든 심리적 친밀감과는 동떨어진 순수한 것으로 생각하도록 강요했다.

비교적 소심한 젊은이들은 완전한 성관계까지 이르지 못한 채 채우지 못한 성적 흥분 상태를 오랫동안 유지하는 데 만족하고 있다. 그것은 신경을 쇠약하게 하여, 훗날 성에 대한 완전한 만족을 느끼기 어렵게 하거나 불가능하게 할 우려가 있다. 미국의 젊은이들 사이에서 일반적으로 볼 수 있는 성적 흥분이 낳는 또다른 문제는 그것이 일을 못 하게 하거나 잠을 못 이루게 한다는 점이다. 왜냐하면 그것은 심야 내내 계속되는 파티와 반드시 결부되어 있기 때문이다.

더욱 중대한 문제는 공인된 도덕이 지속되는 한 불의의 재난을 당할 위험이 있다는 점이다. 재수 없게도 어떤 젊은 이의 행동이 어떤 도덕 수호자의 귀에 들어가게 되면, 그는 그 추문을 아무런 거리낌없이 퍼뜨리며 기뻐할 것이다. 미국의 젊은이들은 피임법에 대한 지식을 알 방법이 거의 없기 때문에, 뜻하지 않게 임신하는 일이 종종 있다. 이럴 경우 낙태를 하는 것이 일반적이다. 그러나 그것은 위험하고, 고통스러우며, 불법이고, 비밀을 지키기가 결코 쉽지 않다.

오늘날 미국에서 흔히 볼 수 있는 것과 같은, 젊은 세대의 도덕과 늙은 세대의 도덕 사이에 존재하는 커다란 차이는 또 하나의 불행한 결과를 낳는다. 즉 어버이와 자식 사이에는 마음에서부터 우러나오는 친밀감이나 정이 없으며, 또 부모는 충고나 동정으로써 자식을 도와주지 못 한다. 젊은이가 곤란한 일에 부닥쳐 어버이에게 이야기를 해도 꾸지람을 들을 뿐이다. 아마도 그들은 크게 분노하여 히스테리컬한 소동을 일으킬 것이다. 이렇게 해서 부모와 자식의 관계는 자식이 사춘기에 이른 후에는 어떠한 유용한 기능도 수행하지 못 하게 된다. 트로브리안드 섬 원주민이 차라리 더 문명화된 태도를 보여준다. 그 곳에서 아버지는 딸의 애인에게 다음과 같이 말한다. "내 딸과 같이 잔다고? 좋다, 그럼 내 딸과 결혼해라."[3)]

위에서 고찰한 바와 같은 결점이 있음에도 불구하고, 미국 젊은이들의 해방(비록 부분적이기는 하지만)은 나이 많은 사람들과 비교해 볼 때 매우 커다란 이로움이 있다. 그들은 잔소리를 덜 듣게 되고, 구속을 덜 받으며, 합리적 근거 없는 권위에 예속되는 일도 없다. 나는 또 그들이 앞선 세대들보다 덜 잔인하고, 덜 야수적이며, 또 덜 난폭하게 될 것이라고 생각한다. 왜냐하면 성에 있어서 그 배출구를 발견할 수 없었던 무정부주의적 충동을 폭력으로써 발산하는 것이 미국적 생활의 특징이었기 때문이다. 또 현재의 젊은 세대가 중년이 된다

해도, 자신이 젊었을 때의 행동을 전적으로 잊어버리지는 않을 것이라는 점과 지금은 감출 필요가 있기 때문에 거의 불가능에 가까운 성적 실험에도 관용을 베풀 것이라는 점을 희망할 수 있을 것이다.

영국의 상태는 대체로 미국의 그것과 유사하다. 물론 영국에는 금주법이 없고 자동차의 수도 적기 때문에, 미국의 정도에는 미치지 못 한다. 또 영국에서는 그리고 분명 유럽 대륙에서는, 궁극적인 만족 없이 성적 흥분만을 자극하는 행위가 훨씬 적으리라고 나는 생각한다. 그리고 대체로 영국인들은 미국인들에 비해(약간의 예외를 제외하고는) 타인을 괴롭히는 데 대단한 열의를 갖고 있지 않다. 그렇다 하더라도 두 나라의 차이는 다만 정도의 차이에 불과하다.

아이 없는 계약결혼을 인정하자

여러 해 동안 덴버의 청소년 재판소의 장으로 있으면서, 그 직무상 누구보다 사태를 잘 파악하고 있었던 린제이 판사는 이른바 '우애 결혼(companionate marriage)'이라는 새로운 제도를 제안하였다. 그는 불행히도 자신의 공직을 잃고 말았다. 그가 그 지위에 있으면서 청소년들에게 죄의식을 심어주는 대신에 그들의 행복을 증진시키려 노력하였다는 사실이 알려지자, KKK단〔Ku Klus Klan : 남북전쟁 후 미국 남부 여러 주에서 일어난 흑인을 적대시하는 비밀결사, 또는 1915년 미국 전국에 걸쳐서 조직된 외국 세력을 몰아낼 목적으로 조직된 결사〕과 카톨릭 교도들이 합세해서 그를 추방했기 때문이다.

우애 결혼은 현명한 보수주의자의 제안으로서, 젊은이들의 성관계에 현재의 난잡성 대신에 어느 정도의 안정성을 도입하려는 시도이다. 그는 젊은이들이 결혼하지 못 하는 이유는 돈이 없다는 것이며, 결혼생활에 돈이 필요한 것은 부분적으로는 아이들 때문이고, 또 부분적으로는 생활비를 버는 것이 아내의 일이 아니기 때문이라고 지적한다.

따라서 그는 젊은 사람들은 보통의 결혼과는 세 가지 특징에서 구별되는 새로운 결혼을 하도록 해야 한다고 주장한다. 첫째, 얼마 동안은 아이를 낳지 않도록 해야 하며, 따라서 가장 효과적인 산아제한에 관한 지식을 젊은 부부에게 가르쳐야 한다. 둘째, 아이가 없고 아내가 임신중이지 않다면, 상호 동의에 의해 곧바로 이혼할 수 있어야 한다. 그리고 셋째, 이혼할 때 아내는 위자료를 받지 말아야 한다.

만일 이러한 제도가 법률로서 확립된다면, 상당히 많은 젊은이들이(예컨대 대학생들이) 현재의 성관계의 디오니소스적 성격을 벗어나서, 공동생활을 비롯한 비교적 영속성 있는 협력 관계를 맺을 수 있을 것이라고 그는 주장한다. 나 역시 그의 이러한 생각에 동의한다. 그는 결혼한 젊은 학생이 미혼학생보다 공부를 더 잘한다는 증거를 들고 있다.

노동〔공부까지를 포함하는〕과 성은 파티에서의 허둥댐이나 알코올의 자극보다는 반영구적인 관계 속에서 더 쉽게 결합된다는 것은 참으로 명백한 사실이다. 두 사람의 젊은이가 함께 사는 것이 따로따로 사는 것보다 비용을 더 들 이유가 전혀 없다. 그러므로 현재까지 결혼을 연기해 왔던 경제적 이유는 이제 존재할 수 없게 된다. 린제이 판사의 안이 만일 법률로 구체화된다면 매우 유익한 영향을 가져올 것이라는 점 그리고 이러한 영향이 도덕적 관점에서 볼 때 이익을 가져다 준다는 데 누구나 동의할 것이라는 점을 나는 믿어 의심치 않는다.

그럼에도 불구하고 린제이 판사의 제안은 미국 전역의 모든 중년층과 모든 신문들로부터 무서운 비난을 받아야 했다. 사람들은 그가 가정의 신성함을 위협한다고 말했다. 또 어떤 사람들은 그가 아이를 낳으려 의도하지 않는 결혼을 용인함으로써 합법화된 색욕의 수문(水門)을 열려 한다고 비난했다. 그는 혼외 성관계의 유행을 극도로 과장한 나머지 순진한 미국 여성들을 비방하였다고 매도되었다. 또 어떤 이들은 직업을 가진 남자라면 대개 30세에서 35세까지는 흔쾌히 금욕할 수 있다는 반론을 펴기도 하였다.

이러한 주장들이 실제로 있었지만, 나는 이러한 말을 한 사람들 모두가 다 그렇게 믿고 있었다고는 생각하지 않는다. 나는 린제이 판사에 대한 수많은 비난을 경청하였지만, 결정적이라고 생각되는 논의는 단 두 가지였다고 생각한다. 첫째는 린제이 판사의 안은 그리스도에 의해 가납될 수 없다는 것이고, 둘째는 미국의 신학자 가운데 비교적 자유주의적인 사람들까지도 그의 제안에 찬성하지 않는다는 것이다. 둘째 것이 더 중요하다는 것은 당연하다. 왜냐하면 전자는 완전히 가설적인 것으로 실증할 수 없기 때문이다. 나는 린제이 판사의 제안이 인간의 행복을 손상할 것이라는 어떠한 반론도 듣지 못 했다. 나는 이러한 고려〔즉, 어떤 제도나 사상이 인류의 행복을 증진시키는가 감소시키는다 하는 것에 관한〕를 전통적 도덕을 떠받드는 사람들은 전혀 중요하지 않게 생각한다고 결론내릴 수밖에 없었다.

나는 우애 결혼이 올바른 방향으로 한 발자국 나아간 것이며, 많은 이익을 가져오리라 확신하지만, 그것으로써 충분하다고는 생각하지 않는다. 나는 아이를 포함하지 않은 모든 성관계는 순전히 사적인 일이며, 또 남녀가 아이 없이 함께 살고자 한다면, 그것은 그들 자신이 결정할 일이지 남이 간섭할 일은 못 된다고 생각한다. 남녀가 다 성적 경험 없이 아이를 낳고자 결혼이라는 중대한 관계를 형성하는 것은 결코 바람직하지 않다고 나는 생각한다.

최초의 성경험은 이미 그 지식을 가지고 있는 사람과 하는 것이 좋다는 것을 보여주는 많은 증거가 있다. 인간의 성행위는 본능적인 것이 아니다. 승려에 의한 처녀성 파괴가 사라진 이래 표면상 그것은 결코 본능적이지 않았다. 이러한 점은 제쳐놓더라도, 서로의 성적인 적합성에 관한 아무런 예비 지식 없이 평생을 기약하는 관계를 맺는다는 것은 불합리한 것처럼 보인다. 그것은 마치 집을 사려는 사람이 완전히 매매가 끝날 때까지는 그 집을 보는 것이 허락되지 않는 것만큼이나 불합리하다.

만일 결혼의 생물학적 기능이 적절히 인식된다면, 아내의 최초의 임신까지는 결혼에 법률적 구속력을 없도록 하는 것이 적당한 방법이라고 말할 수 있을 것이다. 현재에도 성교가 불가능한 결혼은 무효로 인정하고 있다. 그러나 성교보다도 아이를 낳는 것이 결혼의 진정한 목적이다. 따라서 아이를 기대할 수 있을 때에야 결혼은 완성된 것이라고 생각할 수 있을 것이다. 이러한 견해는(적어도 부분적으로는) 피임도구가 가져다 준 단순한 성과 아이를 낳는 생식으로서의 성의 구별에 의존하고 있다. 피임도구는 성과 결혼의 전체 상을 변화시켰으며, 종전에는 알지 못했던 이러한 구별이 필요하도록 만들었다.

사람들은 매음의 경우처럼 성만을 위해서, 또는 린제이 판사의 우애 결혼의 경우처럼 성적 요소를 내포하는 우애를 위해서, 혹은 마침내 가족을 만들 목적을 위해서 서로 결합할 것이다. 이러한 것들은 모두 성질이 다르다. 따라서 그것들을 무차별하게 하나로 혼동하는 도덕은 오늘날의 상황에는 적합하지 않다.

7. 인구와 우생학

결혼의 목적은 인구를 늘리는 데 있다

결혼의 주요한 목적은 지구상의 인구를 새로 보충하는 데 있다. 어떤 결혼 제도는 이러한 과업을 불충분하게 수행하고, 어떤 제도는 너무 과도하게 수행한다. 이 장에서 나는 이러한 관점에서 성도덕을 고찰해 보려고 한다.

자연 상태에서 큰 포유동물이 생존을 유지하기 위해서는 한 마리 당 상당한 면적이 요구된다. 그 결과 커다란 야생 포유동물의 총수는 매우 적다. 양이나 소의 수가 많은 것은 인간이 돌봐주기 때문이다. 인류의 수는 다른 어떤 커다란 포유동물과도 비교할 수 없을 정도로 많은데, 이것은 물론 우리의 능력 때문이다. 활과 화살의 발명, 되새김질하는 동물들의 가축화, 농경의 시작 그리고 산업혁명, 이러한 모든 것들이 1제곱 마일 내에 생존할 수 있는 인구를 크게 증가시켰다. 통계에서 알 수 있는 것처럼, 이러한 경제적 진보 가운데 가장 마지막 것은 오로지 이 목적을 위해서 이용되었다. 아마 다른 것도 마찬가지일 것이다. 인간의 지능은 어떠한 다른 목적보다도 인간의 수를 증가시키기 위해 사용되었다.

카 손더스〔영국의 인구학자〕가 지적했듯이, 인구는 일반적으로 정체되어 있었으며, 19세기에 일어난 것과 같은 증가는 매우 예외적인 현상이었다. 이와 유사한 현상이 고대 이집트와 바빌로니아에서 관개 농업이 시작되었을 때 일어났을 것이라고 추측된다. 그러나 역사시대에 들어와서는 그러한 일은 일어나지 않았던 것처럼 보인다. 19세기 이전까지의 인구에 대한 모든 수치들은 추측에 불과하지만, 이 점에 있어서는 모든 자료가 서로 일치하고 있다. 따라서 급격한 인구증가는 매우 드물고 예외적인 현상이라 할 수 있다. 만일 대부분의 문명화된 나라들에서 인구가 다시 정체되는 경향이 있다면(실제로 그러한 경향이 나타나고 있다), 그것은 변칙적인 상태에서 벗어나 인류의 일반적인 상태로 돌아감을 의미한다.

카 손더스의 인구에 관한 저서의 커다란 특징은 인구에 대한 자발적 제한이 거의 모든 시대와 장소에서 행해졌으며, 그것은 인구를 정체 상태로 유지하는 데 높은 사망률에 의해 인구를 줄이는 것보다 효과적이었음을 지적한다는 사실이다. 그러나 그는 어느 정도 사실을 과장하고 있는 것 같다. 예컨대 인도나 중국에서 인구의 급격한 증가를 억제하는 것은 주로 높은 사망률이다. 중국의 경우에는 자료가 부족하지만, 인도의 경우에는 확실한 통계자료가 있다. 인도의 출생률은 매우 높지만, 카 손더스 자신이 지적하고 있듯이 인도의 인구는 영국의 그것보다 매우 느리게 증가하고 있다. 이것은 주로 높은 유아 사망률과 역병, 기타 무서운 질병들 때문이다. 만일 통계를 얻게 된다면, 중국도 이와 비슷한 사정에 놓여 있음을 알 수 있을 것이다.

그러나 이러한 중요한 예외가 있다 하더라도, 카 손더스의 명제가 원칙적으로 옳다는 것은 의심할 수 없다. 가지각색의 인구제한 방법이 지금까지 실행되어 왔다. 그 가운데서 가장 간단한 것이 영아살해로서, 종교가 이를 허용하는 곳에서는 대규모로 존재하였다. 때로는 이 관습이 너무도 확고하여서 기독교를 받아들임에 있어서도 그것이 영아살해에 간섭하지 않을 것을 미리 조건으로 내세울 정도였다.[1] 인명은 신성한 것이라는 이유에서 병역을 기피함으로써 차르 정부와 갈등을 일으킨 독립교회파〔Dukhobors: 정교회가 Universal Brotherhood 라고 자칭하는 러시아의 독립교회에다 붙인 명칭. 이 일파는 프로테스탄트의 퀘이커파와 유사한 신앙을 가지며, 1885년경 정부의 박해를 피해 대부분 캐나다로 이주하였다〕의 신도들은 그후 그들의 영아살해 관습 때문에 캐나다 정부와 분쟁을 일으켰다.

이외에도 다른 방법들이 널리 행해졌다. 많은 민족들 사이에서 여자들은 임신 기간뿐 아니라 2, 3년 가량의 수유기간동안 성교를 삼가한다. 이것은 필연적으로 여자의 출산력을 상당히 제한하게 된다. 문명화된 민족에 비해서 훨씬 빨리 노쇠하는 야만인의 경우 특히 그렇다. 오스트레일리아 원주민은 남자로서의 능력을 대단히 감소시키는 매우 고통스러운 수술을 함으로써 뚜렷이 출산력을 억제한다. 「창세기」[2]를 읽어보면, 적어도 한 가지의 명확한 산아제한법이 고대에도 알려져 있었으며, 또 실시되었음을 알 수 있다. 비록 유태인들은 그러한 방법에 찬성하지 않았으나, 그들의 종교는 언제나 반(反)맬서스적이었다. 이러한 여러 가지 방책을 사용함으로써, 인간은 자신의 생식력을 최대한으로 발휘하였더라면 일어났을지도 모를 기아에 의한 절멸을 모면하였다.

그럼에도 불구하고 기아는 인구를 억제하는 데 상당히 큰 역할을 하였다. 그것은 아주 원시적인 상태에서는 물론이고, 그다지 발달하지 못한 농경사회에서도 그러하였다. 1846~7년에 일어난 아일랜드의 기근은 너무도 심각한 것이어서 인구는 아직도 그 때의 수준을 회복하는 데까지는 이르지 못하고 있다. 러시아에서 기근은 매우 잦으며, 1921년의 그것은 아직도 기억에 새롭다. 1920년 내가 중국에 있었을 때, 그 나라의 상당 부분이 다음 해의 러시아의 기근에 못지 않은 심각한 기근을 겪고 있었다. 그러나 그 희생자들은 볼가의 희생자들에 비해 별로 동정을 받지 못 했다. 왜냐하면 그들의 불행을 공산주의 탓으로 돌릴 수 없었기 때문이다. 이러한 사실은 인구가 가끔 생존의 한계치에 이르기까지 증가하며, 심지어 그것을 초과하기까지 한다는 것을 보여준다. 특히 이러한 현상은 식량이 급격히 감소하는 곳에서 일어나기 쉽다.

기독교를 믿는 곳이라면 어디서든, 금욕을 제외한 일체의 인구증가를 저지하는 일은 사라지게 되었다. 영아살해는 물론 금지되었으며 낙태, 모든 피임 방법들도 금지되었다. 성직자, 사제, 수녀가 독신이었다는 것은 사실이다. 그러나 중세기 유럽에 있어서 그들이 오늘날 영국의 독신 여성들처럼 인구의 커다란 비율을 차지하고 있었다고는 생각되지 않는다. 따라서 그들이 인구의 증가를 억제하는 커다란 요인은 아니었다. 고대에 비해 중세에는 빈곤이나 역병에 의한 죽음이 더 많았던 것 같다.

인구는 매우 서서히 증가하였다. 18세기에 인구증가율은 좀 더 높아졌다. 그러나 19세기에는 놀랄 만한 변동이 일어났다. 그 팽창률은 여태까지 볼 수 없었을 정도로 높은 것이었다. 1066년 잉글랜드와 웨일즈의 1제곱 마일당 인구수는 26인이었다. 1801년 이 숫자는 153으로 상승하였으며, 1901년에는 561까지 상승하였다. 19세기 동안만의 절대 증가치가 노르만 정복에서 19세기 초기까지의 인구증가의 약 네 배에 이른다. 물론 잉글랜드와 웨일즈의 인구증가도 있는 그대로의 사실에 대한 정확한 상은 아니다. 왜냐하면 이 시기 동안 많은 영국인들이 소수의 미개인만이 살던 세계의 여러 지역으로 이주하였기 때문이다.

이러한 인구증가가 출생률의 상승 때문이라고는 생각되지 않는다. 그것은 오히려 사망률의 저하 때문인 것 같다. 이러한 사망률의 저하는 의학의 발달 때문이기도 하지만, 주로 산업혁명에 의해 생활 수준이 향상되었기 때문이라고 나는 생각한다. 영국에서 출생률이 기록되기 시작한 1841년부터 1871~5년에 이르기까지 출생률은 거의 일정하였으며, 나중 기간에 그것은 최고 35.5에 이르렀다.

이 단계에서 두 가지 사건이 일어났다. 첫째는 1870년의 '교육법'이며, 둘째는 1878년에 브래들러프가 신(新)맬서스주의를 선전하였다는 이유로 기소된 사건이다. 그때부터 출생률은 처음에는 천천히, 나중에는 급격하게 떨어지기 시작하였다. 교육법이 먼저 동기를 제공하였다. 이에 따르면 아이들은 더 이상 이익이 남는 투자 대상이 아니었기 때문이다. 그리고 브래들러프는 그 방법을 제공하였다. 1911~15년의 5년 사이에 출생률은 23.6으로 떨어졌다. 1929년 일사분기에 그것은 16.5까지 내려갔다. 영국의 인구는 의학과 위생학의 발달 때문에 완만하기는 하지만 여전히 증가하고 있다. 그러나 일정한 수치에 급속히 접근해 가고 있다.[2] 프랑스의 인구는 누구나 알다시피 상당한 기간 동안 실질적인 정체 상태에 빠져 있다.

출생률의 저하는 매우 급속하였다. 유럽 전체에서 그것은 보편적인 현상이었다. 포르투갈과 같은 후진국만이 예외였다. 그것은 농촌에서보다 도시에서 더 현저하였다. 그것은 부유한 사람들 사이에서 시작하였지만, 지금은 도시와 공업지대의 모든 계급에까지 침투해 버렸다. 물론 출생률은 아직도 부유한 사람들보다 가난한 사람들 사이에서 더 높다. 그러나 런던의 최고 빈민지구의 오늘날 출생률은 가장 부유한 지구의 10년 전의 그것보다 더 낮다. 이러한 저하는 누구나 아는 것처럼 (비록 인정하지 않는 사람도 있을 테지만) 피임기구의 사용과 낙태 때문이다. 인구 증감이 없는 정체 상태에 이른다고 하여 출생률의 하락이 중단될 어떠한 특별한 이유도 없다. 그것은 전체 인구의 감소로 쉽사리 이어질 것이다. 궁극적으로(우리가 말할 수 있는 한에서) 가장 문명이 발달한 민족의 실질적 소멸을 낳을 것이다.

이 문제를 효과적으로 논의하기 위해서는 먼저 우리가 바라는 바를 분명히 할 필요가 있다. 어떤 주어진 경제적 기술 상태하에서 카 손더스가 명명한 이른바 최적 인구밀도, 즉 일인당 소득을 최대로 하는 인구밀도가 존재한다. 만일 인구가 이 수준보다 낮거나 초과하면, 경제적 복지의 일반적 수준 역시 저하한다. 대체로 말해, 경제 기술상의 모든 진보는 최적 인구밀도를 증대시킨다. 수렵단계에서는 1제곱 마일당 한 사람이 적당하지만, 발달한 공업 국가에서는 1제곱 마일당 수백 명의 인구라 해도 과잉이라 여겨지지는 않을 것이다.

대전 이후 영국의 인구가 과잉하게 되었다는 것은 사실이다. 그러나 프랑스에 관해서는 그와 같이 말할 수 없을 것이며, 미국의 경우는 더욱 그러할 것이다. 그러나 프랑스에서, 아니 유럽의 어느 나라에서든지 인구증가가 평균적 부의 증대를 가져올 것 같지는 않다. 따라서 경제적 관점에서 볼 때, 인구증가는 결코 바람직하지 않다.

이러한 욕구를 느끼는 사람들은 일반적으로 국가주의적 군국주의에 의해 고무된 자들이다. 그들이 바라는 인구증가 역시 영구적일 리 없다. 왜냐하면 그들이 목표로 하는 전쟁을 일으키자마자 인구는 더 이상 증가하지 않을 것이기 때문이다. 사실상 이들의 주장은 피임법에 의해서보다는 전사(戰死)에 의해서 인구를 제한하는 것이 좋다는 것이다. 이러한 견해는 잘 생각해 보면 어느 누구도 호감을 가질 수 없는 것으로, 이러한 견해를 가진 사람들은 얼빠진 자라고밖에 생각할 수 없다. 전쟁에 관한 논의를 별도로 한다면, 산아제한 방법에 관한 지식이 여러 문명국가의 인구를 정체 상태로 만들었다는 점에 대해서 기뻐해도 좋을 것이다.

인구 조절을 위해 피임은 불가피하다

그러나 만약 인구가 실제로 감소하고 있다면 문제는 전혀 달라지게 된다. 왜냐하면 만일 그러한 감소가 저지되지 않은 채로 계속된다면 그것은 결국 인류의 완전한 절멸을 의미하는 것이며, 지구상의 가장 문명화된 종족이 사라지는 것을 우리는 도저히 바라볼 수 없기 때문이다. 그러므로 인구를 거의 현재의 수준 정도로 유지하는 한도 내에서만 피임기구의 사용을 환영해야 할 것이다. 나는 이것이 어렵다고는 생각하지 않는다. 가족의 수를 제한하려는 동기는(전부는 아니라 할지라도) 주로 경제적인 것이다. 따라서 아이들을 위해 지출되는 비용을 감소시킴으로써, 또는 필요하다면 아이들을 양친의 실질적인 수입원으로 만듦으로써 출생률을 증대시킬 수 있을 것이다.

그러나 오늘날과 같은 국가주의적 세계에서 이러한 방법은 매우 위험스러운 것이다. 왜냐하면 군사적 우위를 확보하는 방법으로써 이러한 방법을 이용할 것이기 때문이다. 주도적인 군국주의 국가들은 저마다 '대포도 희생물을 필요로 한다'라는 슬로건 아래, 군비경쟁 이외에 번식 경쟁을 할 것이다. 여기에서 다시 우리는 문명을 존속시키려 한다면 국제정부가 절대적으로 필요하다는 사실을 절감하게 된다. 국제정부는, 만일 그것이 세계 평화를 유지하는 데 효과적인 것이 되려면, 군국주의적 국가의 인구증가율을 제한하는 법령을 제정하여야 한다.

오스트레일리아와 일본의 대립은 이 문제의 중요성을 잘 보여주고 있다. 일본의 인구가 매우 급속히 증가하는 데 비해, 오스트레일리아의 인구는(이민은 별도로 하고) 매우 느리게 증가하고 있다. 이것은 매우 처치 곤란한 대립을 야기한다. 왜냐하면 이러한 싸움에서 양쪽은 모두 명백히 타당한 원리에 호소할 것이기 때문이다. 정부들이 이러한 사태를 올바로 인식하고 명확한 조처를 취하지 않는다면, 유럽과 미국에서는 조만간 출생률이 인구증가의 한 요인으로 포함되지 않을 것이다. 그러나 다른 나라들이 증식이라는 방법을 통해서 세력 균형을 뒤집으려 하는데, 가장 강력한 군국주의적 국가들이 수수방관하리라고는 생각되지 않는다. 그러므로 이 일을 올바로 할 수 있는 어떤 국제 기관이 비협조적인 국가들에게 인구문제를 고려하도록 그리고 산아제한을 선전하도록 강요하여야 한다. 만일 이러한 조치가 이루어지지 않으면 세계평화는 유지될 수 없다.

이처럼 인구문제에는 양면이 있다. 우리는 너무 급속한 인구증가를 막아야 하며, 또 그 감소도 막아야 한다. 전자의 위험성은 오래된 것이며, 포르투갈, 스페인, 러시아, 일본과 같은 여러 나라에 아직도 남아 있다. 후자의 위험성은 새로운 것이며, 아직은 서구 유럽에만 존재한다. 만일 미국의 인구가 출산에만 의존한다면, 인구감소의 위험성은 미국에도 있게 될 것이다. 그러나 토착 미국인의 출생률이 매우 낮음에도 불구하고, 지금까지는 이민이 미국 인구를 바람직한 속도로 증대시켜왔다.

새로운 위험성, 즉 인구감소의 위험성은 전통적 사고방식과는 들어맞지 않는 것이다. 따라서 그것은 도덕적 설교와 산아제한에 관한 선전금지 법률에 봉착하였다. 그러나 이러한 방법은 통계에서 볼 수 있듯이 전혀 효과를 얻을 수 없다. 피임기구의 사용은 모든 문명 국민의 일상 습관의 일부가 되었으며, 이제와서 그것을 근절하는 것은 불가능하다.

성과 관련된 사실을 외면하려는 습관이 정부나 높은 사람들에게 너무나 깊이 뿌리박혀 있어서, 그것이 갑자기 사라지리라고는 기대할 수 없다. 이것은 매우 바람직하지 못한 습관이다. 나는 지금의 젊은이들이 중요한 자리에 앉게 되었을 때에는 이 점에 있어서 그들이 그 아버지들과 할아버지들보다는 나으리라고 생각한다. 피임을 하는 것은 불가피하다는 것, 인구의 실질적인 감소를 야기하지 않는 한 그것은 바람직한 것이라는 점을 그들은 솔직히 인정할 것이다. 실질적인 인구 감소에 위협받고 있는 국가가 취해야 할 길은 명백하다. 출생률이 현존 인구를 그대로 유지할 수 있는 지점에 도달할 때까지, 아이들과 관련하여 발생하는 경제적 부담을 실험적으로 경감하는 것이다.

이와 관련해서 현존하는 도덕률 가운데 한 가지를 변경하는 것이 이로울 것이다. 영국에서는 여자가 남자보다 약 2백만 명이나 더 많다. 법률과 관습은 이 여성들이 아이 없이 살도록 강요한다. 이것은 분명 그녀들로부터 귀중한 것을 박탈하는 것이다. 만일 관습이 미혼모에 대해 너그럽고, 그 경제 상태를 어느 정도 돌봐준다면 현재 독신을 강요당하고 있는 상당수의 여성들은 아이를 낳을 것이다. 엄격한 일부일처제는 남녀의 수가 거의 같다는 가정에 기초하고 있다. 그러나 실제로는 그렇지 않다면, 산술적인 의미에서 독신생활을 강요당하는 사람들에게 그것은 매우 가혹한 것이다. 더욱이 출생률의 증가를 바랄 경우, 이러한 잔인성은 사적으로나 공적으로나 결코 바람직하지 못하다.

지식이 늘어감에 따라서 지금까지는 자연의 힘인 것처럼 보였던 것들이 신중한 정부 활동에 의해서 더욱 더 조절가능하게 되었다. 인구증가가 그러한 것 가운데 하나이다. 기독교가 나타난 이래, 그것은 맹목적인 본능의 작용에 맡겨졌다. 그러나 그것을 신중히 통제해야 할 시점이 급속히 다가오고 있다. 그러나 이 문제에 있어서 국가 간섭은(전에 말한 유년 시대의 국가 관리의 경우와 마찬가지로) 만약 그것이 유익한 것이 되려면, 지금처럼 서로 경쟁하는 군국주의적 국가들의 그것이 아니라, 어떤 국제적인 정부의 간섭이어야 할 것이다.

정신적 결함이 있는 자는 단종되어야 한다

우생학이란 어떤 계획적인 방법을 통해서 종(種)의 생물학적 성질을 개선하려는 시도이다. 이것의 기초가 된 사상은 다윈주의이며, 공교롭게도 '우생학협회'의 회장은 찰스 다윈의 아들이다. 그러나 우생학 사상의 원조는 프랜시스 갤턴이며, 그는 인간의 모든 성취에 있어서 유전적 요소를 매우 강조하였다. 오늘날 특히 미국에서 유전은 정치적 쟁점이 되었다. 미국의 보수파는 성인의 완성된 성격이 주로 선천적 특질에 의존하는 것이라고 주장하는 반면, 급진파는 교육이 모든 것을 결정하며 유전은 무관하다고 주장한다.

나는 이 두 극단적 입장의 어느 쪽에도 그리고 양쪽이 모두 공유하는 전제, 즉 이탈리아인이나 남슬라브인 등은 순수한 토착 미국인보다 열등하다는 KKK단 식의 그릇된 편견에도 동의할 수 없다. 인간의 정신능력 가운데 어느 부분이 유전에 의존하며, 또 어느 부분이 교육에 의존하는가를 결정할 자료는 아직 존재하지 않는다. 만일 이 문제를 과학적으로 결정하려면, 일란성 쌍둥이 몇천 쌍을 태어나자마자 서로 떼어놓고 가능한 한 매우 다른 방법으로 그들을 교육하는 작업이 필요할 것이다. 그러나 현재로서는 이러한 실험을 시행할 수 없다.

나 자신의 신념을 말하자면 이렇다(물론 이것은 비과학적이며, 단순히 인상에 기초한 것임을 고백하지 않을 수 없다). 누구나 나쁜 교육을 받으면 파멸할 우려가 있고, 또 사실상 거의 모두 그렇게 되고 말지만, 어떤 타고난 재능을 지닌 사람들만이 다방면에서 탁월함을 성취할 수 있다는 것이다. 아무리 교육을 한다고 해도 평범한 소년을 일류 피아니스트로 만들 수 있다고는 믿어지지 않는다. 이 세상에서 가장 좋은 학교라 할지라도 모든 사람을 아인슈타인으로 만들 수 있으리라고는 믿어지지 않는다. 나폴레옹의 천품이 브리엔느 지방의 다른 학우들보다 열등했으며, 다만 그의 어머니가 개구장이 자식들을 다루는 것을 보고 전술을 배웠다고는 믿어지지 않는다. 이러한 사람들, 또는 그 정도에는 미치지 못하지만 모든 능력 있는 사람들에게는 어떤 천부적 소질이 있으며, 이러한 사람들에게 교육은 보통의 재능밖에 없는 사람들에서보다 더 좋은 결과를 낳는다고 나는 확신한다.

이러한 결론을 뒷받침해 주는 명백한 사실이 있다. 예컨대 많은 사람들이 머리의 모양을 보고 그 사람이 똑똑한지 멍청

한지를 분간할 수 있다고 믿는데, 머리의 모양이 교육을 통해 획득한 특질이라고 생각하기는 어렵다. 또 극단적으로 백치나 저능, 정신박약의 경우를 생각해 보자. 우생학에 대한 가장 완강한 반대자일지라도, 백치는 어쨌든 대개의 경우 선천적이라는 것을 부인할 수 없을 것이다. 통계학적 균형 감각을 가진 이에게 이것은 그 정반대의 경우, 즉 비범하게 뛰어난 능력을 가진 사람들이 백치의 수에 필적할 만큼 있으리라는 것을 의미한다.

그러므로 나는 더 이상 귀찮게 말하는 것을 그만 두고, 다만 인간의 선천적 정신능력에는 차이가 있다고 가정하겠다. 그리고 논란의 여지는 있지만, 머리가 좋은 사람이 그 반대의 사람보다 더 요망된다고 가정해 보자. 이 두 가지 점이 인정된다면, 우생학의 기초가 마련된 셈이다. 그러므로 우리는 이러한 주장들 가운데 세부적인 점에서 다소 이상한 점이 있다고 해서 그 전체 입장을 멸시해서는 안 된다.

지금까지 우생학과 관련해서 무의미한 것들이 이상할 정도로 많이 서술되었다. 우생학을 옹호하는 사람들 가운데 대다수가 견실한 생물학적 근거에 그다지 명확하지 못한 사회학적 명제를 덧붙였다. 예컨대 미덕은 수입에 비례한다든지, 빈곤의 유전(슬프게도 너무나 흔한 일이다!)은 생물학적 현상일 뿐 법률적 현상이 아니라든지, 따라서 가난한 사람 대신 부자에게 아이를 많이 낳도록 하면 모두가 부유해질 수 있다는 등이 그것이다. 가난한 사람이 부자보다 자식을 더 많이 낳는다는 사실을 그들은 쓸데없이 떠들고 있다. 나는 이러한 사실이 유감스러운 일이라고는 생각하지 않는다. 부자가 가난한 사람보다 우월하다는 어떠한 증거도 찾아볼 수 없기 때문이다. 설사 그것이 유감스러운 것이라 할지라도, 그다지 염려할 문제는 아니다. 왜냐하면 그것은 단지 몇 년간의 지체에 불과하기 때문이다. 출생률은 가난한 사람들 사이에서도 저하하고 있으며, 오늘날의 그것은 9년 전의 부자의 그것과 같을 정도로 낮다.[4)]

바람직하지 못한 종류의 출생률을 조장하는 어떤 요소가 있다는 것은 사실이다. 예컨대 정부나 경찰이 산아제한의 지식을 습득하는 것을 방해하는 경우, 대부분의 사람들에게는 이러한 당국의 의도가 제대로 성공하지 못하는데 비해서, 일정한 수준 이하의 지능을 가진 사람들은 이러한 지식을 얻지 못할 것이다. 결과적으로 피임법에 관한 지식의 보급을 방해하는 것은 어리석은 자가 슬기로운 자보다 더 많은 가족을 갖도록 이끈다. 그러나 이것은 아마도 일시적인 요인일 것이다. 왜냐하면 아무리 어리석은 인간이라 할지라도 오래지 않아 산아제한에 관한 지식을 습득하든가, 그렇지 않으면—아마 당국의 몽매주의의 결과 때문인 경우가 상당히 많으리라고 짐작되는데—낙태 시술을 하는 자를 찾게 될 것이기 때문이다.[5)]

우생학에는 적극적인 것과 소극적인 것의 두 가지 종류가 있다. 전자는 우수한 혈통을 조장하는 데 관한 것이고, 후자는 열등한 혈통을 억제하는 데 관한 것이다. 현재는 후자가 더 실용적이다. 미국의 어떤 주에서 이것은 장족의 진보를 보였으며, 영국에서는 부적당한 인간의 단종(斷種)이 실제적인 정치 문제가 되고 있다.

사람들이 자연스럽게 느끼는 이러한 조치에 대해 반대하는 것은 정당하지 못 하다고 나는 믿는다. 누구나 다 아다시피, 저능한 여자는 함부로 많은 사생아를 낳기 쉽다. 그리고 대체로 이렇게 태어난 아이들은 사회에 있어서 전혀 무가치한 존재들이다. 이러한 여성들은 불임수술을 받는 편이 본인 자신에게도 행복일 것이다. 왜냐하면 그녀들이 임신하는 것은 결코 아이를 낳고자 하는 충동에서 비롯되는 것이 아니기 때문이다. 저능한 남자에 대해서도 마찬가지로 말할 수 있을 것이다.

이 제도가 중대한 위험성을 배태(胚胎)하고 있다는 것은 사실이다. 왜냐하면 당국자는 색다른 의견이나 자신들에 대한 반대를 저능의 표시라고 쉽사리 간주할 것이기 때문이다. 그러나 이러한 위험은 어쩔 수 없이 감수해야 하는 것이다. 이러한 방법을 통해서만 백치, 저능아 및 정신박약자의 수를 격감시킬 수 있기 때문이다.

단종 조치는 정신적으로 결함이 있는 사람에게만 한정되어야 한다고 나는 생각한다. 나는 '정신장애자, 간질 환자, 상습적 범죄자, 도덕적 타락자 및 성도착자'의 불임수술을 허용하는 아이다호 주의 법률과 같은 것에는 찬성할 수 없다. 특히 마지막의 두 범주는 매우 애매하며, 사회마다 여러 가지로 다르게 결정될 것이다. 아이다호 주의 법률에 의하면 소크라테스, 플라톤, 줄리어스 시저 그리고 성 바울도 단종되어야 마땅할 것이다. 또 상습적 범죄자는 신경기능 장애의 희생자일 가능성이 크지만, 이러한 장애는(적어도 이론상으로는) 정신분석을 통해 치료될 수 있는 것이며, 또 반드시 유전적인 것이 아닐지도 모른다.

영국과 미국에서 이러한 문제에 관한 법률은 정신분석학자의 저작을 전혀 읽지 않은 사람들에 의해 제정된다. 그러므로 그들은 단순히 어느 정도 비슷한 증상이 나타난다는 이유만으로 전혀 성질이 다른 병을 똑같이 취급한다. 말하자면 그들은 당대 최고의 지식에 비해 약 30년 정도 뒤쳐져 있는 셈이다. 이것은 다음과 같은 사실을 시사해 준다. 즉 이러한 문제에 대해 과학이 적어도 수십 년간 아무런 의혹도 일어나지 않을 정도로 확고한 결론에 도달할 때까지는 법을 제정한다는 것이 대단히 위험스러운 일이라는 점이다. 그렇지 않다면, 그릇된 생각이 법규로 구체화되어 관리들의 마음을 사로잡게 되고, 그 결과 더 좋은 생각을 현실에 적용하는 것이 지연될 것이기 때문이다.

나의 생각으로는, 현재 이 방면에서 입법화의 대상으로 삼아도 좋다고 충분히 확신할 수 있는 것은 오직 정신적 결함뿐이다. 그것은 당국자도 동의하리라 여겨지는 객관적 방식으로 결정될 수 있다. 반면 도덕적 타락과 같은 것은 의견의 문제이다. 어떤 사람이 도덕적 타락자라고 보는 동일한 인물을 다른 사람은 예언자로 볼지도 모른다. 나는 앞으로는 이 법률을 더 이상 확장해서는 안 된다고 말하려는 것이 아니다—다만 현재 우리들의 과학 지식은 이 목적을 위해서는 불충분하다는 것, 미국의 여러 주의 경험에서 분명히 알 수 있는 것처럼, 도덕적 비난에 과학이라는 가면을 둘러씌우는 일을 사회가 용인하는 것은 매우 위험하다는 것을 지적하고 싶을 뿐이다.

다음으로 적극적 우생학에 관해서 생각해 보자. 그것은 장래의 일에 속하는 것이지만, 더욱 흥미있는 가능성을 지니고 있다. 적극적 우생학은 한 마디로 바람직한 어버이들이 많은 자녀를 가질 것을 권장하는 시도라 할 수 있다.

그러나 현재에는 이와 정반대의 사실이 일반적이다. 예컨대 초등학교에서 뛰어나게 머리가 좋은 아동은 전문직업 계급으로 들어갈 것이다. 따라서 그는 아마 35세나 40세에 결혼하게 될 것이다. 반면 머리가 그다지 뛰어나지 못한 사람들은 25세 무렵이면 결혼할 것이다. 또 전문직업 계급에게 교육비는 대단한 부담이기에 가족을 엄격히 제한하게 된다. 아마도 그들의 평균적 지능은 어떤 다른 계급의 그것보다 높을 것이므로, 이러한 제한은 매우 유감스러운 일이다.

이러한 사정에 대처하는 가장 간단한 방법은 그들의 자녀들이 대학에 갈 때까지(심지어는 대학 때까지) 무상교육을 받도록 하는 것이다. 즉, 장학금은 자식보다는 부모의 공적에 따라 지급되어야 한다. 이것은 또한 주입식 교육과 과로의 제거라는 부수적 이익을 가져올 것이다. 바로 이러한 것들이 오늘날 대부분의 뛰어난 청소년들이 21세가 되기도 전에 과도한 긴장 탓으로 육체적 정신적으로 손상을 당하는 원인이었다. 그러나 영국에서든 미국에서든 전문직업인이 대가족을 부양하는 참으로 적절한 방법을 국가가 채택하는 것은 아마도 불가능할 것이다.

이것을 저지하는 것은 바로 민주주의이다. 우생학의 사상은 인간은 동등하지 않다는 가정에 기초하고 있다. 반면 민주주의는 인간은 평등하다는 가정에 기초하고 있다. 그러므로 우생학적 사상이 '저능아와 같은 열등한 소수의 인간이 있다'가 아니라 '우수한 소수의 인간이 있다'고 인정하는 형식을 취하게 되면, 민주사회에서 그것을 실행하는 것은 정치적으로 매우 어렵게 된다. 대중에게 전자는 유쾌한 것이지만, 후자는 불쾌한 것이기 때문이다. 그러므로 전자의 사실을 구체화하는 조치에는 대중의 지지를 얻을 수 있지만, 후자를 구체화하는 조치에는 그럴 수 없는 것이다.

그럼에도 불구하고 이 문제를 생각해 본 적이 있는 사람이라면 누구나(어떤 사람이 가장 좋은 혈통을 가지고 있는지 현재로서는 좀체로 결정하기 어려우나) 이 점에는 분명히 차이가 있으며, 멀지 않아 반드시 과학적으로 계측할 수 있으리라는 것을 알고 있다.

자신이 기르는 모든 송아지에게 평등한 기회를 주어야 한다고 명령을 받았을 때의 농부의 기분을 상상해 보라! 현실적으로 다음 세대에 씨를 퍼뜨릴 황소는 그 어미 쪽의 수유능력을 고려해 신중하게 선택되는 것이다(이 종은 과학도 예술도 전쟁도 모르기 때문에 뛰어난 가치를 지니는 것은 암컷뿐이며, 수컷은 기껏해야 암컷의 우수한 성질을 전달해 주는 것에 불과하다). 모든 가축은 과학적 품종개량에 의해서 현저히 향상되어 왔다. 인간 역시 이와 비슷한 방법을 통해 어떤 바람직한 방향으로 개량될 수 있다는 것은 의심할 나위가 없다.

물론 어떠한 인간이 바람직한가를 결정하는 것은 대단히 어려운 문제이다. 만일 우리가 신체의 강건함만을 목적으로 아이를 양육한다면, 지력의 감소를 가져올 것이다. 만일 정신적인 능력만을 위해 그들을 양육한다면, 그들은 여러 가지 질병에 걸리기 쉬울 것이다. 만일 우리가 감정의 평형만을 추구한다면 예술을 파괴하게 될 것이다. 이러한 모든 문제와 관련하여 필요한 지식이 존재하지 않는다. 그러므로 현재로서는 적극적인 우생학이 여러 가지로 현실에 적용되는 것은 바람직하지 못 하다. 그러나 금후 백년 안에 유전학과 생화학이 대단히 발전하여서, 모든 사람이 현존하는 종족보다 우월하다고 인정할 만한 새로운 종족이 태어나리라고 기대해도 좋을 것이다.

그러나 이러한 종류의 과학지식을 적용하는 것은 가족이라는 것에 대해서 이 장에서 지금까지 살펴본 어떠한 개념보다 격심한 변화를 요구할 것이다. 만일 과학적으로 아이를 양육하는 일을 철저하게 실행한다면, 각 세대 남성의 약 2~3퍼센트, 여성의 약 25퍼센트만을 생식의 목적을 위해 따로 떼어놓을 필요가 있을 것이다. 아마 사춘기가 되면 검사를 받고, 그 결과 불합격된 후보자는 불임수술을 받게 될 것이다. 아버지와 그 자식의 관계는 황소나 종마가 그 새끼에 대해 갖는 관계와 같은 것이 될 것이며, 어머니의 생활양식은 다른 여성과는 판이하게 다른 특수한 직업인이 될 것이다.

나는 이러한 상태가 곧 도래할 것이며, 그러하기를 바란다고 말하려는 것이 아니다. 솔직히 말해서 이것은 너무도 불쾌한 일이기 때문이다. 그럼에도 불구하고 이 문제를 객관적으로 검토해 본다면, 이러한 계획이 괄목할 만한 결과를 낳을 것처럼 보인다. 논의를 전개하기 위해서 그것이 일본에서 채용되었고, 세 세대가 지난 후 대부분의 일본인들이 에디슨처럼 똑똑하고, 권투선수처럼 강해졌다고 가정해 보자. 한편 세계의 다른 국민들은 자연 그대로 남는다면, 전쟁으로는 도저히 일본과 대적할 수 없을 것이다. 이 정도의 능력을 갖게 되면, 일본인은 외국인 용병을 고용할 것이며, 또 승리를 위해서—그들은 반드시 승리할 것이다—그들의 과학기술에 의존하게 될 것이다. 이러한 제도 아래서는 젊었을 때 국가에 대한 맹목적인 헌신을 주입하기도 쉬울 것이다. 장차 이러한 종류의 발전이 불가능하다고 어느 누가 말할 수 있겠는가?

우생학적 관점에서 애인과 아이의 아버지를 구별해야 한다

어떤 유형의 정치가와 정치평론가에게 매우 인기 있는 우생학의 한 종류가 소위 민족우생학이라 불리우는 것이다. 이것은 어떤 민족이나 국민은(물론 이러한 주장을 하는 필자가 속해 있는 민족이나 국민이다) 다른 모든 민족이나 국민보다 훨씬 우월하며, 열등한 종족이나 민족을 희생시켜 자신의 수를 늘리기 위해서는 군사력을 사용해도 좋다는 주장을 담고 있다. 이에 관한 가장 주목할 만한 예가 바로 미국에서의 북유럽인들의 선전인데, 그것은 이민법에서 입법상의 승인을 얻는데 성공하였다. 이러한 종류의 우생학은 다윈의 적자생존 원리에 호소할 수 있을 것이다. 그러나 이상하게도 그것의 가장 열렬한 주창자들은 다윈주의를 가르치는 것을 위법이라고 생각한다. 민족우생학과 결부되어 있는 정치적 선전은 대개가 바람직하지 못한 종류의 것들이다. 그러나 이러한 점은 무시하고 그 장점에 대해서만 살펴보기로 하자.

극단적인 경우에, 어떤 민족이 다른 민족에 비해서 우월하다는 것은 의심할 수 없는 사실이다. 북아메리카와 오스트레일리아, 뉴질랜드는 아직도 원주민들이 살고 있다면 그러했을 것보다 확실히 세계 문명에 더 큰 공헌을 하였다. 흑인이 평균적으로 백인보다 열등하다고 생각하는 것은 전체적으로 보아 옳은 것 같다. 비록 열대지역에서 작업하는 데 그들이 꼭 필요하며, 따라서 그들의 멸망이(인도적 문제는 제쳐놓더라도) 그다지 바람직하지 않더라도 말이다. 그러나 유럽의 여러 민족들이 차별성을 내세우게 되면, 정치적 편견을 지지하기 위해서 많은 사이비 과학을 동원해야 할 것이다. 또 나는 황인종이 고귀한 유럽인보다 어느 정도 열등하다고 간주할 어떠한 타당한 근거도 발견할 수 없다. 이러한 모든 경우에서, 민족 우생학은 단순히 배타적 국수주의의 핑계에 불과하다.

율리우스 볼프[6]는 통계가 나와 있는 주요한 몇 나라의 인구 1,000명당 사망에 대한 출생의 초과치를 표로 제시하고 있다. 프랑스가 최저(1.3)이고, 다음이 미국(4.0), 스웨덴(5.8), 영국령 인도(5.9), 스위스(6.2), 영국(6.2) 등의 순이며, 독일은 7.8, 이탈리아는 10.9, 일본은 14.6, 러시아는 19.5 그리고 에콰도르는 세계 최고로서 23.1이다. 중국은 자료가 알려지지 않았기 때문에, 이 표에는 나타나 있지 않다. 볼프는 서구 여러 나라는 동양의 여러 나라, 즉 러시아나 중국, 일본에게 압도될 것이라고 결론내린다.

나는 에콰도르의 수치를 절대적으로 확신함으로써 그의 이러한 결론을 반박할 생각은 없다. 오히려 런던에 있는 부자와 가난한 사람 사이의 상대적 출생률에 관한 그의 수치(이미 참조하였다)를 지적하겠다. 이는 가난한 사람의 현재 출생률이 수년 전의 부자의 그것보다 낮다는 것을 보여준다. 더 오랜 시간적 격차가 존재하기는 하겠지만, 이와 똑같은 것이 동양에도 적용될 수 있을 것이다. 즉 그것이 서구화함에 따라서, 그 출생률은 필연적으로 저하할 것이다.

어떤 나라든 공업화되지 않고서는 군사적인 의미에서 강대해질 수 없다. 그리고 공업화는 가족을 제한하려는 정신상태를 낳는다. 따라서 우리는(전 카이저를 계승한) 서구의 배타적 국수주의자들이 두려워해야 한다고 공언한 동양인의 수적 우위는 만약 일어난다 하더라도 그다지 큰 불행은 아닐 것이며, 더구나 그러한 일이 일어날 것이라고 기대할 만한 어떠한 타당한 근거도 없다고 결론내리지 않을 수 없다. 그럼에도 불구하고 어떤 국제 정부가 각국에 허용가능한 인구 증가치를 할당하기까지는, 전쟁상인들에 의해서 이러한 허황된 이야기가 계속 악용될 것이다.

여기에서 다시 우리들은, 앞의 두 경우에서처럼, 국제적 무정부 상태 속에서 과학의 진보가 계속된다면 인류가 직면하게 될 위험성과 맞닥뜨리게 된다. 과학은 우리들로 하여금 우리의 목적을 실현할 수 있도록 한다. 만약 우리의 목적이 사악한 것이라면, 그 결과는 재난일 것이다. 만일 세계가 여전히 악의와 증오로 가득 차 있다면, 과학적이 되면 될수록 더욱 무서운 것이 될 것이다. 그러므로 이러한 감정의 해악을 감소시키는 일이 인류 진보의 필수조건이다. 이러한 감정의 대부분은 그릇된 성윤리와 나쁜 성교육에서 연유한 것이다. 문명의 장래를 위해서는 새롭고 보다 나은 성윤리가 반드시 요구된다. 성도덕의 개혁이 현대의 가장 긴요한 문제 가운데 하나인 것도 바로 이러한 사실 때문이다.

개인윤리의 관점에서 볼 때, 성윤리가 과학적이고 미신적이지 않다면, 그것은 무엇보다 우생학적 고려와 일치할 것이다. 즉 성교에 대한 현재의 속박이 아무리 완화된다 하더라도, 양식 있는 남녀는 자신들의 자손의 가치를 미리 신중하게 고려하지 않은 채 함부로 아이를 낳으려 하지는 않을 것이다. 피임법은 어버이가 되는 것을 더 이상 성교의 자동적인 결과가 아니라 선택가능한 것으로 만들었다.

이 책 앞의 장들에서 고찰한 여러 가지 경제적 이유에서, 자녀의 교육과 부양에서 아버지가 차지하는 중요성이 과거에 비해서 앞으로는 점점 줄어들 것처럼 보인다. 그러므로 여자가 애인이나 벗으로서 좋아하는 남자를 자기 자식의 아버지로 선택해야 한다는 것은 그다지 타당한 이유를 가질 수 없을 것이다. 장래의 여성은 우생학적 고려에 의하여 자녀들의 아버지를 선택하는 한편, 보통의 성적 교제에 있어서는 자유로이 개인 감정을 따를 것이며, 그것도 행복을 희생함이 없이 쉽사리 그렇게 할 수 있게 될 것이다. 남자 역시도 어버이로서 바람직한 어머니를 선택하는 것이 더욱 용이해질 것이다.

나처럼, 성행위는 아이를 낳는 한에 있어서만 사회와 관계된다고 생각하는 사람들은, 장래의 도덕률에 관해서 이러한 전제로부터 이중적 결론을 이끌어낼 것이다. 한편으로 아이와 관계 없는 사랑은 자유로워야 한다는 것, 다른 한편으로 아이를 낳는 문제는 현재보다 훨씬 신중한 도덕적 고려를 통해 결정되어야 한다는 것이다. 이러한 고려는 지금까지 알려져 있었던 것과는 약간 다를 것이다. 아이를 낳는 것이 도덕적이라고 간주되기 위해서는 사제가 축사를 한다든가, 또는 호적서기가 어떤 서류를 작성한다든가 하는 일은 더 이상 불필요하게 될 것이다. 왜냐하면 이러한 행위가 자손의 건강과 지능에 영향을 미친다는 어떠한 증거도 없기 때문이다. 필요하다고 생각되는 것은 당사자인 남자와 여자의 유전자가 바람직한 아이를 낳을 수 있는 것이어야 한다는 점이다.

과학이 현재에 가능한 것보다 더 확실하게 이 문제에 대해 단언할 수 있게 된다면, 사회의 도덕 감정은 우생학적 관점과 더욱 부합하게 될 것이다. 최선의 유전자를 가진 남성들은 아버지가 돼 달라고 갈구되는 반면, 다른 남성들은 애인으로서는 용인될지 모르나 아버지로서는 거절될지 모른다. 지금까지 존속해 온 결혼제도는 이러한 계획을 인간 본성에 어긋나는 것이라 여겼고, 이 때문에 우생학의 실제적 가능성은 매우 제한적이라고 생각되었다. 그러나 미래에도 인간 본성이 이와 비슷한 장애물이 되리라고 생각할 어떠한 이유도 없다. 피임법이 '생식'과 '아이와 관계 없는 성관계'를 분리하고 있으며, 또 아버지의 그 자식에 대한 개인적 관계가 장래에는 과거처럼 그렇게 밀접한 것이 되지 않을 것이기 때문이다. 과거에 도덕주의자가 결혼에 부여한 엄숙성과 높은 사회적 목적은, 만일 이 세계의 윤리가 좀 더 과학적이 된다면, 생식에만 한정될 것이다.

이러한 우생학적 견해는 어떤 매우 과학적인 사람의 개인윤리로서 처음 대두하였다 하더라도, 차츰 널리 보급되어서, 마침내 법률로서 구체화되고, 바람직한 어버이에게는 상금을, 바람직하지 못한 어버이에게는 벌금이라는 형식을 취할지 모른다.

우리의 내밀한 개인적 충동에 과학이 간섭하는 것을 허용한다는 생각은 물론 유쾌한 것은 아니다. 그러나 이러한 간섭은 오랫동안 참아온 종교적 간섭에 비한다면 훨씬 적은 것일 것이다. 과학은 우리에게 새로운 것이며, 그것은 아직 종교가 우리에게 미치는 것과 같은 영향력과 전통에서 비롯하는 권위를 가지고 있지 못하다. 그러나 그것이 조만간 종교에서와 같은 권위와 복종을 획득할 것이 틀림없다.

사실상 자손의 행복은, 평범한 인간이 정열적인 순간에 이를 억제시킬 수 있을 만큼 충분한 동기는 아니다. 그러나 그것이 공인된 적극적 도덕의 일부분이 되어서, 단순히 칭찬이나 비난만이 따르는 것이 아니라, 경제적 상벌이 따르게 된다면, 그것은 곧 옳은 행위를 하려는 사람이라면 결코 무시할 수 없는 것으로 받아들이게 될 것이다.

종교는 유사 이전부터 존재하였지만, 과학은 겨우 4세기에 불과하다. 그러나 과학의 연륜이 높아지고 존중할 만한 것이 된다면, 그것은 한때 종교가 그러했던 것 못지 않게 우리의 생활을 지배하게 될 것이다. 인간 정신의 자유를 사랑하는 모든 사람이 과학의 압제에 반대하지 않으면 안 될 시기가 오리라는 것을 나는 감히 예언할 수 있다. 그렇다 하더라도 만일 압제가 있어야 한다면, 차라리 과학적인 편이 더 낫다.

8. 인생에서 성의 지위

그릇된 성교육은 죄의식과 공포감을 낳는다

성과 성도덕이 개인의 행복과 복리에 미치는 영향에 관해서는 이미 언급하였지만, 이 장에서는 그것을 되풀이해서 요약해 보려 한다. 이 문제는 인생의 성적 활동기, 또는 현실적인 성관계에만 관련되어 있는 것이 아니다. 성도덕은 유년기, 사춘기 그리고 노년기에 이르기까지, 여러 가지 방면에서 상황에 따라 좋게든 나쁘게든 영향을 미친다.

인습적인 도덕은 유년기에 터부를 부과함으로써 그 활동을 시작한다. 어른들이 보고 있을 때는 신체의 어떤 부분에 손을 대어서는 못쓴다고 아이들은 어릴 때부터 배우게 된다. 배설욕을 표현할 때에는 속삭이듯 작은 소리로 말해야 하며, 그러한 행위를 할 때에는 남의 눈을 피해야 한다고 배운다. 신체의 어떤 부분과 행동은 아이들이 쉽사리 이해할 수 없는 어떤 특수한 성질을 띠게 되며, 그것이 아이들로 하여금 신비감과 특별한 흥미를 갖게 한다. 아이는 어떻게 낳게 되는가 하는 것과 같은 지적인 문제는 묵묵히 생각하는 수밖에 별도리가 없다. 왜냐하면 어른들이 하는 대답은 애매하게 둘러대는 것이거나 뻔한 거짓말이거나 둘 중 하나일 것이기 때문이다.

내가 알고 있는 어떤 사람들은(그들은 그다지 나이가 많지 않은데) 어린 시절 신체의 어느 부분을 만지작거리다가 들켰을 때 어른들로부터 매우 엄격한 어조로 "그런 짓을 하려면 차라리 죽어버려라" 하는 말을 들었다고 한다. 유감스럽게도 그 이후의 인생에 끼친 도덕적 효과가 반드시 인습적 도덕가들이 바라는 것과 같지는 않았다는 것을 나는 말하지 않을 수 없다. 때로는 위협적인 수단도 사용되었다. 거세한다고 아이들을 위협하는 일은 옛날보다 덜 하지만, 그런 짓을 하면 미치광이가 된다고 위협하는 것은 아직까지도 적절한 조치라고 생각되고 있다. 사실 뉴욕 주에서는 본인이 그렇게 생각하지 않는 한, 그것이 위험한 짓이 아니라고 알려주는 것은 위법으로 되어 있다.

이러한 교육의 결과, 대부분의 아이들은 아주 어렸을 때부터 성문제와 관련하여 심각한 죄의식과 공포감을 갖게 된다. 이와 같이 성을 죄와 공포에다 결부시키는 일은 거의 혹은 완전히 무의식적이라 여겨질 만큼 심각해진다. 이러한 옛날 이야기들로부터 해방되었다고 믿고 있는 사람들에게, 과연 우뢰가 칠 때에도 여느 때와 같은 기분으로 간통할 수 있겠는지 통계조사를 해보면 재미있으리라 생각한다. 그들 가운데 90퍼센트는 만일 그러한 짓을 한다면, 벼락을 맞을 것 같은 기분에 사로잡힐 것이라고 나는 믿는다.

학대음란증(sadism)이나 피학대음란증(masochism)은 비교적 가벼울 때는 정상이라고 할 수 있지만, 악성으로 나타나면 성적인 죄의식과 결부된다. 피학대음란증 환자는 성에 관련된 스스로의 죄를 또렷이 의식하고 있는 사람이다. 학대음란증 환자는 유혹자로서의 여자의 죄를 또렷이 의식하는 남자이다. 나이가 든 후 나타나는 이러한 결과는 어렸을 때의 지나치게 엄격한 도덕교육이 야기한 초기의 인상이 얼마나 심각한 것이었던가를 보여준다. 아이들의 교육에 종사하고 있는 사람들, 특히 어린아이들을 돌보는 사람들은 이 문제를 점차 깨우쳐가고 있다. 그러나 불행하게도 법정은 아직 이러한 단계까지는 이르지 못하고 있다.

삶의 한 시기를 형성하는 유년기와 청소년기에 짓궂은 장난, 음란한 짓, 금지되어 있는 행동을 하는 것은 자연스럽고 자발적이며, 지나치지 않는 한 염려할 필요가 없는 것이다. 그러나 성적인 금단을 위반했을 때, 성인들은 다른 규율을 위반했을 때와는 전혀 다르게 취급하기 때문에 아이는 그것이 완전히 다른 범주에 속하는 것이라고 생각하게 된다. 만일 아이가 부엌에서 과일을 훔쳤다면, 당신은 성을 내고 매우 나무랄지 모르지만, 도덕적인 공포는 느끼지 않을 것이며, 소름끼칠 만한 일이 일어났다는 느낌을 아이들에게 전하지는 않을 것이다. 그러나 만일 당신이 매우 구식이고 아이가 자위행위하고 있는 것을 보았다면, 당신의 목소리는 다른 경우에는 결코 들을 수 없었던 어조를 띨 것이다. 그 어조는 아이에게 극심한 공포감을 자아낼 것이며, 그것은 더욱 더 커질 것이다. 왜냐하면 아이는 당신의 노여움을 불러일으킨 행동을 도저히 억제할 수 없을 것이기 때문이다. 아이는 당신의 열의에 감동되어 수음은 당신이 말하는 것처럼 나쁜 짓이라고 굳게 믿게 된다. 그럼에도 불구하고 아이는 여전히 그 짓을 계속한다. 그리하여 아마도 평생 동안 계속될 병적인 것의 기초가 이루어진다.

아주 어렸을 때부터 그는 자신을 죄인으로 생각한다. 그는 곧 남몰래 죄짓는 것을 배우며, 아무도 자기의 죄를 아는 사람이 없다는 사실에서 어느 정도의 위안을 찾게 된다. 그는 몹시도 불행한 나머지, 비슷한 죄를 감추는 데 그 자신보다 덜 성공적이었던 자들을 벌줌으로써 세상에 복수하려고 한다. 어릴 때부터 사람을 속이는 데 익숙하기 때문에, 나이를 먹어서도 그러한 짓을 하는 데 그다지 어려울 것이 없다. 이렇게 해서 그는 병적일 정도로 내향적인 위선자, 학대자가 된다. 그것은 그의 부모가 그를 도덕적 인간으로 만들려 한 그릇된 시도의 필연적 결과이다.

죄와 수치와 공포가 아이들의 생활을 지배해서는 안 된다. 아이들은 행복하고 명랑하고 자발적이어야 한다. 아이들은 자신들의 충동을 두려워해서는 안 된다. 그들은 자연적 사실을 탐구하는 데 있어 주눅들어서는 안 된다. 그들은 그들의 모든 본능적 생활을 어두운 곳에다 숨겨두어서는 안 된다. 그들이 아무리 노력하여도 없앨 수 없다 하여 무의식적 충동의 심연에 빠져서는 안 된다.

만일 아이들을 지적으로 정직하고, 사교에서 두려움 없고,

활달히 행동하며 너그럽게 사고하는 남녀로 성장시키려면, 우리는 처음부터 이러한 결과가 나타날 수 있도록 아이들을 교육해야 한다. 지금까지의 교육은 곰에게 춤을 가르치는 것과 너무나 흡사한 것이었다. 곰이 어떻게 춤추도록 훈련받는가는 누구나 알고 있다. 곰을 뜨거운 마루 위에 갖다 놓는다. 곰은 그 마룻바닥에 가만히 있으면 발가락이 타기 때문에 마지못해 춤을 추게 된다. 이러는 동안에 어떤 일정한 곡조를 곰에게 들려준다. 얼마 후에는 뜨거운 마루가 없더라도 곡조만 들으면 춤을 추게 된다. 아이들도 이와 마찬가지다. 아이가 그의 성기를 의식하면 어른은 아이를 나무란다. 마침내 그러한 의식은 곧 꾸지람을 들을 것을 생각하게 하고, 어른의 곡조에 맞추어 춤추게 만든다. 이렇게 하여 건강하고 행복한 성생활의 모든 가능성은 완전히 파괴되고 만다.

성도덕에 의한 육체와 정신의 불균형

다음 단계, 즉 사춘기에 있어서 성을 인습적으로 취급함으로써 발생하는 참상은 유년기에서보다 더욱 심각하다. 많은 소년들은 그들에게 무슨 일이 일어나고 있는지를 정확하게 모른 채, 처음으로 몽정(夢精)을 경험하고는 놀라게 된다. 그들은 극도로 나쁜 것이라 생각하도록 배워온 충동이 자신의 온몸에 가득 차 있음을 발견한다. 이러한 충동은 밤낮 없이 집착할 만큼 강하다. 이와 동시에 비교적 우수한 소년의 경우에는 미(美)와 시에 대한 그리고 성과는 전혀 관계 없는 것이라고 여겨지는 이상적인 사랑에 대한 극단적인 이상주의적 충동이 존재한다. 기독교의 가르침 속에 있는 마니교〔페르시아인 마니(Manni, 216?～276?)가 창시한 그노시스파 기독교·불교·조로아스터교 등의 여러 요소가 가미된 종교. 특히 암흑(악)과 광명(선)의 대립을 주장하는 이원적 세계관을 갖고 있다〕적 요소 탓으로, 사춘기의 이상주의적 충동과 육체적 충동은 서로 완전히 분리되어 존재하면서도 서로 다투는 경향이 있다. 이 점에 관해서 나는 한 총명한 친구의 다음과 같은 고백을 인용하고 싶다.

> 나의 사춘기는 전형적인 것이었다고 생각한다. 이러한 분리가 뚜렷한 형식으로 나타났다. 하루에 몇 시간 동안이나 셸리를 읽고 감상에 잠겼던 것이다.
>
> 나방은 별을 동경하고
> 밤은 내일을 그리노라.
>
> 그러다 갑자기 나는 이런 고상한 상태를 벗어나서, 하녀가 옷 벗는 모습을 몰래 엿보고 싶어졌다. 그러한 충동은 나에게 강한 수치심을 불러일으켰다. 물론 전자에는 얼마간의 어리석음이 포함되어 있었다. 왜냐하면 그러한 이상주의는 성에 대한 어리석은 공포의 반동이었기 때문이다.

사춘기는, 누구나 다 알다시피, 정신적 혼란을 일으키기 쉬운 시기이며, 다른 때에는 정신의 평형을 잘 유지하는 사람까지도 전혀 반대의 현상을 일으키기 쉬운 시기이다. 미드 여사는 『사모아 섬의 성년』이라는 저서에서 이 섬에서는 사춘기의 혼란 같은 것은 찾아볼 수 없으며, 이러한 사실은 이 섬에 널리 퍼져 있는 성의 자유[1] 때문이라고 주장하였다. 이러한 성의 자유가 선교활동 때문에 어느 정도 줄어들었다는 것은 사실이다. 그녀가 연구 대상으로 삼은 처녀들 가운데 일부는 선교사의 집에 살고 있었다. 이들은 사춘기에 자위행위와 동성애만을 경험했을 뿐이지만, 다른 곳에 살고 있던 처녀들은 또한 이성애도 경험하고 있었다. 우리 나라의 가장 유명한 소년학교도 이러한 점에서는 사모아 섬의 선교사의 집과 그다지 다를 바 없다. 그러나 사모아 섬에서는 심리적으로 전혀 해를 끼치지 않는 행위가 영국 학생들에게는 대단히 해로운 심리적 영향을 미칠지 모른다. 왜냐하면 사모아인들은 선교사를 단지 특이한 취향을 가진 백인이라 여기며 마지못해 따라가는 데 불과하지만, 영국의 학생들은 아마도 마음속 깊이 인습적인 가르침을 존중하고 있을 것이기 때문이다.

대부분의 젊은이들은 성년이 되어서도 성에 관해서 전혀 불필요한 괴로움과 어려움을 겪는다. 만일 어떤 젊은이가 순결을 지키고 있다면, 자제의 어려움은 아마도 그를 소심하고 억압된 인간으로 만들 것이다. 따라서 그는 결혼하더라도, 난폭하고 갑작스런 방식으로만 수년 동안 쌓아온 자제의 벽을 깨뜨릴 수 있을 것이다. 그러나 그럼으로써 그는 더 이상 아내의 연인이 되지 못한다.

만일 그가 매춘부를 찾아간다면, 사춘기에 형성된 사랑의 육체적 측면과 이상적 측면의 분열을 영구화하게 되고, 결과적으로 이후의 그의 여성관계는 플라토닉한 것이 되든가, (스스로 생각하기에) 타락한 것이 되든가 할 것이다. 뿐만 아니라 그는 성병이라는 중대한 위험을 감수해야 한다. 만일 그가 자기와 같은 계급의 처녀와 관계한다면, 해가 훨씬 적을 테지만, 그러나 그렇게 한다 하더라도 비밀로 하는 것은 해로우며, 안정된 관계의 발전을 방해하고 만다.

신사인 체하는 태도와 결혼하면 곧 아이를 낳게 된다는 생각 때문에, 남자가 젊어서 결혼하기란 어려운 일이다. 더욱이 이혼이 매우 곤란한 곳에서의 조혼(早婚)은 대단히 위험스러운 것이다. 왜냐하면 20세 때는 서로 잘 어울렸던 두 사람이 30세가 되어서는 잘 맞지 않을 수도 있기 때문이다. 대개의 경우 다양한 경험을 쌓은 뒤에야 한 사람의 배우자와 비로소 안정된 관계를 가질 수 있다. 만일 우리들의 성에 대한 견해가 온당한 것이라면, 대학생들은 아이 없는 일정 기간 동안의 결혼을 해볼 수 있을 것이다. 그렇게 한다면 그들은 현재 공부를 크게 방해하고 있는 성에 대한 집착으로부터 해방될 것이다. 그들은 이러한 방법을 통해서, 자녀가 있는 결혼이라는 엄숙한 협동관계로 들어가는 데 바람직한 이성에 대한 경험을 얻게 될 것이다. 그리하여 그들은 현재 젊은이들의 모험을 가로막는 핑계와 은폐, 병에 대한 두려움 같은 부수물 없이, 자유로이 사랑을 경험할 수 있을 것이다.

현재와 같은 사정하에서, 영원히 결혼하지 못한 채 살아야 하는 많은 여성들에게 있어서 인습적 도덕은 고통스러운 것이며, 또 대개의 경우 해로운 것이다. 다른 사람들과 마찬가지로 나도 모든 면에서 존경받을 만한, 엄격한 인습적 정조를 지키는 독신 여성들을 알고 있다. 그러나 일반적으로는 이와 정반대이리라고 나는 생각한다. 성경험을 가진 일이 없으며 정조를 지키는 것이 중요하다고 생각해 온 여성은 두려운 기색으로 소극적인 반발만을 보였으며, 따라서 대체로 소심해졌다. 한편 그녀는 본능적이고 무의식적인 질투심에서 비롯하는 보통 사람에 대한 비난과 자신은 누리지 못한 것을 즐기고 있는 사람들을 골려주려는 욕망으로 가득 차게 된다.

지적인 수줍음은 오랫동안 처녀 상태로 있는 사람에게는 매우 흔한 현상이다. 여성의 지적 열등함은(만일 실제로 그렇다면) 주로 성에 대한 공포에서 기인하는 호기심의 속박 때문이라고 나는 생각한다. 자기만이 독점하는 남편을 찾을 수 없는 이 여성들이 한평생을 처녀로 보내는 데서 오는 불행과 낭비에는 어떠한 타당한 이유도 없다. 이러한 경우가 필연적으로 자주 발생하는 오늘날의 사태는 결혼제도의 초기에는 예상하지 못하였던 것이다. 왜냐하면 당시에는 남녀의 수가 거의 같았기 때문이다. 여러 나라에서 여성이 수적으로 상당히 초과하고 있다는 사실은 인습적 도덕률의 수정을 위한 진지한 논의를 반드시 필요한 것으로 만들고 있다.

결혼은 인습적으로 용인된 성의 유일한 해결책이지만, 그 자체 엄격한 계율 때문에 괴로움을 겪고 있다. 어린 시절 갖게 된 콤플렉스, 매춘부와 같이 지낸 남자의 체험 그리고 정조를 지키기 위하여 젊은 여성의 몸에 배인 성을 혐오하는 태도, 이 모든 것이 결혼생활의 행복을 방해한다. 양가에서 곱게만 자라난 소녀는(만약 그녀의 성적 충동이 강하다면) 구애를 받았을 때, 진정으로 상대방 남자와 마음이 맞는다는 것과 단순한 성적 매력을 구별할 수 없을 것이다. 그녀는 자기를 성적으로 눈 뜨게 한 최초의 남자와 쉽사리 결혼할지 모른다.

그러나 그 성적인 굶주림이 만족된 후, 자기와 그 남자 사이에 아무런 공통점이 없다는 것을 깨달았을 때는 이미 너무 늦은 뒤다.

이제까지의 모든 교육은 여자를 필요 이상으로 소심하게 하였으며, 남자를 성적 접근을 할 때 너무도 성급하게 만드는 것이었다. 어느 쪽이나 성문제에 관해 당연히 알아야 할 지식을 갖지 못했으며, 종종 이러한 무지에서 비롯한 최초의 실패가 그 이후의 결혼생활을 양쪽 모두에게 성적으로 불만족스러운 것으로 만들었다. 육체적인 것뿐 아니라 정신적인 교제도 어렵게 만들었다. 여성은 성적인 문제에 관해서 자유롭게 이야기할 수 없다. 남성 역시도 남자들이나 매춘부들과 이야기할 때 외에는, 이에 익숙하지 못하다. 그들 서로의 생활의 가장 친밀하고, 또 가장 중요한 관심에 대해서 그들은 부끄러워하고, 어색해 하고, 심지어 아무런 말도 하지 않는다. 아내는 아마 불만인 채로 그리고 자신이 무엇을 바라고 있는지조차도 모른 채 잠자지 않고 누워 있을 것이다. 남편은 아마 매춘부일지라도 이런 아내보다는 더 정답게 자기를 맞이해 줄 것이라고 생각할 것이다. 그의 이러한 감정은 처음에는 순간적이며 곧 사라지지만, 점점 더 강렬해진다. 남편이 자신을 어떻게 흥분시키는가를 모르기 때문에 아내가 괴로워하고 있는 바로 그 순간, 남편은 아내의 냉담함 때문에 마음을 상하게 된다. 이처럼 불행한 사태는 모두 침묵하고 점잔을 빼는 데서 비롯한다.

낡은 도덕률은 이런 식으로 유년기부터 사춘기, 청년기를 거쳐 결혼생활에 이르기까지 제멋대로 사랑을 해쳤으며, 우울, 공포, 상호 몰이해, 자책 그리고 과도한 긴장으로 사랑을 오염시켰고, 그것을 두 가지 영역, 즉 성의 육체적 충동과 이상적 사랑의 정신적 충동으로 나누어 전자를 야수적인 것으로, 후자를 무익한 것으로 만들었다.

인생을 이렇게 살아서는 안 된다. 동물적인 성질과 정신적인 성질이 서로 다투어서는 안 된다. 어느 쪽도 다른 쪽과 모순되지 않으며, 어느 쪽도 다른 쪽과 결합하지 않으면 완전히 성숙할 수 없다. 가장 좋은 남녀간의 사랑은 자유롭고 두려움 없는, 육체와 정신이 동등한 비율로 결합된 것이어야 한다. 육체적 기초가 있기 때문에 이상화될 염려가 없고, 육체적 기초가 이상화를 방해하지나 않을까 염려할 필요도 없다. 사랑은 대지에 깊이 뿌리를 내리면서도 가지는 하늘을 향하여 뻗치는 나무여야 한다. 터부와 미신적인 공포, 비난의 말들과 무시무시한 침묵으로 둘러싸여 있는 한 사랑은 성장할 수도 번성할 수도 없다.

남녀간의 사랑과 부모와 자식간의 사랑은 우리들에게 가장 중심적인 두 가지 감정이다. 인습적인 도덕은 전자를 타락시키는 한편, 후자를 찬양하는 체해 왔으나, 사실은 어버이 상호간의 사랑을 타락시킴으로써 자녀들에 대한 어버이의 사랑 역시 손상되어 왔던 것이다. 기쁨과 상호만족의 결실인 자녀들은 좀더 건강하고 확고한, 좀더 자연적 방식과 일치하는, 좀더 단순하고 솔직하며 본능적인, 좀더 비이기적이고 풍요로운 사랑을 받아야 할 것이다. 그러나 너무도 사랑에 굶주린 어버이는 무력한 어린 자식에게서 그들이 결혼생활에서는 결코 누릴 수 없었던 얼마간의 자양분의 부스러기라도 얻으려고 애쓴다. 그러나 이러한 행동은 어린 마음을 비뚤어지게 하고, 다음 세대에도 비슷한 고통을 남겨주는 것과 같다. 사랑을 두려워하는 것은 인생을 두려워하는 것이며, 인생을 두려워하는 자는 이미 거의 죽은 것과 같다.

성욕은 식욕과 상통한다

성적인 문제에 관해서 글을 쓰는 사람은 이러한 문제를 언급해서는 안 된다고 생각하는 사람들로부터 지나치게 문제에 사로잡혀 있다는 비난을 받을 위험이 항상 있다. 만일 이 문제에 대한 저자의 관심이 그 중요성과 어울린다면, 점잔을 빼는 호색한이라고 비난받을 이유는 없다. 그러나 이것은 어디까지나 인습적인 윤리의 개혁을 주장하는 사람들의 견해일 뿐이다.

매춘부들을 괴롭히는 데서 성적 자극을 느끼는 사람들, 명목상으로는 백인노예 매매를 반대하지만, 실제로는 자발적이고 품위 있는 혼외 관계에 반대하는 법률을 수호하는 사람들, 짧은 치마를 입고 립스틱을 발랐다 하여 여성을 비난하는 사람들, 점잖지 못한 수영복을 적발하려고 해변가를 기웃거리는 사람들. 이러한 사람들이 성적 강박관념의 희생자라고는 도저히 생각할 수 없을 것이다. 그러나 실제로는 더 큰 성적 자유를 주장하는 작가들보다 그들이 더 성적 강박관념에 시달릴 것이다.

준엄한 도덕률은 일반적으로 음란한 감정에 대한 반동이며, 도덕을 운운하는 사람은 보통 추잡스러운 생각으로 가득 차 있다. 생각이 추잡해지는 것은 그것이 성적인 내용을 담고 있기 때문이 아니라, 도덕이 이 주제에 대해서 깨끗하고 건전하게 생각할 수 없도록 만들기 때문이다. 나는 성적인 문제에 과도하게 집착하는 것은 나쁘다는 교회의 견해에 전적으로 동의한다. 그러나 이러한 나쁜 것을 피하는 최선의 방법에 대해서는 교회와 의견이 다르다. 성 안토니〔1389~1457, 도미니카의 수도사〕는 이제까지 존재했던 어떤 호색한보다도 더 성을 탐닉했던 것으로 악명 높다. 감정을 상하게 할까봐 최근의 예를 더 드는 것은 삼가겠다.

성은 먹고 마시는 것과 마찬가지로 자연적인 욕구이다. 우리가 대식가나 음주광을 비난하는 것은 어느 경우나 적당해야 할 관심의 대상이 너무나 지나치게 그의 생각과 감정을 차지하고 있기 때문이다. 그러나 우리는 적당한 분량의 음식을 정상적이고 건강하게 즐기는 사람을 비난하지는 않는다. 그러나 금욕주의자는 이를 비난하며, 인간은 생명을 유지하는 데 필요한 최소한의 영양분만을 섭취해야 한다고 주장한다. 그러나 이러한 견해는 오늘날 일반적이지 않으며, 무시해도 좋은 것이다.

청교도들은 식탁에서의 쾌락보다 성에서의 쾌락을 자제하는 데 더 의식적으로 노력하였다. 17세기의 어떤 비평가는 청교도주의를 다음과 같이 풍자하였다.

> 즐거운 밤과 유쾌한 만찬이 기쁘더냐?
> 그렇다면 성인과 더불어 식탁을 같이 하고,
> 죄인과 더불어 잠자리에 들지어다.

따라서 청교도는 우리들 인간성의 순전히 육체적인 부분을 그다지 잘 극복한 것 같지 않다. 왜냐하면 그들은 성에서 덜어낸 욕망을 대식(大食)에다 더하였기 때문이다. 대식은 카톨릭교회에서 일곱 가지 죄 가운데 하나라 여기는 것이다. 단테에 의하면, 이러한 습관을 지닌 사람은 지옥에서도 상당히 죄 많은 편에 속한다고 한다. 그러나 이것은 좀 막연한 죄이다. 왜냐하면 어디쯤이 음식에 대한 적절한 관심을 넘어 죄가 되기 시작하는가를 말하기는 매우 어렵기 때문이다. 영양분이 없는 것을 먹는 것은 나쁜 짓인가? 만일 그렇다면 짭짤한 아몬드를 먹을 때마다, 우리는 지옥에 갈 위험이 있다. 그러나 이러한 견해는 시대에 뒤떨어진 것이다. 우리는 대번에 대식가를 알아보고 어느 정도 멸시는 하지만, 그다지 심하게 비난하지는 않는다. 이러한 사실에도 불구하고 음식에 대해 과도하게 집착하는 것은 심하게 굶주려 보지 않은 사람들 사이에서는 매우 드문 일이다. 대개의 사람들은 식사를 하고 나면, 다음 식사까지는 다른 일을 생각한다. 반면에 금욕주의 철학을 따름으로써 최소한의 음식 외에는 일절 거절하는 사람들은 연회의 환상이나 악마가 맛있는 과일로 유혹하는 꿈에 시달리게 된다. 고래기름을 먹으면서 겨우 연명하는 고립된 남극탐험가들은 귀향 후 칼턴 클럽에서 먹을 정식 메뉴를 생각하며 대부분의 시간을 보낸다.

이러한 사실은 성에 집착하지 않으려면, 도덕주의자들이 그것을 마치 음식에 대해서 생각하는 것과 같이 생각해야 한다는(그러나 테베의 은자들, 즉 금욕주의자들이 음식에 대해 생각하는 것처럼 생각해서는 안 된다) 것을 시사해 준다. 성은 먹고 마시는 것과 마찬가지로 인간의 자연적인 욕구이다. 물론 인간은 성 없이도 살 수 있지만, 먹지 않고 마시지 않고서는 살 수 없다는 것은 사실이다. 그러나 심리학적 견지에서 볼 때 성에 대한 욕망은 음식에 대한 욕망과 매우 흡사하다. 억제하면 대단히 강해지고, 만족시키면 일시적으로 진정된다. 또 절박할 때에는 다른 어떤 것도 눈에 들어오지 않는다. 그 순간에는 다른 모든 관심은 사라지고, 잠시 후면 본인 자신이 생각하기에도 미친 짓이라고밖에 할 수 없는 행동을 하기도 한다.

뿐만 아니라 성적인 욕망은 음식에서와 마찬가지로 금지하면 더 강해지는 경향이 있다. 아침에는 사과가 싫다던 아이가 그대로 곧장 과수원으로 가서 사과를 훔친 사실을 나는 알고 있다. 아침 때의 사과는 익은 것이었고, 훔친 것은 설익은 것이었는데도 말이다. 현재〔즉 금주법 시대의〕 유복한 미국인들 사이에서 알코올에 대한 욕망이 20년 전보다 훨씬 강하다는 것은 부인할 수 없으리라고 나는 생각한다. 이와 마찬가지로 기독교의 가르침과 기독교의 권위가 성에 대한 관심을 대단히 자극하였다.

그러므로 가장 먼저 인습적인 가르침을 믿지 않게 되는 세대는, 적극적이든 소극적이든 성에 관한 미신적인 가르침의 영향을 받지 않는 사람들에 비해서, 아마 훨씬 더 큰 성적인 자유를 누리게 될 것이다. 성에 관한 과도한 집착을 막을 수 있는 것은 자유 이외에는 없다. 그러나 자유가 습관이 되지 못하고, 또 성문제에 관한 현명한 교육과 결부되지도 않는다면, 그것이 성적 집착을 없애는 효과를 거둘 수 없을 것이다.

그러나 내가 거듭 강조하고 싶은 것은, 이 문제에 대해서 부당한 선입견을 갖는 것은 옳지 못하다는 것이다. 이러한 옳지 못한 태도가 오늘날, 특히 미국에 평범위하게 퍼져 있다. 미국의 엄격한 도덕주의자들이 특히 이러한 관념에 사로잡혀 있다고 생각된다. 그것은 자신들이 적대시하는 사람에 관한 것이라면 거짓이라도 기꺼이 믿으려 한다는 데서 분명히 드러난다.

대식가, 색정광, 금욕주의자는 모두 만족해서든 포기해서든 자기의 욕망에 의하여 시야가 한정된 자기도취자들이다. 심신이 건전한 사람은 이처럼 모든 관심을 자기 자신에게 집중시키지 않는다. 그는 외부세계에 눈을 돌려, 거기에서 그가 주의를 기울일 만한 대상을 찾아낼 것이다. 자기 자신에 몰두하는 것은, 어떤 사람들이 생각하는 것처럼, 죄 많은 사람의 자연적인 상태가 아니다. 그것은 거의 언제나 어떤 자연적인 충동이 방해되는 데서 일어나는 질병이다. 성적인 만족을 생각하며 즐거워하는 호색가는 일반적으로 무엇인가를 박탈당한 결과이다. 그것은 마치 음식물을 비축해 두는 사람은 보통 기아나 궁핍의 시기를 겪어 본 사람인 것과 같다. 건강하고 외향적인 남녀는 자연적인 충동의 억압에 의해서가 아니라, 행복한 인생에 본질적인 모든 충동의 동등하고 균형잡힌 발전에 의해서 나타날 수 있다.

나는 성과 관련해서 어떠한 도덕률이나 자제도 필요 없다고 말하려는 것이 아니다. 그것은 음식물의 경우와 마찬가지다. 음식물에 관해서는 세 가지 종류의 제약 즉 법률의 제약, 예절의 제약, 건강의 제약이 있다. 우리는 음식물을 훔치는 것,

같은 음식물을 남보다 많이 먹는 것 그리고 병에 걸릴 만큼 먹는 것 등은 좋지 않다고 생각한다. 이와 흡사한 종류의 제약이 성과 관련해서도 필요하다. 그러나 이 경우 그것은 더욱 복잡하고, 더 많은 자제를 요구한다. 더욱이 어떠한 사람도 타인에 대한 소유권은 없기 때문에, 도둑질과 흡사한 것은 간통이 아니라 강간이며, 이것은 분명히 법률에 의해서 금지되어야 한다. 건강과 관련해서 일어나는 문제는 거의 모두가 성병에 관한 것으로서, 이에 관해서는 이미 매음과 관련해서 언급하였다. 확실히 (의학과 관계없이) 직업적 매음 자체를 감소시키는 것이 그것의 폐해에 대처하는 최선의 방법이다. 직업적 매음의 감소는 최근 젊은 사람들 사이에서 성장하고 있는 자유의 확대에 의해서 가장 효과적으로 성취될 수 있을 것이다.

성적 충동이 예술을 낳는다

포괄적인 성윤리는 성을 단순히 자연적인 굶주림이나 위험의 가능한 원천쯤으로 간주해서는 안 된다. 물론 이러한 관점도 중요하지만, 성이 인간생활에 있어서 어떤 최상의 것과 관련되어 있다는 것을 잊지 않는 것이 더욱 중요하다. 최상이라고 생각되는 세 가지는 서정적 연애, 결혼생활에서의 행복 그리고 예술이다. 서정적 연애와 결혼에 관해서는 이미 언급하였다. 예술을 성과 무관한 것처럼 생각하는 사람도 있다. 그러나 오늘날 이러한 견해를 신봉하는 사람은 이전에 비해서 많이 줄어들었다. 모든 미적 창조의 충동은 직접적이거나 명백한 형태를 취하지는 않더라도 구애의 감정과 심리적으로 깊이 결부되어 있다.

성적 충동이 예술적 표현으로 발전하기 위해서는 많은 조건이 갖추어져야 한다. 먼저 예술적 재능이 있어야 한다. 그러나 예술적 재능은 같은 민족에서도 어떤 시대에는 성(盛)하고, 어떤 시대에는 쇠(衰)하는 것처럼 보인다. 이러한 사실로부터 타고난 재능 못지 않게 환경이 예술적 충동의 발전에 중요한 역할을 한다고 결론내릴 수 있다. 또 어떤 종류의 자유가 있어야 한다. 그것은 예술가에게 넉넉한 보수를 줌으로써가 아니라, 그가 속물이 되도록 강요하거나 유인하지 않음으로써 가능한 것이다.

율리우스 2세〔Julius Ⅱ, 16세기 초 르네상스 시대의 로마 교황으로 예술을 장려함〕는 한때 미켈란젤로를 감금했지만, 이 예술가가 필요로 하는 자유는 결코 방해하지 않았다. 교황은 그를 중요한 인물이라고 여겼기 때문에 감금한 것이었으며, 교황보다 낮은 신분을 지닌 자가 조금이라도 그에게 공격을 가하는 것을 허락하지 않았다. 그러나 어떤 예술가가 돈 많은 후원자나 의회 의원에게 아첨하도록, 그들의 심미적 기준에 작품을 맞추도록 강요당할 때, 그의 예술적 자유는 상실되고 만다. 그리고 사회적 경제적 박해가 두려워 더 이상 견딜 수 없는 결혼생활을 억지로 계속해야 할 경우, 그는 예술적 창작에 필요한 에너지를 빼앗기고 만다.

인습적 도덕이 지배하는 사회는 위대한 예술을 낳지 못했다. 위대한 예술을 낳은 사회는 아이다호 주 같은 데에서라면 단종되었을 법한 사람들로 구성되어 있었다. 미국은 현재 그 예술적 재능을 아직 자유가 어느 정도 남아 있는 유럽에서 수

입하고 있다. 그러나 이미 유럽도 미국화했기 때문에 앞으로는 틀림없이 흑인에게 의존하게 될 것이다. 예술의 최후의 보금자리는 티베트 고원 아니면, 콩고 북쪽의 그 어디가 될 것 같다. 그러나 그것조차도 그다지 오래지 않아 완전히 사멸하고 말 것이다. 왜냐하면 미국이 외국의 예술가들에게 아낌없이 주려는 보수가 필연적으로 그들의 예술적인 죽음을 가져올 것이기 때문이다.

과거의 예술은 대중적인 기반을 갖고 있었으며, 인생의 기쁨에 의존하였다. 그리고 인생의 기쁨은 다시 성에 관한 어떤 자발성에 의존하였다. 성이 억압되는 곳에는 일만이 남는다. 그리고 일을 위한 일이라고 하는 교설은 어떠한 가치있는 작품도 낳지 못했다. 그다지 듣고 싶은 이야기는 아니지만, 미국에서 행해지고 있는 하루당(하룻밤당이라 해야 더 정확할 것이다) 성행위의 수에 대한 통계를 가지고 있는 사람이 있다고 하며, 또 적어도 한 사람당으로 계산하면 다른 어떤 나라 못지 않다고 한다. 이것이 사실인지 아닌지는 알 수 없지만, 어쨌든 이것을 부정하고 싶은 생각은 없다.

인습적 도덕주의자가 범하기 쉬운 가장 위험한 오류 가운데 하나는 성을 공격하기 위해서 성을 성행위에만 국한시키는 것이다. 어떠한 문명인도 그리고 내가 이제까지 전해 들은 어떠한 야만인도 적나라한 성행위만으로는 본능의 만족을 얻을 수 없다. 만일 이러한 행위를 하게 하는 충동을 만족시키려면, 구애가 있어야 하고, 사랑이 있어야 하며, 또 우애가 있어야 한다. 이러한 것들이 없다면, 육체적 굶주림은 한동안 진정될지 모르지만, 정신적 굶주림은 줄어들지 않은 채 그대로 남게 된다. 따라서 깊은 만족을 얻을 수 없다.

예술가에게 필요한 성적 자유란 사랑할 자유이며, 어떤 미지의 여성과 육체적 욕구를 만족시키는 야비한 자유가 아니다. 그러나 이러한 사랑할 자유를 인습적 도덕주의자들은 인정하려 하지 않는다. 세상이 미국화하고 난 다음에도 예술이 살아남으려면, 미국이 변화하여야 한다. 즉 미국의 도덕주의자들은 덜 도덕적으로 되어야 하고, 미국의 비도덕주의자들은 덜 비도덕적으로 되어야 한다. 다시 말해, 양쪽 모두 성에 내재하는 더 높은 가치를, 기쁨은 은행계좌보다 더 가치를 가질 수 있다는 사실을 깨달아야 한다.

미국을 여행하는 사람에게 무엇보다 괴로운 것은 기쁨이 없다는 사실이다. 그곳에서의 즐거움이란 미친 듯이 취해 날뛰는, 일시적인 망각에 불과하며, 기쁨에 넘친 자아의 표현은 아니다. 발칸 반도나 폴란드의 어떤 마을에서 피리소리에 맞추어 춤추던 조상을 가진 사람들이 타자기와 전화기 사이에 파묻혀 온종일 심각하고, 오만하게, 보잘것없이 책상에 붙어 앉아 있다. 저녁이 되면 술과 어떤 새로운 소동 속으로 도피함으로써 그들은 행복을 찾은 것처럼 생각한다. 그러나 그들이 찾은 것은 오직 돈벌이만을 일삼는(그 목적을 위해서 육체가 이용되고 그의 영혼도 노예로 팔린다) 희망없는 일과의 격정적이고 불완전한 망각에 불과하다.

나는 인간생활에 있어서 모든 최상의 것들이 성과 관련되어 있다고 주장하려는 것은 아니며, 또 결코 그렇게 믿지도 않는다. 실용과학이든 이론과학이든 과학이 성과 관련되어 있다고는 생각되지 않으며, 또 어떤 종류의 중요한 사회적 정치적 활동 역시 마찬가지라고 생각된다. 성인생활의 복잡한 욕망을 이끄는 충동들은 몇 가지의 단순한 항목 아래 정리될 수 있다. 권력, 성, 친권이 자기보존에 필요한 행위를 제외하면, 인간 행위의 대부분의 원천인 것처럼 보인다.

이 세 가지 중에서 권력이 제일 먼저 시작하여 제일 나중에 끝난다. 아이는 매우 적은 권력을 가지고 있기 때문에, 그것을 더 갖고자 하는 욕망에 지배된다. 실제로 그의 활동의 대부분은 이러한 욕망에서 기인한다. 또 하나의 지배적인 욕망은 허영심—칭찬받기를 원하고 꾸지람을 듣거나 따돌림당하는 것을 두려워하는 것—이다. 그를 사회적 존재로 만들고, 사회생활에 필요한 미덕을 주는 것은 바로 이 허영심이다. 허영심은 이론상으로는 성과 분리될 수 있지만, 성과 밀접하게 얽혀 있는 동기이다. 그러나 내가 아는 한, 권력은 성과는 거의 관계가 없다. 아이들로 하여금 공부를 하게 하고 그의 근육을 발달시킴에 있어, 허영심에 못지 않은 역할을 하는 것이 바로 권력애이다. 호기심과 지식욕은 권력애에서 갈라진 가지라고 보아야 할 것이다. 만일 지식이 힘이라면, 지식욕은 권력애이다. 그러므로 과학은 생물학과 생리학의 어떤 분야를 제외하면, 성적 감정의 영역 밖에 있다고 간주되어야 한다.

황제 프리드리히 2세가 이미 살아 있지 않기 때문에, 이러한 주장은 다소 가설적인 것이 되지 않을 수 없다. 만일 그가 아직 살아 있다면, 유명한 수학자와 유명한 작곡가를 거세한 후, 각각의 일에 그것이 어떠한 영향을 미치는가를 관찰함으로써 어떤 결론을 내렸을 것임에 틀림없다. 그 영향은 전자에 대해서는 거의 없을 것이며, 후자에 대해서는 상당히 클 것이라고 나는 생각한다. 지식의 추구가 인간성의 가장 가치 있는 요소 가운데 하나라면, 인간 활동의 매우 중요한 영역이(만일 우리가 옳다면) 성의 지배로부터 면제될 것이다.

권력은 또한 이 단어를 가장 폭넓은 의미로 해석한다면, 대부분의 정치적 활동의 동기이다. 나는 위대한 정치가가 공공복리에 무관심하다고 주장하려는 것이 아니다. 오히려 그는 폭넓은 분야에서 어버이로서의 감정을 느끼는 인물이라고 나는 생각한다. 그러나 그가 상당한 권력애를 갖고 있지 않다면, 어떤 정치적인 과업을 성공시키는 데 필요한 노력을 계속해 나갈 수 없을 것이다. 나는 공사(公事)에 종사하는 많은 고결한 사람들을 보아왔는데, 만일 그들에게 조금이라도 개인적인 야심이 없었다면, 그들이 목표로 한 선을 성취할 만큼의 에너지를 발휘할 수 없었을 것이다. 어떤 중대한 순간에, 에이브러함 링컨은 고집센 상원의원 두 사람을 설득해야 했는데, 그 말의 처음과 끝은 "나는 가장 커다란 권력을 가진 미국의 대통령이오"라는 것이었다. 이 사실을 주장하며 그가 얼마간의 쾌감을 느꼈으리라는 것은 의심할 여지가 없다. 좋든 나쁘든 정치에서 주요한 두 가지 힘은 경제적 동기와 권력애이다. 따라서 프로이트의 노선에서 정치를 해석하려고 하는 것은 오류에 빠질 뿐이라고 나는 생각한다.

우리가 이제까지 말한 것이 옳다면, 예술가 이외의 모든 위대한 사람들은 성과는 무관한 동기에 의해서 중요한 활동을 수행하였던 것이다. 만일 이러한 활동을 지속시키고, 좀더 비속(卑俗)한 형태로나마 일반화시키고자 한다면, 성이 감정적이고 정열적인 천성을 제외한 나머지 부분을 가리지 않도록 하는 것이 필요하다. 세계를 이해하려는 욕구와 세계를 개혁하려는 욕구는 진보의 두 가지 커다란 원동력이며, 이것이 없다면 인간사회는 정체하든가 퇴보할 것이다.

너무나 완전한 행복은 지식과 개혁에 대한 충동을 쇠잔케 할지도 모른다. 콥든〔Richard Cobden, 1804~65; 영국의 정치가이자 자유주의 경제학자이며 제조업자〕이 자유무역운동에 존 브라이트〔John Bright, 1811~89; 영국의 웅변가이자 자유주의 정치가로 콥든과 더불어 맨체스터 학파의 지도자로 활약했다〕의 참가를 바랐을 때, 그는 최근에 상처(喪妻)함으로써 브라이트가 느껴야 했던 개인적 슬픔에 호소하였다. 이러한 슬픔이 없었더라면, 브라이트는 타인의 비애에 그처럼 동정적이지는 못하였을 것이다. 또 현실 세계에 절망한 나머지 추상적인 것만을 추구하게 되는 사람도 많다. 충분한 에너지를 갖고 있는 사람에게 고통은 가치 있는 자극이 될지도 모른다.

우리 모두가 완전히 행복하다면, 좀더 행복해지려고 더 이상 노력하지 않게 되리라는 것을 나는 부정하지 않는다. 그러나 유익한 결과를 가져올지도 모른다는 만일의 가능성을 이유로, 타인에게 고통을 주는 것이 인간의 의무라는 주장을 나는 용인할 수 없다. 100의 99까지 고통은 단지 정신을 손상시킬 뿐이다. 백번째의 경우에는, 육체가 겪어야 할 자연적인 타격에 맡기는 것이 좋다.

죽음이 있는 한, 슬픔은 있을 것이다. 그리고 슬픔이 있는 한, 그 슬픔의 양을 증가시키는 것이(비록 매우 소수만이 그것을 변화시키는 방법을 알고 있다는 사실에도 불구하고) 인간의 의무가 될 수는 없다.

9. 현대의 가족과 국가

행복한 여성만이 좋은 어머니가 될 수 있다

나는 이 장에서 개인의 성격이 가족 관계에 의해서 어떻게 영향받는가를 고찰해 보려 한다. 이 문제는 세 가지 차원으로 이루어져 있다. 자녀들에 대한 영향, 어머니에 대한 영향 그리고 아버지에 대한 영향이 그것이다. 물론 이 셋을 따로 떼어놓는 것은 어려운 일임에 틀림없다. 가족은 굳게 뭉친 하나의 단위로서 어버이에게 미치는 영향은 모두 자녀들에게도 미치기 때문이다. 그럼에도 불구하고 나는 논의를 이러한 세 가지 항목으로 구분하려고 한다. 그리고 먼저 자녀들에 관해서부터 논의를 시작하는 것이 당연하다. 왜냐하면 누구든지 어버이가 되기 전에는 가족 중의 한 자녀이기 때문이다.

만일 프로이트가 옳다면, 다른 식구들에 대한 어린아이의 감정은 어느 정도 절망적인 성격을 가지고 있다. 사내아이는 아버지를 성적인 라이벌이라 생각하기에 그를 미워한다. 어머니에 대해서는 전통적 도덕의 관점에서 볼 때 극도로 혐오받을 만한 감정을 품는다. 또 그는 어버이의 애정을 빼앗는다는 이유로 형제와 자매를 미워한다. 그는 어버이의 애정을 완전히 독점하고 싶어 한다. 뒤에 가서 이러한 불온(不穩)한 감정은 매우 다양하고 끔찍한 결과를 낳는다. 비교적 나은 경우에는 동성애자, 최악의 경우에는 미치광이가 될 것이다.

이러한 프로이트의 학설은 예상했던 것처럼 커다란 공포를 일으키지는 않았다. 물론 그것을 믿는다는 이유로 지위를 놓친 교수가 있었으며, 또 영국 경찰은 동시대의 가장 훌륭한 인물 가운데 한 사람[1]을 이 학설에 따라서 행동하였다는 이유만으로 추방하기도 하였다. 그러나 사람들이 정작 충격을 받은 것은 프로이트가 어린아이의 증오심을 묘사한 것보다는 오히려 성을 역설하였다는 점이었는데, 이것은 기독교의 금욕주의적 경향 때문이었다. 그러나 우리들은 아이들의 색정에 관한 프로이트의 의견이 옳은가 그른가 하는 문제에 관해서 편견을 갖지 않도록 노력해야 할 것이다. 최근 수년 동안 많은 어린이들을 다루어본 결과, 프로이트의 이론에는 내가 이전에 생각하고 있었던 것보다 훨씬 많은 진리가 있다고 생각하게 되었다는 점을 고백하지 않을 수 없다. 그렇다 하더라도 그것은 진리의 일면에 지나지 않으며, 그 일면조차도 어버이가 조그마한 양식이라도 갖고 있다면 거의 중요하지 않게 될 것이라고 나는 생각한다.

오이디푸스 콤플렉스로부터 논의를 시작해 보기로 하자. 어린아이의 성애(性愛)가 프로이트 이전에 생각되었던 것보다 실제로 더 강하다는 것은 의심할 여지도 없다. 유년기의 이성애 충동은 프로이트의 저작에서 짐작되는 것보다 더 강한 것이라고 나는 생각한다. 슬기롭지 못한 어머니는 무의식중에 어린 아들의 이성애적 감정을 쉽사리 자기에게 집중시킬 수 있을 것이다. 만일 실제로 그렇게 한다면, 아마도 프로이트가 지적한 바와 같은 나쁜 결과가 일어날 것이 틀림없다. 그러나 어머니의 성생활이 만족스럽다면, 이와 같은 사태는 일어날 것 같지 않다. 왜냐하면 그러한 경우에는 어른에 대해서만 추구해야 할 어떤 형태의 감정적 만족을 자기 아이에게서 찾으려 하지는 않을 것이기 때문이다.

순수한 어버이로서의 충동은 어린아이를 돌보는 것이지, 어린아이의 애정을 요구하는 것이 아니다. 만일 어떤 여성이 행복한 성행활을 하고 있다면, 자신의 어린아이에게서 그릇된 감정적 반응을 바라는 것은 저절로 삼가하게 될 것이다. 이러한 이유에서, 행복한 여성이 불행한 여성보다 더 좋은 어머니가 될 가능성이 크다고 할 수 있다. 그러나 어떠한 여성이든지 언제나 행복하리라는 보장은 없다. 따라서 불행한 때에, 아이들에게 너무 많은 것을 요구하지 않도록 어느 정도 자제할 필요가 있다. 이러한 정도의 자제는 실행하기에 그다지 어려운 것이 아니다. 그러나 이전에는 그러한 필요성이 인정되지 않았으며, 내 자식을 맹목적으로 사랑하는 것이 어머니의 올바른 행동이라고 생각되었다.

어린아이의 이성애적 감정은 다른 아이들과 접촉함으로써 자연적이고 건전하며, 순진한 해결책을 찾을 수 있다. 이러한 관계에서 그러한 감정은 놀이의 일부분이 되며, 모든 놀이가 그러하듯이, 그것은 성인활동에 대한 준비가 된다. 스스로의 감정의 발전을 위해서 아이들은 서너 살이 되면 저보다 나이가 많거나 적은 형제자매뿐 아니라 같은 또래의 아이들과 사귈 필요가 있다. 현대의 순수한 소규모 가족은 유년시절의 건전한 발육에는 지나치게 숨막힐 듯 답답한 감이 있다. 그러나 그렇다고 해서, 그것이 아이들이 자라날 환경의 한 구성 요소로서 바람직하지 못하다는 것은 아니다.

어린아이가 바람직하지 못한 애정을 갖도록 만들기 쉬운 것은 어머니뿐만이 아니다. 하녀와 보모 그리고 몇 년 후에는 학교선생이 마찬가지로 위험스럽다. 실제로는 그 이상 위험스러운데, 왜냐하면 그녀들은 대체로 성적으로 굶주려 있기 때문이다. 교육 당국은 어린이를 다루는 사람은 언제나 불행한 노처녀여야 한다는 견해를 가지고 있다. 이러한 견해는 커다란 심리학적 무지의 소치이며, 어린이들의 감정발달을 유심히 관찰한 사람들이라면 도저히 받아들일 수 없는 것이다.

형제자매간의 질투는 가족마다 매우 흔한 것으로서, 훗날 가벼운 정신장애는 물론 살인광의 원인이 되는 수도 있다. 이러한 질투는(온건한 형태를 제외하고는) 만일 어버이나 기타 어린아이를 돌보는 자리에 있는 사람들이 조금만 조심해서 행동한다면, 결코 피하기 어려운 것이 아니다. 물론 편애(偏愛)가 있어서는 안 된다. 장난감이나 먹을 것을 사준다든지 관심을 쏟는다든지 하는 등의 아주 사소한 일에까지 항상 공평하게 신경써야 한다. 새로 남동생이나 여동생이 태어났을 때, 다른 아이들이 이제 자신들은 부모에게 그다지 중요하지 않게 되었다고 생각하지 않도록 하는 부모의 노력이 요구된다. 질투심이 심하게 일어나는 것은 언제나 이러한 단순한 교훈이 무시되었기 때문이라고 나는 생각한다.

그러므로 우리는 가족생활이 아이들에게 좋은 심리적 영향을 미치려면, 반드시 충족시켜야 할 몇 가지 조건이 있음을 알 수 있다. 양친 특히 어머니의 성생활이 불행해서는 안 된다. 양친은 어린아이에게 그 또래에는 어울리지 않는 반응을 요구하는 것과 같은 감정적 관계는 피해야 한다. 형제자매 가운데 어느 누구를 편애해서도 안 되며, 모두가 다 같이 완전히 공평하게 취급되어야 한다. 그리고 서너 살이 되어서도 가정이 아이의 유일한 환경이어서는 안 되며, 하루 중 상당 시간을 같은 또래의 집단에서 보내도록 해야 한다. 이러한 조건들이 충족된다면, 프로이트가 우려한 나쁜 영향은 거의 일어나지 않으리라고 나는 생각한다.

한편 어버이의 애정은, 만약 그것이 올바른 형태라면, 틀림없이 아이들의 발전을 촉진할 것이다. 어머니로부터의 따뜻한 애정을 느끼지 못한 아이들은 여위고 신경질적이 되기 쉬우며, 때때로 도벽(盜癖)과 같은 결함을 가지게 된다. 어버이의 애정은 이 험한 세상에서 아이들에게 안전감을 주며, 그들의 환경을 대담하게 실험하고 탐구할 수 있도록 만든다. 아이들의 정신 건강을 위해서도 자기가 따뜻한 애정의 대상이라는 것을 느낄 필요가 있다. 아이는 자기가 무력하다는 것, 보호를 필요로 한다는 것 그리고 그 보호를 확신할 수 있는 것은 오직 애정뿐이라는 것을 본능적으로 알고 있다. 아이가 행복하고 활달하며 대담하게 자라려면 어떤 따뜻한 환경이 필요한 데, 그것은 어버이의 애정을 제외하고는 어디에서도 얻을 수 없는 것이다.

비록 아주 최근에 이르기까지도 거의 실행되지 않았지만, 현명한 부모가 그들의 자녀들을 위해 해줄 수 있는 또 다른 서비스가 있다. 그것은 가능한 한 최상의 방법으로 성과 어떻게 어버이가 되는가에 관한 사실들을 자녀들에게 가르쳐 주는 것이다. 만일 자녀들이 성이란 자신들이 존재할 수 있도록 해 준 양친들 사이의 관계라고 배우게 된다면, 가장 좋은 형태로 그리고 생물학적 목적과 관련해서 배우는 것이다. 옛날의 아이들은 언제나 상스런 농담의 대상으로서 그리고 부끄러운 쾌락의 원천으로서 성에 대해 최초로 배웠던 것이다. 숨어서 추잡스러운 이야기를 하는 이러한 출발은 보통 씻어버릴 수 없는 인상을 주었으며, 그 이후 줄곧 성에 관한 문제에 담백한 태도를 취하는 것을 불가능하게 만들었다.

자식을 낳고자 하는 욕망은 남자가 더 강하다

가족생활이 대체로 바람직한 것인가 아닌가를 결정하기 위해서, 우리는 실행가능한 다른 대안들을 생각해 보지 않으면 안 된다. 여기에는 두 가지가 있는 것처럼 보인다. 첫째는 여가장제 가족이며, 둘째는 고아원과 같은 공공기관이다. 어느 것이든 그것이 사회의 통칙이 되기 위해서는 상당한 경제적 변화가 필요할 것이다. 우리는 그것들이 실행되었다고 가정하고 아이들의 심리에 미치는 영향에 대해 고찰해 보기로 하자.

먼저 여가장제 가족부터 논의를 시작해 보자. 여기에서 아이들은 한쪽 어버이밖에 모르게 될 것이며, 여성은 자신이 원할 때에만 아이를 낳게 될 것이다. 그녀는 아이의 아버지가 아이에게 특별한 관심을 갖는 것도 바라지 않으며, 여러 명의 아이들이 반드시 동일한 아버지를 가져야 한다고 생각하지도 않을 것이다. 경제적 환경이 만족스럽다 해도 이러한 제도하에서 아이들은 어떤 심한 고초를 겪게 될까? 아버지가 아이들의 심리에 미치는 효과는 무엇일까?

아마도 가장 중요한 효과는 앞에서 언급하였던 점, 즉 성이 부부애와 생식과 결합하는 데 있다고 나는 생각한다. 또 유아기의 최초의 수년이 지난 후, 여성적인 인생관뿐 아니라 남성적인 인생관과 접촉함으로써 얻어지는 매우 뚜렷한 이익이 있다. 특히 사내아이에게 이것은 지적인 측면에서 중요하다. 그러나 나는 그 이익이 매우 크다고는 생각하지 않는다. 내가 아는 한, 어릴 때 아버지를 잃은 아이들이 다른 아이들과 비교해 평균적으로 더 떨어지는 것은 아니다. 이상적인 아버지라면 없는 편보다는 있는 편이 더 좋을 것임에 틀림없지만, 그러나 많은 아버지들이 이상과는 너무 동떨어져 있기 때문에, 그들이 없는 편이 아이들에게는 더 확실한 이익이 될지 모른다.

이상 이야기한 것은 현재 행해지고 있는 것과는 전혀 다른 관습을 가정한 데 의존하고 있다. 관습이 존재하는 곳에서 그것에 위배되는 일은 아이들을 괴롭히는 것이다. 어쨌든 한쪽만 있다는 느낌처럼 아이들에게 고통스러운 것은 없기 때문이다. 이러한 생각은 현대 사회의 이혼 문제에 적용된다. 양친과 같이 살며 양쪽 모두에게 애착을 느끼게 된 아이들은 양친의 이혼을 안정감의 전적인 파괴로 받아들일 것이다. 실제로 이러한 상황하에서 아이는 공포증이나 정신이상을 일으키기 쉽다. 일단 아이가 양친에게 애착을 느끼게 된 이상, 이혼한다는 것은 부모로서는 매우 중대한 책임을 지게 되는 것이다. 그러나 아버지가 존재하지 않는 사회가 이혼이 빈번한 사회보다는 아이들을 위해서 좋으리라고 나는 생각한다. 아직도 이혼은 어느 정도 예외적인 것으로 간주되고 있지만 말이다.

아이들을 아버지뿐 아니라 어머니로부터도 격리해야 한다는 플라톤의 제안에는 결코 동의할 수 없다. 이미 말한 이유에서, 아이들의 성장에는 어버이의 애정이 불가결하며, 가령 한쪽 어버이로부터 애정을 받는 것만으로 충분하다 하더라도, 어느 쪽으로부터도 그것을 받을 수 없다면 분명히 매우 유감스런 일이라고 나는 생각한다. 우리들이 앞에서 고찰한 성도덕의 관점에서 볼 때, 중요한 문제는 아버지의 유용성이다. 이것에 관해서 단정적으로 말하기란 매우 어렵지만, 아버지는 다행한 경우에는 어떤 한정된 유용성을 가지지만, 그렇지 못한 경우에는 포악하고 성급하고 싸우기 좋아하는 기질로 인해 좋은 영향보다는 해를 끼치기 쉽다. 따라서 아이들의 심리에 미치는 영향이라는 관점에서 볼 때, 아버지는 그다지 강한 요인이 아니다.

가족이 현재와 같은 상태라면, 어머니에게서 가족이 차지하는 비중을 평가하기란 매우 어렵다. 임신과 수유기간 동안 여자는 대체로 남자의 보호를 바라는 어떤 본능적인 경향—틀림없이 유인원에게서 물려받은 감정일 것이다—을 가지고 있다고 나는 생각한다. 오늘날과 같이 거칠은 세상에서 이러한 보호 없이 살아가야 하는 여자는 지나치게 전투적이고 자기주장이 강해지는 경향이 있을 것이다. 그러나 이러한 감정은 부분적으로만 본능적인 것이다. 만일 국가가 임산부와 수유기의 어머니 그리고 유아를 적절히 돌봐 준다면 이러한 감정은 훨씬 약화될 것이며, 경우에 따라서는 아주 소멸할 것이다.

가정 내에서 아버지의 자리가 사라짐으로써 여성이 받게 되는 주요한 피해는 남성과의 관계에서 친밀감과 진실성이 감소하는 것이라고 나는 생각한다. 남녀는 서로 배워야 할 많은 것을 가지고 있다. 단순한 성관계는, 그것이 비록 정열적인 것일지라도, 이러한 배움에는 미치지 못한다. 자녀를 양육하는 엄숙한 일에 서로 협력하며 오랜 세월을 함께 보내는 것은 남자가 자녀에 대한 책임을 전혀 가지지 않는 경우에 그러한 것보다 양자의 관계를 중요하고 풍부하게 만든다. 완전히 여성적인 분위기에서 생활하는 어머니, 남성과의 접촉이 보잘것없는 어머니는(소수의 예외를 제외하고는) 정서교육이라는 관점에서 볼 때, 행복한 결혼생활을 하고, 매 단계마다 남편과 협력하는 어머니만큼 아이들에게 좋은 어머니는 될 수 없을 것이라고 나는 생각한다.

그러나 사람들은 오히려 이와는 정반대되는 다른 많은 경우를 생각할 것이다. 만일 어떤 여자의 결혼생활이 실제로 불행하다면(이것은 결코 드문 일이 아니다), 그 불행 때문에 그녀는 자녀를 다룰 때 정상적인 감정의 균형상태를 유지하기가 매우 어렵게 된다. 그러한 경우, 만일 그녀가 남편과 헤어진다면 틀림없이 더 좋은 어머니가 될 수 있을 것이다. 이렇게 해서 우리는 행복한 결혼생활은 좋지만, 불행한 결혼생활은 나쁘다는 매우 진부한 결론에 도달하게 된다.

가족과 관련한 개인 심리에서, 가장 중요한 문제는 그것이 아버지에게 미치는 영향이다. 우리는 이미 부성과 이에 수반하는 열정의 의의를 되풀이해서 지적해 왔다. 우리는 고대의 가부장제 가족과 여성의 예종의 발생과 관련해서, 그것이 어떠한 역할을 수행해 왔는지를 살펴보았다. 그리하여 우리는 이러한 사실들로부터, 아버지로서의 감정이 얼마나 강한 열정인지를 가늠해 볼 수 있었다. 그러나(그 이유를 추측하기란 쉬운 일이 아니나) 문명이 고도로 발달한 사회에서는 이러한 감정이 다른 사회의 경우처럼 그렇게 강한 것 같지는 않다. 제정 로마의 상류계급은 분명히 이러한 감정을 상실하였다. 그리고 현대의 많은 지성적인 남성들은 거의 또는 전혀 이러한 감정을 가지고 있지 않다.

그럼에도 불구하고 가장 문명화된 사회에 있어서까지도, 대다수의 남성들은 여전히 그러한 감정을 가지고 있다. 남성이 결혼하는 것은 성 때문이라기보다는 오히려 이러한 이유 때문이다. 왜냐하면 결혼하지 않더라도 성적 만족을 얻는 것은 어려운 일이 아니기 때문이다. 자녀에 대한 욕망은 남자들 사이에서보다 여자들 사이에서 더 일반적이라는 학설이 있다. 그 진위는 알 수 없으나 나의 인상으로는 오히려 이와는 정반대인 것 같다. 현대의 결혼에서 자녀는 남자의 소망에 대한 여자측의 양보인 경우가 대다수이다. 여자는 아이를 낳기 위해서 노동과 고통과 미의 손상을 감수해야 하지만 남자는 이러한 걱정을 할 필요가 없다. 남자가 가족을 제한하고자 하는 것은 대개 경제적인 이유에서이다. 물론 이러한 이유는 여성에게도 똑같이 적용된다. 그러나 여자는 여자 특유의 이유도 가지고 있다. 남자의 자녀에 대한 욕망이 얼마나 강한가 하는 것은 전문직업을 가진 남자가 물질적 안락의 희생을 각오하면서까지, 그 계급에 필요하다고 생각되는 교육이라면 아무리 많은 비용이 들더라도 자녀가 그 교육을 받도록 한다는 데서 명백히 드러난다.

만일 현재와 같은 아버지로서의 권리를 누릴 수 없게 된다면, 과연 남자는 자식을 낳으려고 할까? 어떤 사람들은 만일 남자가 아무런 책임을 지지 않는다면 함부로 아이를 낳을 것이라고 말한다. 나는 이것을 믿지 않는다. 아이를 원하는 남자는 그것에 따르는 책임을 원한다. 그리고 피임방법이 발달한 오늘날 쾌락을 추구하다 우연히 아이를 갖게 되는 일이 그리 많지는 않을 것이다. 물론 법률상태가 어떻게 변하든지 간에 남녀가 영구적으로 결합해서 생활하는 것은 언제나 자유로울 것이며, 그러한 결합에서 남자는 현재 아버지가 되었다는 데서 오는 것과 같은 그 무엇을 누릴 수 있을 것이다.

그러나 만일 자녀는 어머니에게만 속한다는 견해에 법률과 관습이 적합하게 되었다면, 여성들은 현재 우리가 알고 있는 결혼과 같은 것은 그들의 독립을 침해하는 것이며, 그렇지 않다면 당연히 누렸을 자식에 대한 완전한 소유권을 불필요하게 상실당하는 것이라는 느낌을 가질 것이다. 그렇게 된다면 남자가 법적으로 여자에게 보장되어 있는 권리를 그녀가 포기하도록 설득하는 것은 성공하기 어렵게 될 것이다.

이러한 제도가 남자의 심리에 미치는 영향에 관해서는 앞에서 어느 정도 이야기하였다. 그것은 남녀 관계의 엄숙성을 현저하게 감소시켜, 남녀 관계를 애정과 정신과 육체의 긴밀한 결합이 아니라, 점점 더 단순한 쾌락의 문제로 타락시키는 것이라고 나는 믿는다. 그것은 모든 대인관계를 하찮게 만들 것이다. 따라서 남자는 그의 직업, 그의 나라, 또는 어떤 비인간적인 대상에 대해서만 진실한 감정을 느끼게 될 것이다. 그러나 이렇게 일반화시켜 말하는 데는 어느 정도 무리가 따른다. 왜냐하면 남자는 저마다 매우 다르며, 어떤 사람에게는 중대한 손실이 되는 것이 다른 사람에게는 매우 만족스러운 것이 될지도 모르기 때문이다.

완전히 확신할 수는 없으나, 공인된 사회관계로서의 부성을 제거해 버린다면, 남자의 감정생활은 보잘것없고 메마른 것이 되기 쉬우며, 마침내 권태와 절망에 점차 빠져들어 생식이 쇠퇴하고 낡은 전통을 지켜온 가계의 사람들만이 남게 될 것이다. 권태와 부질없다는 느낌은 피할 수 없으리라고 생각된다. 물론 인구의 감소는 어머니라고 하는 직업에 종사하는 여자에게 충분한 보수를 줌으로써 막을 수 있을 것이다. 이것은 아마도 군국주의가 오늘날처럼 강하게 존속한다면 조만간 실행될 것이다.

가족은 가난한 사람들 사이에서 더욱 약화된다

가족의 기원은 생물학적인 것이지만, 문명사회에서는 법령의 산물이다. 결혼은 법률에 의하여 규제되고, 자녀에 대한 어버이의 권리 역시 상세히 규정되어 있다. 결혼이 존재하지 않는 곳에서는 아버지의 권리란 없으며, 자식은 오로지 어머니에게만 속하게 된다. 법률은 가족을 유지하기 위한 것이었지만 현대에 와서는 더욱 어버이와 자식들 사이에 개입하게 되어, 입법자의 희망과 의도와는 달리 점차 가족제도를 파괴하는 주요한 원동력이 되고 있다. 그것은 나쁜 어버이는 사회의 일반감정이 필요하다고 여기는 만큼 자녀를 돌보지 못하리라는 사실에서 기인한다. 나쁜 어버이뿐 아니라, 몹시 가난한 어버이들도 그 자녀들을 비참한 상태에 두지 않기 위해서는 국가의 개입이 요구된다.

19세기 초, 아이들의 공장노동을 금지시키려는 안은 어버이의 책임을 약화시킨다는 이유에서 맹렬한 저항을 받았다. 영국의 법률은 고대 로마의 법률처럼 어버이가 자식을 고통 없이 재빨리 죽이는 것을 허용하지는 않았지만, 중노동을 통해 서서히 아이들의 생명을 고갈시키는 것은 그냥 내버려 두었다. 이러한 신성한 권리를 어버이들과 고용주와 경제학자들이 옹호하였다. 그러나 사회의 도덕 감정은 그러한 추상적인 학자인 체하는 의견의 반발에도 불구하고 공장법을 통과시켰다.

다음 단계는 더욱 중요한 것, 즉 의무교육의 개시였다. 이것은 친권에 대한 참으로 중대한 간섭이다. 휴일을 제외한 매일매일의 거의 대부분의 시간을 아이들은 집을 떠나서, 국가가 필요하다고 생각하는 것을 배워야 한다. 부모가 그것을 어떻게 생각하는가는 법적으로 그다지 중요하지 않다. 학교를 통해서 아이들의 생활에 대한 국가의 지배가 점점 확대되었다. 가령 부모가 크리스천 사이언스〔Christian Science; 1866년경 미국의 Marry Baker Eddy 여사가 창립한 기독교의 일파로, 의학을 사용하지 않고 신앙의 힘에 의하여 병을 고칠 수 있다고 주장한다)의 신자라 할지라도, 아이들의 건강은 국가가 돌봐준다. 만일 아이들에게 정신적 결함이 있다면 특수학교에 보내진다. 만일 가난하다면 국가가 먹을 것을 주고, 부모가 장화를 사줄 만한 여유가 없다면, 국가가 그것도 지급해 준다. 만일 아이들이 등교하였을 때, 어버이로부터 학대를 당한 흔적이 있다면, 그 어버이는 처벌을 받을 것이다.

옛날에는 자식이 성년이 되기까지는, 그 자식의 수입에 대한 권리를 어버이가 가지고 있었다. 오늘날 아이들은 자신들의 수입에 대해 부모들이 손대지 못하게 할 권리가 있으며, 사정이 부득이하다면 이 권리를 행사할 수도 있다. 임금 노동자 계급의 어버이에게 남아 있는 약간의 권리 가운데 하나는 같은 이웃에 살고 있는 수많은 어버이들이 가지고 있는 어떤 미신 따위를 가르칠 수 있다는 것이다. 그러나 부모의 이러한 권리마저도 많은 나라에서 박탈되었다.

국가가 아버지를 대체하는 이 과정에는 어떠한 명확한 한계도 없다. 국가가 인수해 온 것은 어머니의 기능보다는 아버지의 기능이었다. 국가가 아이들을 위해 수행하는 봉사는 국가가 없다면 아버지가 대신해야 하는 것이다. 상류와 중류계급에서는 이러한 과정은 거의 일어나지 않고 있다. 결과적으로 임금 노동자 계급에서보다 부유한 계급에서 아버지는 여전히 중요하며, 가족은 더 안정되어 있다. 소비에트 러시아처럼 사회주의를 진정으로 채택하고 있는 곳에서, 부잣집 자녀를 위하여 만들어진 교육제도의 폐지 또는 철저한 개혁은 중요하고도 참으로 필요한 일이다. 이와 같은 일이 영국에서도 일어나리라고는 상상하기 어렵다. 저명한 영국의 사회주의자들이 아이들은 누구나 초등학교에 가야 한다는 제안에 대해서 게거품을 물고 다투는 것을 나는 보았다. "뭐라고? 내 자식이 빈민굴 아이들과 같이 공부한다고? 어림도 없는 소리!" 이렇게 그들은 부르짖었다. 아주 이상하게도 그들은 계급 분열이 얼마나 깊이 교육제도와 결부되어 있는가를 아직도 깨닫지 못하고 있다.

모든 나라에서 오늘날의 주요한 경향은 임금 노동자 계급 아버지의 권력과 기능에 대해서는 국가의 간섭이 끊임없이 증대하고 있는데 비해서, 다른 계급에서는(러시아를 제외하고) 이에 상응하는 간섭을 찾아볼 수 없다는 것이다. 그 결과 부자와 가난한 자 사이에 각각 다른 형세가 나타난다. 즉 빈민들 사이에서는 가족이 약화되지만, 부자들 사이에서는 그러한 변화가 일어나지 않는다.

지금까지 국가 간섭의 원인이 되었던 아이들에 대한 인도주의적인 감정은 금후에도 역시 계속될 것이며, 더욱 더 많은 간섭의 원인이 될 것이라고 상상해도 좋으리라고 나는 생각한다. 예컨대 런던 빈민지구 아동의 구루병에 걸릴 확률이 매우 높으며, 또 북부 공업도시에서는 그 이상이라면, 그 사실 자체가 어떤 공공활동을 요구한다. 부모들이 아무리 노력해 봤자 이 병을 근절할 수는 없다. 이를 위해서는 음식과 신선한 공기와 햇빛 등의 여러 조건이 필요한데, 부모들은 이러한 것들을 공급할 처지에 있지 못하기 때문이다. 아이들이 인생 최초의 몇 년 동안 육체적으로 파괴당하도록 내버려 두는 것은 잔인일 뿐 아니라 낭비이다. 우생학과 음식섭취에 대해서 더 잘 이해하게 됨에 따라서, 아이들이 불필요한 고통을 겪게 해서는 안 된다는 요구 역시 증가하게 될 것이다.

물론 이러한 모든 제안에 격렬한 정치적 저항이 따른다는 것은 사실이다. 런던의 모든 자치구의 부유한 사람들은 세금을 낮추기 위하여, 즉 빈민들의 질병과 불행을 감소시키는 비용을 될 수 있는 한 적게 내기 위해서 단결한다. 포플러구〔Popular區; 런던동부의 자치구, 노동자 거주지〕의 예에서처럼 지방 당국 관계자들이 유아 사망률을 감소시키기 위하여 실제로 효과적인 방법을 사용하면 감옥에 들어가게 된다.[2] 그럼에도 불구하고 부자들의 저항은 끊임없이 극복되었으며, 빈민들의 건강은 계속해서 개선되고 있다. 그러므로 임금노동자의 자녀들을 돌봐준다는 점에서 국가의 기능은 가까운 장래에 줄어들기보다는 더욱 확장될 것이며, 이에 따라 아버지의 기능은 축소될 것이라고 기대해도 좋을 것이다.

아버지의 생물학적 목적은 자식이 무력할 동안에 이들을 보호하는 일이다. 이러한 생물학적 기능이 국가의 손으로 넘어가면 아버지는 그 존재 이유를 상실한다. 그러므로 우리는 자본주의 사회가 차츰 두 개의 계층, 즉 낡은 방식대로 가족을 유지하는 부자들과 전통적으로 아버지에게 속했던 경제적 기능 수행을 점점 더 국가에서 찾는 빈민들로 나뉠 것이라고 예상할 수 있다.

가족에 대한 더욱 급진적인 계획이 소비에트 러시아에서 고려되었다. 그러나 인구의 80퍼센트가 농민으로 구성되어 있으며, 농민들 사이에서 가족은 중세 서구의 그것처럼 여전히 강하다는 사실을 고려해 볼 때, 공산주의 이론은 비교적 좁은 도시지구에만 영향을 준 것처럼 보인다. 다만 우리는 이 때까지 자본주의 국가에서 생각해 온 것과는 정반대의 상태, 즉 가족을 폐지하는 상류계급과 이를 계속 유지하는 하층계급을 러시아에서 찾아볼 수 있다.

아이를 낳고 키우는 여성에게 보수를 지급해야 한다

아버지를 배제하려는 방향으로 작용하는 또 하나의 유력한 힘이 있다. 경제적 독립에 대한 여성들의 욕망이 그것이다. 지금까지 가장 정치적인 발언을 해온 여성은 미혼여성들이었다. 그러나 이러한 상태는 일시적인 것처럼 보인다. 기혼여성들이 받는 손해는 미혼여성의 그것보다 훨씬 크다. 결혼한 교사는 마치 공공연히 죄를 짓는 생활을 하는 것처럼 취급되었고, 공인된 산부인과 의사까지도 여자인 경우에는 독신이어야 했다. 이 모든 것이 기혼여성이 일에 부적당하다고 생각하기 때문도 아니며, 그녀들을 고용하는 데 어떤 법률적인 장애가 있기 때문도 아니다. 반대로 어떠한 여성이라도 결혼을 했다고 해서 자격을 상실하지는 않는다고 명백히 규정한 법률이 통과한 것도 그리 오래전이 아니었다.

기혼여성을 고용하지 않으려는 주요한 동기는 오로지 그녀들에 대한 경제적 지배력을 유지하려는 남성의 욕망 때문이다. 여성이 이러한 압제에 무한정으로 굴종하리라고는 생각되지 않는다. 물론 그녀들의 주장을 받아들일 정당을 발견하기란 좀체로 어려운 일이다. 왜냐하면 보수당은 가정을 사랑하며 노동당은 노동자를 사랑하기 때문이다. 그러나 여성이 선거민의 다수를 차지하고 있는 이상, 그녀들이 앞으로도 계속해서 뒷전에만 남아 있으리라고는 생각되지 않는다. 그녀들의 주장이 수용된다면, 그것은 가족에 지대한 영향을 주게 될 것이다.

기혼여성이 경제적 독립을 얻는 데는 두 가지 다른 방법이 있다. 하나는 결혼 전에 종사하고 있었던 직업에 계속해서 고용되는 것으로서, 탁아소나 보육원을 크게 확장할 것을 요구하며, 이것의 논리적 귀결은 아버지와 마찬가지로 어머니도 자녀들의 심리에서 차지하는 중요성을 상실하게 되리라는 것이다.

다른 한 가지 방법은 어린 자녀를 데리고 있는 여성들이 아이들을 돌보는 데 전념하는 대가로 국가로부터 보수를 받는 것이다. 물론 이 방법만으로는 충분하지 못하며, 아이가 어느 정도 성장했을 때에는 일상적인 직업으로 복귀할 수 있다는 조건을 보충할 필요가 있을 것이다. 어쨌든 이것은 여성이 남성에 의존하지 않고, 자력으로 아이들을 돌볼 수 있다는 이점이 있다. 이전에는 아이를 낳는 것이 단순히 성적 만족의 결과였는데, 지금은 신중히 고려한 연후에 종사하는 일이 되었으며, 그것은 어버이보다는 국가에게 이익이 되는 것이기에, 부모에게 무거운 짐을 부담케 하는 대신에 국가가 그 비용을 치러야 한다고 인식하게 되었다. 그러나 가족수당에 대한 이러한 인식이 아이들을 위한 지급이 어머니에게만 이루어져야 한다는 데까지는 아직 미치지 않고 있다. 그러나 노동자 계급의 여성해방론은 이러한 것이 인식되고 법제화되는 데까지 성장할 것으로 기대된다.

그러한 법률이 통과했다고 가정한다면, 그것이 가족 도덕에 미치는 영향은 법안의 내용에 의존한다고 할 것이다. 만일 그녀의 아이가 사생아인 경우에는 지급을 받지 못하도록 하는 법률이 나올지도 모른다. 또는 어떤 여자가 한 번이라도 간통했다는 것이 입증된다면, 지급을 받는 것은 그녀가 아니라 그녀의 남편이어야 한다고 정해질지도 모른다. 만일 이러한 법률이 생긴다면, 기혼여성을 방문하면서 그녀의 도덕 상태를 조사하는 것이 지방경찰의 임무가 될 것이다. 그 효과는 매우 커다란 것일지 모른다. 그러나 도덕의 향상을 강요당하는 사람들이 이러한 법률을 좋아할지는 대단히 의심스럽다. 얼마 안 있어, 사생아의 어머니에게도 보조금을 주어야 한다는 주장과 더불어 경찰의 간섭을 없애야 한다는 요구가 일어나리라고 나는 생각한다. 만일 그렇게 된다면, 임금 노동자 계급의 아버지의 경제적인 권력은 완전히 소멸할 것이며, 얼마 뒤에는 양친제 가족은 사라질 것이고, 아버지는 개와 고양이 사이에서 그러한 것보다 덜 중요한 존재가 될 것이다.

그러나 오늘날 대부분의 여성은 가정을 두려워하는 경향이 강해서, 자기의 자녀를 돌보고 돈을 받는 것보다는 결혼 전에 종사하던 일을 계속하는 것을 더 선호하리라고 나는 생각한다. 많은 여성들이 탁아소에서 어린애들을 돌보기 위해서 기꺼이 가정을 버릴 것이다. 왜냐하면 그것은 전문적인 직업이기 때문이다. 만일 그녀들에게 선택의 자유가 주어진다면, 결혼 전에 종사하였던 직장으로 돈벌이를 하러 나가는 것만큼 집에서 아이를 돌보고 돈을 받는 것이 행복한 것이라고는 생각되지 않는다. 그러나 이것은 순전히 의견의 문제일 뿐이며, 어떤 결정적인 근거가 있는 것은 아니다. 어쨌든 위에서 우리가 논의한 것들 가운데 어떠한 진리가 있다면, 그것은 다음과 같다. 즉 머지 않은 장래에 자본주의 사회의 틀 내에서도, 기혼여성들 사이의 여성해방론의 발전은 임금 노동자 계급에서 양친 모두는 아닐지라도, 한쪽 어버이는 어린 아이를 돌보는 일에서 벗어나도록 만들 것이라는 점이다.

남성 지배에 대한 여성의 반항은 정치적인 의미에서는 사실상 완성된 운동이지만, 보다 폭넓은 측면에서는 아직도 유치한 단계에 있다. 차츰 그 간접적인 효과가 나타나게 될 것이다. 여성들이 느끼는 감정은 아직도 남성의 관심과 감정의 반영에 지나지 않는다. 남자 소설가의 작품에서 으레 여자는 어린 자식에게 젖을 먹이면서 육체적 쾌락을 느낀다고 씌어 있는 것을 여러분들은 아마 읽어 보았을 것이다. 그러나 당신이 잘 아는 어떤 어머니에게 물어보면, 그것이 사실이 아니라는 것을 알 수 있을 것이다. 그러나 여자가 선거권을 획득하기 전에는, 이에 대해 물어보려 시도한 남성도 없었다.

모성감정은 그것이 무의식적인 여성에 대한 지배수단이 될 수 있다고 생각한 남성들에 의해서 오랫동안 침발린 말로 묘사되어 왔기 때문에, 이 점에 관해서 여성이 진정으로 어떻게 느끼는가를 파악하려면 상당한 노력이 필요하다. 아주 최근까지도 얌전한 여성은 아이는 갖고 싶어하지만 성은 싫어한다고 생각되었다. 오늘날에도 아이를 바라지 않는다고 솔직하게 말하는 여성을 보고 놀라는 남자들이 많다. 이러한 여성에게 설교하려 드는 남성도 드물지 않다. 여성이 예속상태에 있을 때, 그녀들은 자기의 감정에 충실하기보다는 남자가 좋아하는 감정만을 표현하였다. 그러므로 지금까지 자녀에 대한 여성의 정상적인 태도라고 생각해 온 것을 기초로 하여 논의를 계속할 수는 없다. 왜냐하면 여성이 완전히 해방되었을 때, 그녀들의 감정은 일반적으로 지금까지 생각했던 것과는 전혀 다른 것이 될지도 모르기 때문이다.

어쨌든 지금까지 지속해 온 문명은 여성의 모성 감정을 크게 축소시키는 경향이 있었다. 아이를 낳는 일이 여자에게 돈벌리는 직업이라고 생각될 만큼 보수를 주지 않는 한 장래 고도의 문명은 유지될 수 없을지도 모른다. 만일 그렇게 된다면, 모든 여성 또는 대부분의 여성이 이러한 직업에 종사할 필요는 없을 것이다. 그것은 직업의 일종이 될 것이며, 전문성을 가지고 맡아 하게 될 것이다. 그러나 이것은 어디까지나 추측에 불과하다. 이 가운데 무엇보다 확실하다고 생각되는 점은 페미니즘의 금후 발전이 선사시대의 남성의 여성에 대한 승리를 나타냈던 가부장제 가족을 파괴하는 데 막대한 영향을 줄 것이라는 점이다.

국가가 아버지를 대신하는 것은 지금까지 서구에서 진행되어온 다른 일에 비추어 볼 때, 대체로 커다란 진전이라 할 수 있다. 그것은 사회의 보건과 교육의 일반적 수준을 현저하게 개선하였다. 그것은 아동학대를 감소시켰으며, 데이비드 코퍼필드〔찰스 디킨즈의 자전적 소설 『David Copperfield』(1850)의 주인공〕가 겪은 것과 같은 고난을 없앴다. 그것은 지극히 잘못된 방향으로 나가고 있는 가족제도에서 비롯하는 최악의 폐해를 방지함으로써, 건강과 지능의 일반적 수준을 끊임없이 향상시키는 것이라고 기대하여도 좋을 것이다.

그러나 국가가 아버지를 대신하는 데는 매우 중대한 위험이 있다. 어버이는 대체로 그 자식을 사랑하며, 그들이 정치적 음모를 위한 수단이 된다고는 생각하지 않는다. 그러나 국가가 이러한 태도를 취하리라고는 기대할 수 없다. 국가가 만든 제도 안에서 아이들과 실제로 접촉하는 개인들, 예컨대 학교 교사는 과로에 시달리거나 급료가 너무 낮지만 않다면, 부모들이 갖는 어떠한 인간다운 감정을 가질 수 있을지도 모른다. 그러나 교사들은 거의 아무런 권한도 없다. 권한은 행정관에게 속해 있다.

행정관들은 아이들을 만나 보지도 않은 채 그들의 생활을 통제한다. 이러한 관료제 때문에(이러한 관료제가 없었더라면 그들은 그 지위를 획득할 수 없었을 것이다) 그들은 인간을 그 자체가 목적이라고 보지 않고, 무엇인가를 만드는 재료라고 보게 된다. 뿐만 아니라 관료들은 획일성을 좋아한다. 그것은 통계와 정리를 하는 데 편리하다. 그리고 만약 어떤 것이 '올바른' 종류의 획일성이라면, 그것은 그가 바람직하다고 생각하는 종류의 인간이 많이 존재한다는 것을 의미한다. 그러므로 제도의 지배에 맡겨진 아이들은 모두 서로 비슷해지는 경향이 있으며, 한편 정해진 틀과 잘 부합하지 않는 소수의 사람들은 동료들로부터 뿐 아니라 당국으로부터도 박해를 받을 것이다.

이것은 가장 큰 잠재력을 지닌 많은 사람들이 괴로움과 고통을 겪고, 결국 파멸할 수밖에 없음을 의미한다. 그것은 또 정해진 틀에 잘 맞출 수 있는 대다수의 사람들은 스스로를 지나치게 확신한 나머지 쉽게 남을 박해하고, 인내심을 갖고 새로운 사상을 경청할 수 없게 됨을 의미한다. 특히 세계가 서로 경쟁하는 군국주의적 국가로 분열되고 있는 한, 어버이를 대신해서 국가가 교육을 맡는 것은 이른바 애국심, 즉 정부가 요망할 때에는 언제든지 조금의 주저함도 없이 흔쾌히 서로 죽이는 일에 몰두하는 의지의 강화를 의미할 뿐이다. 소위 애국심이란 틀림없이 문명이 현재 직면하고 있는 가장 중대한 위험이며, 그 해독을 증대시키는 것은 재해, 역병, 기근보다 더 무서운 것이다.

오늘날 젊은이들은 한쪽으로는 어버이에 대해서 그리고 다른 한쪽으로는 국가에 대해서 각각 충성해야 할 의무를 가지고 있다. 만약 젊은이의 유일한 충성이 국가에 대한 것이라면, 세계는 오늘날보다 더 살벌해질 것이 틀림없다. 그러므로 나는 국제주의의 문제가 해결되지 않고 남아 있는 한, 아이들의 교육과 간호를 국가가 더욱 더 인수하는 것은 그것이 가지는 확실한 이익보다 위험성이 더 큰 것이라고 생각한다.

만일 국제분쟁에서 법률로써 무력을 대신할 수 있는 국제정부가 확립된다면, 사태는 전적으로 달라질 것이다. 이러한 정부는 비이성적인 형태의 국가주의가 어느 나라 교육의 교과과정에도 포함되어서는 안 된다는 것을 선포할 것이다. 앞으로 이 국제적 초국가에 대한 충성을 도처에서 가르쳐야 하며, 또 현재의 국기에 대한 헌신을 대신하는 감정으로서 국제주의가 고취되어야 할 것이다. 그러한 경우 너무나 지나친 획일주의와 특이한 인물에 대한 너무나 혹독한 박해의 위험은 여전히 존재한다 하더라도, 전쟁을 촉진하는 위험성은 제거될 것이다. 사실 초국가의 교육관리는 적극적인 전쟁 방지의 수단이 될 것이다.

결론적으로 국가가 아버지를 대신하는 것은 만일 국가가 국제주의적이라면 문명에 대해서 이익이지만, 국가가 민족적이고 군국주의적인 한, 그것은 문명에 대한 전쟁의 위험성의 증대를 나타내는 것이다. 가족은 급속히 쇠퇴하고 있으며, 국제주의는 서서히 성장하고 있다. 그러므로 사태는 매우 우려할 만하다. 그럼에도 불구하고 전혀 희망이 없는 것은 아니다. 국제주의가 과거에 비해서 앞으로 더욱 급속히 성장할 수 있을지도 모르기 때문이다. 다행히도 우리는 미래를 예언할 수 없다. 따라서 그것이 현재를 개선하는 것이라고 기대할 권리는 없어도 희망할 권리는 우리에게 있다.

10. 인생에서 사랑의 지위

사랑이 반드시 반이성적인 것은 아니다

사랑에 대해서 대개의 사회가 취하는 일반적인 태도는 이상하게도 이중적이다. 한편으로 그것은 시나 소설이나 희곡의 주요한 테마이지만 다른 한편 대부분의 진지한 사회학자들에 의해서 완전히 무시당하고 있으며, 정치경제 개혁을 계획할 때 절실히 요망되는 것이라고는 생각되지 않는다. 나는 이러한 태도는 옳지 않다고 생각한다. 나는 사랑을 인생에서 가장 중요한 것 가운데 하나로 간주한다. 그리고 그 자유로운 발전을 쓸데없이 방해하는 제도는 어떤 것이든 나쁘다고 생각한다.

그 올바른 의미에서 사랑이란 남녀간의 관계라면 뭐든지 다 가리키는 것이 아니라, 상당한 감정을 내포하는, 육체적인 동시에 정신적인 관계를 가리킨다. 그것은 어느 정도 긴장감을 수반한다. 『트리스탄과 이졸데』에 나타나 있는 감정은 무수한 남녀의 경험과 일치한다. 사랑의 감정을 예술적으로 표현하는 힘은 드물지만, 그 감정 자체는 적어도 유럽에서는 그리 드문 것은 아니다.

이러한 감정이 얼마나 일반적인가 하는 것은 사회가 다름에 따라서 커다란 차이가 있다. 이것은 그 민족성에 의존하는 것이 아니라, 그 민족의 인습과 제도에 의존하는 것이라고 나는 생각한다. 중국에서 이러한 경우는 매우 드물며, 나쁜 후궁에 의해 농락당하는 폭군의 특징으로서 역사에 나타난다. 전통적인 중국문화는 모든 억센 감정을 억제하고 인간은 어떠한 환경에서도 이성을 지켜야 한다고 생각하였다. 이러한 점에서 그것은 서구 유럽의 18세기 초와 흡사했다.

낭만주의 운동, 프랑스 혁명 및 세계 대전을 겪어온 우리들은 인간 생활에 있어서 이성의 역할이 앤 여왕 시대에 기대하였던 것처럼 지배적인 것은 아니라는 것을 알게 되었다. 그리고 정신분석학의 이론이 나타나자, 이성 자신이 반역자로 드러났다.

근대생활에 있어서 주요한 이성 외적 활동 세 가지는 종교, 전쟁 그리고 사랑이다. 이러한 모든 것은 이성 외적인 것이지만, 사랑이 반이성적인 것은 아니다. 즉, 이성적인 사람은 이성적으로 사랑을 즐길 수도 있다. 앞장에서 살펴보았듯이, 현대 세계에는 종교와 사랑 사이에 어떤 반목이 있다. 나는 이러한 반목이 불가피하다고는 생각하지 않는다. 그것은 단지 기독교가 다른 종교와 달리 금욕주의에 기초해 있다는 사실 때문이다.

출세를 위해 사랑을 희생하는 것은 어리석다

그러나 오늘날 사랑에는 종교보다 더 위험한 다른 적이 있다. 그것은 노동과 경제적 성공이라는 신조이다. 특히 미국에서는 사랑이 남자의 출세를 방해해서는 안 되며, 만일 사랑에 빠져 자신의 성공을 마다한다면 어리석은 자라고 흔히 생각된다. 그러나 인간만사가 그러한 것처럼, 여기에도 균형이 필요하다.

연애 때문에 출세를 완전히 희생하는 것은(때에 따라서 그것은 비극적인 영웅적 행위일지는 모르지만) 어리석은 일일 것이다. 그러나 출세를 위해서 사랑을 전적으로 희생하는 것도 마찬가지로 어리석은 일이며, 또 조금도 영웅적이지 않다. 그럼에도 불구하고 저마다 돈을 모으려고 광분하는 사회조직 안에서 이러한 사태는 일어나지 않을 수 없다.

현대의, 특히 미국의 전형적인 실업가의 생활을 생각해 보자. 성인이 되자마자 그는 자기의 경제적 성공을 위해서 온갖 노력을 다한다. 다른 것은 모두 대단치 않은 오락에 불과하다. 젊었을 때, 그는 가끔 매춘부를 통해서 생리적 욕구를 만족시킨다. 얼마 안 있어 그는 결혼한다. 그러나 그와 그의 아내의 관심은 전혀 다르다. 따라서 그는 진정으로 아내와 친숙할 수가 없다.

그는 밤 늦게 지쳐서 사무실에서 집으로 돌아온다. 아침에는 아내가 미처 깨기도 전에 일어난다. 쉬는 날은 골프를 치며 보낸다. 돈벌이에 분투하기 위해서는 운동이 필요하기 때문이다. 아내가 흥미를 느끼는 것이 그에게는 너무 여성적인 것처럼 보인다. 따라서 그는 찬성은 하지만, 관여하려고는 하지 않는다. 부부간의 애정을 누리거나 불의(不義)의 사랑에 빠질 여가가 없다. 물론 사업차 집을 떠났을 때에는 가끔 매춘부를 찾아갈 것이다. 아내는 여전히 성적으로 냉담하다. 그것은 하등 이상할 것이 없다. 왜냐하면 아내의 사랑을 구하는 시간조차 없기 때문이다.

잠재의식적으로 그는 늘 불만족스럽다. 그러나 그 까닭은 모른다. 그는 그러한 불만을 주로 사업에 몰두함으로써 잊어버리려 한다. 또 별로 달갑지 않은 방법, 예컨대 권투시합을 구경한다든가 급진파를 박해한다든가 해서 거기에서 오는 가학적인 쾌감을 누리려고도 한다. 남편과 마찬가지로 불만족스러운 아내는 이류의 문화나 관대하고 자유로운 생활을 하는 사람들을 괴롭힘으로써 전통적 미덕을 찬양하는 데서 위안을 찾으려 한다.

이렇게 해서 부부 쌍방의 성적 불만은 공공심이나 고상한 도덕적 표준을 가장한 인류에 대한 증오로 변한다. 이러한 불행한 상태는 성적 욕구에 대한 그릇된 관념에서 기인하는 수가 많다.

사랑을 통해서만 고독에서 벗어날 수 있다

성 바울은 결혼생활에 필요한 유일한 것은 성교하는 기회라고 생각하였다. 그리고 기독교적 도덕주의자들의 가르침은 이러한 견해를 더욱 강화시켰다. 그들은 성을 싫어한 나머지 성생활의 아름다운 면을 전혀 보지 못했다. 그 결과 젊었을 때 그들로부터 가르침을 받은 사람들은 자기가 가지고 있는 최선의 가능성을 전혀 모른 채 세상에 나가게 된다.

사랑이란 성교에 대한 욕망을 훨씬 넘어선 것이다. 그것은 인생의 대부분을 통해서 대개의 남녀가 겪게 되는 고독으로부터 벗어날 수 있는 주요한 수단이다. 대부분의 인간에게는 냉혹한 세상과 군중의 잔인성에 대한 뿌리깊은 두려움이 있다. 또 다른 한편으로 애정에 대한 갈망이 있다. 그것은 남자의 경우에는 난폭하고 야비하며 뽐내는 태도 속에, 여자의 경우에는 성가신 잔소리 뒤에 감추어져 있곤 한다. 서로의 정열적인 사랑이 계속되는 동안은 이러한 감정은 소멸된다. 그것은 자아라는 단단한 벽을 부수고, 두 사람으로 이루어진 하나의 새로운 존재를 낳게 된다.

자연은 인간을 고독을 지탱할 수 있도록 만들지 않았다. 인간은 타인의 도움 없이는 자연이 명령하는 생물학적 목적을 달성할 수 없기 때문이다. 그리고 문명인은 사랑 없이는 성적 본능을 충분히 만족시킬 수 없기 때문이다. 인간의 전존재가 육체적으로나 정신적으로나 이러한 관계를 맺고 난 연후에야, 본능은 비로소 완전히 만족될 수 있다.

행복하게 서로 사랑하는 사람끼리의 깊은 친애감과 굳센 공동의식을 맛보지 못한 사람은 인생에 없어서는 안 될 가장 좋은 것을 놓친 셈이다. 그들은 무의식적이나마 이것을 느낀다. 그리고 이 실망감은 그들을 질투심과 압박감과 잔인성으로 이끈다. 그러므로 정열적인 사랑에 정당한 지위를 부여하는 일에 사회학자들은 관심을 기울여야 할 것이다. 왜냐하면 만일 이러한 경험을 하지 못할 경우에는 남녀 할것없이 원만한 정신적 성장을 할 수 없으며, 또 세상에 대해서 너그럽고 따뜻한 기분을 가질 수 없으므로, 그들의 사회 활동에 해를 끼칠 우려가 크기 때문이다.

대부분의 남녀는 적절한 조건만 주어진다면, 그들 평생의 어느 시기에는 정열적인 사랑을 느낄 것이다. 그러나 그러한 경험이 없는 사람이라면 정열적인 사랑과 단순한 매력을 구별하는 것은 어려운 일일 것이다. 양가집에서 자라나 자기가 사랑하는 남자가 아니라면, 키스할 마음조차 일어나지 않는 것이라고 교육받은 처녀의 경우에는 특히 그러할 것이다.

혼기에 다다른 처녀가 일시적이고 조그마한 성적 매력의 올가미에 걸리는 일이 허다하다. 성적 경험이 있는 여자라면 그러한 것과 사랑은 다르다는 것을 쉽사리 알 수 있을 것이다. 이것이 종종 불행한 결혼의 원인이었다는 것은 의심할 여지가 없다.

서로가 사랑하고 있는 경우에도 그 사랑이 죄라고 어느 한쪽에서 믿는다면, 그것은 해를 입게 된다. 물론 그렇게 믿는 데는 상당한 근거가 있다. 예컨대 파넬〔아일랜드의 정당 당수〕의 간통은 분명히 죄를 범한 것이었다. 왜냐하면 이 때문에 그는 아일랜드의 희망의 실현을 여러 해 동안 유예시켰기 때문이다. 그러나 죄의식에 근거가 없는 경우에도 그것은 마찬가지로 사랑을 해칠 것이다. 만일 사랑이 가능한 모든 좋은 것을 가져다주는 것이 되려면, 그것은 자유롭고 너그러우며 구속받지 않는, 진심에서 우러난 것이어야 할 것이다.

인습적인 교육은 사랑에 그리고 심지어 결혼에까지 죄의식을 심어놓았는데, 그것은 여자와 마찬가지로 남자에게도 그리고 낡은 전통에 집착하는 사람과 마찬가지로 해방적인 의견을 의식하고 있는 사람에게도 종종 잠재의식으로 작용한다. 이러한 태도가 미치는 영향은 가지각색이다. 그것은 남자의 구애를 난폭하고 지각 없으며 비동정적인 것으로 만들곤 한다. 남자들은 여자의 감정을 확인하기 위해 그것에 관해서 이야기하는 것을 망설이고, 여자를 기쁘게 하는 데 본질적인 것, 즉 결정적 행동까지 차츰차츰 접근해 가는 것의 중요성을 제대로 알지 못한다. 정말로 남자들은 여자도 즐거움을 경험해야 한다는 것, 만일 그녀가 그렇지 못하다면, 남자에게 잘못이 있기 때문이라는 것을 모르는 경우가 많다.

인습적인 교육을 받은 여성은 냉정히 구는 태도에서 일종의 자존심을 느끼는 경향이 있다. 육체적인 자제와 더불어 쉽사리 육체적 접근을 허락하지 않곤 한다. 능숙한 구애자라면 아마 이러한 수줍음을 극복할 수 있을 테지만, 그것을 정숙한 여성의 징표로 존경하고 칭찬하는 남성은 정복할 가망이 전혀 없을 것이다.

그 결과 결혼한 지 여러 해가 지났는데도 부부관계는 여전히 강제적이며, 다소간 형식적이다. 우리의 할아버지들이 살던 시대에 남편들은 결코 자기 아내의 나체를 보려고 하지 않았다. 아내들 역시 그러한 것을 생각하는 것만으로도 몸서리를 쳤다. 이러한 태도는 생각보다 꽤 널리 퍼져 있다. 오늘날 비교적 진보적이라는 사람들 가운데에도 이러한 옛날부터 내려온 속박이 상당히 남아 있다.

성교는 사랑을 목적으로 한 실험이다

오늘날 사랑을 원만히 발전시키려고 할 때 심리적 장애가 되는 것이 하나 더 있다. 그것은 바로 개성의 독자성을 손상시키지나 않을까 하고 많은 사람들이 느끼는 불안이다. 이것은 어리석은 일이며, 극히 현대적인 공포이다. 개성은 그 자체가 목적이 아니다. 그것은 결실을 맺기 위해서 세상과 접촉해야 하는 것이며, 그렇게 함으로써 개성의 고립화를 막아야 한다. 유리상자 안에 들어 있는 개성은 말라 시들지만, 사람과의 접촉에 의해서 자유롭게 발휘되는 개성은 풍성해진다.

사랑과 자녀와 노동은 한 개인이 나머지 세상과 풍부한 접촉을 가질 수 있는 커다란 원천이다. 일반적으로 이 가운데서도 사랑이 첫째이다. 사랑은 어버이로서의 애정을 원만하게 발달시키기 위해서도 없어서는 안 되는 것이다. 아이들은 어버이의 특징을 재현하는 경향을 가지고 있는데, 만약 어버이가 서로 사랑하지 않는다면 각자 자기의 특징이 아이들에게 나타났을 때에만 기쁨을 느낄 것이고, 다른 쪽 특징에 의해서는 고통을 느낄 것이기 때문이다.

노동이 반드시 언제나 성과가 많은 외부 세계와의 접촉을 가져온다고는 할 수 없다. 그 여부는 노동에 종사하는 정신에 의존한다. 오직 돈만을 목적으로 하는 일은 이러한 가치를 가질 수 없다. 사람에 대해서, 사물에 대해서, 또는 단순한 꿈에 대해서 오로지 성심을 다할 때에야 비로소 그 일은 가치를 갖게 된다.

사랑 자체는 그것이 단순히 소유욕인 경우에는 가치가 없다. 그것은 금전을 목적으로 하는 일의 수준을 벗어나지 못한다. 사랑이 우리가 여기에서 말하는 가치를 가지기 위해서는, 애인의 자아를 자기 자신의 자아와 꼭같은 중요한 것으로 느끼고, 상대방의 감정과 희망을 마치 자기 자신의 것처럼 이해할 필요가 있다. 즉, 자아 중심의 감정을 의식적이 아니라 본능적으로 전개하여서 타인을 다같이 포옹하는 것이어야 한다.

이러한 모든 것을 곤란케 한 것은 우리의 투쟁적이고도 경쟁적 사회이며, 프로테스탄트 정신과 낭만주의 운동에서 유래한 어리석은 인격예찬이었다.

해방된 현대인 사이에서 위에서 말한 성실한 의미의 사랑은 새로운 위험에 처해 있다. 조금이라도 그러한 충동을 느낄 때마다 성교를 감행하는 데 아무런 도덕적 저항을 못 느끼게 되면, 성을 성실한 감정이나 애정이 넘친 기분과 분리하는 습관에 빠지게 된다. 그것은 증오감과 결합하는 일까지 있다. 이러한 종류의 사태에 대해서 알더스 헉슬리의 소설은 가장 좋은 예를 제공한다. 그의 소설에 나오는 인물은 성 바울처럼 성교를 단순히 생리적인 해결책이라고 생각한다. 그것이 좀 더 높은 가치와 결부될 가능성을 가지고 있다는 것을 그들은 아직 모르는 것 같다. 이러한 태도에서 한 발자국만 더 나가면 바로 금욕주의적 부활이 된다.

사랑은 그 자체의 이상을 가지고 있으며, 그 자체에 내재하는 도덕적 표준을 가지고 있다. 이러한 것들이 기독교의 가르침과 많은 젊은 세대에 의해서 행해진 성도덕에 대한 무차별적 반감에 의해서 애매해지고 말았다. 사랑이 없는 성교는 본능에 대해서 어떠한 깊은 만족도 줄 수 없다. 나는 사랑이 없는 성교는 결코 해서는 안 된다고 말하지 않는다. 사랑이 없는 성교를 금지하려면 사랑을 어렵게 하는 튼튼한 울타리를 쌓아야 하기 때문이다. 내가 말하려는 것은 이것이다. 즉 사랑을 떠난 성교는 아무런 가치도 없으며, 본래 그것은 사랑하는 것을 목적으로 한 실험이라고 생각되어야 한다는 것이다.

앞에서 살핀 것처럼, 인생에서 사랑의 요구가 차지하는 지위를 인정하는 것은 매우 중요하다. 그러나 사랑은 하나의 무정부적인 일이며, 자유로운 상태에 놓여진다면 법률이나 관습의 테두리 안에 머무르지 않을 것이다. 아이들을 생각하지 않는다면 이것은 그다지 중요한 문제가 아닐지도 모른다. 그러나 일단 아이들이 나타남에 따라서 우리는 다른 상황에 놓이게 된다. 이때의 사랑은 독립된 것이 아니라, 종족의 생물학적 목적에 봉사하는 것이다. 아이들과 관련된 사회윤리가 있어야 한다. 그것이 열정적인 사랑의 요구와 충돌할 경우, 그 요구를 무시할 수도 있다. 그러나 현명한 윤리는 이러한 충돌을 최소한도로 줄일 것이다. 왜냐하면 사랑 그 자체가 선일 뿐만 아니라, 양친이 서로 사랑하는 일은 아이들을 위해서도 좋은 일이기 때문이다. 아이들의 이익과 모순되지 않는 이상, 사랑에는 될 수 있는 한 간섭하지 않도록 하는 것이 현명한 성윤리의 주요한 목적의 하나이어야 한다.

◉ 맺음말 ◉

이상과 같은 논의를 전개해 가는 동안에 우리는 어떠한 결론에 도달하였다. 그 가운데 어떤 것은 역사적인 것이며, 또 어떤 것은 윤리적인 것이다.

역사적인 것으로서 우리는 문명사회에 존재하는 성도덕은 두 개의 전혀 다른 근원, 즉 한편으로는 아버지로서의 혈통을 확실하게 하려는 욕망과 다른 한편으로는 생식에 필요한 정도를 제외하고는 성은 좋지 못한 것이라는 금욕주의적 신앙에서 유래한 것이라는 사실을 발견하였다. 기독교 이전 시대와 오늘날까지 내려온 극동의 도덕률은 인도와 페르시아를 제외하고는 전자의 근원만을 가졌다. 인도와 페르시아는 각지에 퍼진 금욕주의의 중심지였다.

부자의 관계를 명확히 하려는 욕망은 물론 남성이 생식에서 어떠한 역할을 하는지를 모르는 미개종족 사이에는 존재하지 않는다. 그들 사이에서 남성의 질투가 여성의 방탕을 어느 정도 제한하는 일은 있어도, 여자는 대체로 초기의 가부장제 사회에서보다는 훨씬 자유로웠다. 과도기에는 상당한 마찰이 있었음에 틀림없다. 여성의 자유에 대한 제한은 분명히 자기 자식에 대해 관심을 가지게 된 아버지라는 남성의 존재를 필요로 한다. 이 단계에서 성도덕은 여성에 대해서만 존재하였다. 남성은 기혼여성과 간통해서는 안 되었지만, 그 외에는 자유로웠다.

기독교와 더불어, 죄를 회피한다는 새로운 동기가 등장하게 되었다. 그 도덕적 규범은 이론상 남녀에게 동일한 것이다. 그러나 실제로는 남성에게 그것을 강요하기가 어려웠기 때문에, 남성의 잘못은 여성의 잘못에 비해서 훨씬 너그럽게 취급되는 것이 예사였다. 초기의 성도덕은 분명히 생물학적 목적을 가지고 있었다. 즉 그것은 아이가 아직 어릴 때는 한쪽 부모만이 아니라, 양친의 보호를 받도록 하는 것이었다. 이러한 목적은 기독교의 실천에서는 그렇지 않았지만, 기독교의 이론에서는 간과되었다.

아주 근래에 들어와서 성도덕의 기독교적 부분과 전(前) 기독교적 부분이 다 같이 차츰 수정되어 가는 징조가 나타났다. 기독교적 부분은 종교적 정통성의 쇠퇴와 아직까지 그것을 믿고 있는 사람들이라 할지라도 신앙의 강도가 줄어들었기 때문에 이전보다 못한 위력을 가지게 되었다. 오늘날 태어난 남녀는 무의식적으로는 낡은 태도를 지키는 경향이 있지만, 대개는 간음을 죄라고 믿지 않는다.

성윤리 가운데 있는 전 기독교적 요소는 하나의 요인에 의하여 수정되어 왔으며, 현재는 다른 하나의 요인에 의하여 수정되고 있다. 이러한 요인 가운데 첫째가 바로 피임법이다. 그것은 성교가 임신을 초래하지 않도록 하였기 때문에, 여성이 만일 미혼이라면 전혀 아이를 낳지 않도록, 기혼이라면 남편의 아이만을 낳는 것을 가능하도록 만들었다. 그 어떠한 경우에도 정조를 필요로 하지 않게 되었다. 이 과정은 아직도 완성되지는 않았다. 왜냐하면 피임법은 아직 전적으로 신뢰할 수 없기 때문이다. 그러나 그다지 머지 않은 장래에 그렇게 되리라고 생각해도 무방할 것이다.

그러한 경우에는 굳이 여성의 혼외 성교를 금지하지 않더라도 부성을 보증할 수 있게 될 것이다. 물론 여성은 이 점에서 남편을 속일 수 있다고 말할 수 있을 것이다. 그러나 남편을 속이는 일은 아주 옛날부터 가능했다. 그리고 그 속이는 동기 역시도 열렬하게 사랑하는 사람과 성교할지의 여부를 결정할 때보다 누구를 아버지로 삼아야 할지를 결정할 때 훨씬 약해진다. 그러므로 부자관계에 관한 기만이 가끔 일어날지는 모르지만, 과거에 간통에 의해 일어났던 기만보다는 덜 빈번하리라 생각된다.

남편의 질투심은 새로운 인습에 의하여, 또는 새로운 환경에 적응해서 아내가 자식의 아버지로서 다른 남성을 선택할 것을 제의할 때에만 일어날 것이다. 동양에서 남자는 환관(宦官)에게 대개의 유럽인 남편이 분개할 만한 자유를 언제나 허용해 왔다. 환관은 아버지가 될 의심이 전혀 없었기 때문에, 동양인은 이들을 너그럽게 대하였던 것이다. 같은 종류의 너그러움을 피임기구를 사용하는 데 따르는 자유에까지 확대하는 것도 그다지 어려운 일이 아닐 것이다.

그러므로 양친을 갖춘 가족은 여성의 정조에 대해서 과거처럼 많은 요구를 하지 않더라도, 장래에도 존속할 수 있을 것이다. 그러나 성도덕을 변화시키는 둘째 요인은 이것보다 훨씬 광범위한 영향을 끼칠 것 같다. 그것은 자녀의 부양과 교육에서 국가의 간섭이 차츰 증가하고 있다는 점이다. 이 요인은 오늘날까지는 주로 임금 노동자계급에만 영향을 미치고 있지만, 결국 임금 노동자계급이 인구의 대부분을 차지하고 있기 때문에, 국가가 아버지를 대신하는 일은 궁극적으로 전인구로 확장될 것이다.

종래 아버지의 역할은 인간의 가족과 마찬가지로 동물의 가족에서도 보호와 부양을 하는 것이었다. 그러나 문명사회에서 보호는 경찰이 하게 되었으며, 부양도 어쨌든 인구의 빈곤한 부분에 관한 한, 전적으로 국가가 하게 될지 모른다. 만일 그렇게 되면, 아버지는 이렇다 할 눈에 띄는 목적에 도움이 되지 못할 것이다.

어머니에 관해서는 두 가지의 가능성이 있다. 그녀는 평소의 일을 계속할 것이며, 아이들은 시설에서 돌보아주거나, 혹은 법률이 그렇게 정해진다면 아이들이 어릴 동안에는 그들을 돌보아주는 비용을 국가가 지급할 것이다. 만약에 후자의 과정이 채택된다면, 얼마 동안은 그것은 전통적 도덕을 지탱하기 위해서 이용될지도 모른다. 왜냐하면 정결하지 못한 여성은 지급이 중지될지도 모르기 때문이다. 그러나 만일 지불이 중지된다면, 일하러 가지 않으면 그 자녀를 부양할 수 없게 될 것이다. 따라서 아이들을 어떤 기관에 맡길 필요가 있을 것이다. 이런 이유로 경제력이 가난한 아버지는 물론 어머니까지도 아이들을 돌보지 못하게 만들 것이다. 만일 그렇게 된다면 전통적 도덕에 대한 전통적 이유는 모두 소멸할 것이며,

새로운 도덕을 위한 새로운 이유가 발견되어야 할 것이다.

가족의 붕괴는 만일 그것이 일어난다면 결코 기뻐할 일이 못 된다고 생각된다. 어버이의 애정은 아이들에게 중요한 것이며, 시설은 그것이 대규모로 존재할 경우 매우 관료적이고 거칠게 아이들을 대할 것이 확실하다. 다른 가정 환경에서 오는 여러 가지 영향이 제거되었을 때, 무서워할 만한 정도의 획일성이 나타날 것이다. 그리고 만일 국제정부가 미리 수립되어 있지 않다면, 여러 나라의 아이들은 악성 애국주의를 배우게 될 것이다. 그 결과 어른이 되었을 때 서로 살육하게 될 것이 틀림없다. 국제정부의 필요성은 인구에 관해서도 일어난다. 그것이 존재하지 않을 경우, 국가주의자들은 바람직한 한도 이상으로 인구 증가를 꾀할 것이며, 또 의학과 위생학의 발달에 따른 과잉인구를 처리하기 위한 유일한 방법은 전쟁이 될 것이기 때문이다.

사회학적 문제는 종종 어렵고 복잡한 반면에, 개인적인 문제는 매우 단순한 것처럼 생각된다. 성에는 어떠한 죄가 있다는 교리는 개인의 성격에다 말할 수 없는 해독—유년기에 시작하여 평생 동안 계속되는 해독—을 주는 것이다. 인습적 도덕률은 성애를 감옥에 가두었는데, 그 때문에 다른 형태의 우호적인 감정들도 모두 감옥에 가두었으며, 인간을 덜 너그럽고, 불친절하고, 고집세고, 잔인하게 만들었다.

어떠한 성윤리든 그것이 용인되기 위해서는 미신에 사로잡혀서는 안 되며, 그것에 찬성할 만한 그럴 듯하고 확실한 근거를 가져야 한다. 성은 비즈니스나 스포츠나 과학연구나 기타 인간활동과 마찬가지로 윤리가 없어서는 안 되는 것이다.

그러나 현재와는 전혀 다른 사회에서 교육을 받지 못한 사람들이 제기한 낡은 금제만을 기초로 한 윤리는 성에는 무용한 것이다. 경제와 정치의 경우와 마찬가지로, 성에서도 우리의 윤리는 아직까지 공포에 의하여 지배되고 있다. 현대의 발견은 그것을 불합리한 것이라 선언했지만, 그러한 발견에서 유래하는 이익은 심리적으로 응용하는 데 실패했기 때문에 대부분 상실되었다.

낡은 제도에서 새로운 제도로 옮아가는 데는(다른 모든 변천이 그러한 것처럼) 그 자체의 곤란성이 따르는 것이 사실이다. 무릇 윤리적 혁신을 주장하는 사람들은 소크라테스처럼 언제나 청년을 타락시킨다는 비난을 받기 마련이다. 이러한 비난이 반드시 전혀 근거가 없는 것은 아니다. 그들이 설교하는 새로운 윤리가(만일 그것이 전적으로 받아들일 수 있는 것이라면) 그들이 수정을 요구하는 낡은 윤리보다 더 나은 삶을 가져오는 경우일지라도 말이다. 이슬람교를 믿는 한 중동인이 하루에 다섯 번 예배드릴 필요가 없다고 생각하게 되면, 우리들이 더욱 중요하다고 생각하는 다른 도덕도 존중하지 않게 된다. 성도덕에 어떠한 변혁을 주장하는 사람은 특히 이와 같은 오해를 받기 쉽다. 그리고 나 자신도 일부 독자들에게 오해받을 만한 말을 했음을 잘 알고 있다.

새로운 도덕이 청교도주의라는 전통적 도덕과 구별되는 일반적 원리는 다음과 같다. 즉 본능은 억제하는 것보다 오히려 훈련해야 할 것이라는 점이다. 이처럼 일반적인 표현을 사용하면, 이 견해는 현대의 남녀 사이에 매우 광범위하게 용인될 것이다. 그러나 이 견해는 그것이 내포하는 의미가 남김없이 용인되고, 아주 어렸을 때부터 적용됨으로써만 비로소 완전히 타당한 것이 된다. 만일 유년기에 본능을 훈련하기보다는 억제한다면, 그 후 일생을 통해서 줄곧 그것을 억제하지 않으면 안 될 것이다. 유년기의 억압의 결과로서, 그것은 매우 바람직하지 못한 형태를 취할 것이기 때문이다.

내가 제창하고자 하는 도덕은 단순히 성인이나 사춘기 소년에게 "네 충동에 따라 네 하고 싶은 대로 하라"고 충고하는 것이 아니다. 인생에는 절조가 있어야 한다. 당장에 유익하지도 않고, 또 언제나 매력적이기만 한 것도 아닌 목적을 향해서 끊임없이 노력해야 한다. 타인에 대한 인정이 있어야 한다. 또 공정이라는 기준이 있어야 한다.

그러나 나는 자제 자체를 목적이라고 생각하지 않으며, 또 우리의 제도와 도덕적 관습이 자제의 필요성을 최대화하기보다는 오히려 최소화하기를 바라고 싶다. 자제의 효용은 기차의 브레이크의 효용과 흡사하다. 그것은 잘못된 방향으로 가고 있다는 것을 알았을 때는 유용하지만, 방향이 옳을 때에는 유해할 뿐이다. 기차가 언제나 브레이크를 걸면서 달려야 한다고는 아무도 주장하지 않을 것이다. 자제의 습관은 유용한 활동에 필요한 에너지에 대해서 이와 매우 흡사한 해로운 영향을 준다. 자제는 외적 활동 대신에 내적 마찰에 이러한 에너지의 대부분을 소모하도록 만든다. 이러한 이유에서 그것은 때로는 필요하지만, 언제나 유감스러운 것이다.

인생에 어느 정도의 자제가 필요한가는 어렸을 때 본능을 어떻게 취급하는가에 달려 있다. 아이들이 가지고 있는 본능은 유익한 활동을 초래할 수도 있고, 유해한 활동을 초래할 수도 있다. 그것은 마치 기관차의 증기가 기관차를 목적지까지 이끌기도 하고, 혹은 선로를 이탈해 사고를 일으키기도 하는 것과 같다. 교육의 기능은 본능을 유해한 활동을 피해서 유용한 활동으로 발전해 가도록 이끄는 것이다. 만일 이것이 유년기에 적절히 행해진다면, 남녀는 아마 약간의 위기를 제외하고는 대체로 엄격한 자제를 할 필요도 없이 유용한 인생을 보낼 수 있을 것이다. 반대로 만일 유년기의 교육이 단지 본능을 억제하는 것만으로 되어 있다면, 그 후에 본능을 고무하는 행동은 유해한 것이므로 자제에 의하여 끊임없이 억제해야 할 것이다.

이러한 일반적 고찰은 성충동에도 적용될 수 있다. 왜냐하면 성충동은 매우 강하고, 또 그것이 전통적 도덕의 특별한 관심사였기 때문이다. 대개의 전통적 도덕주의자들은 만일 우리들의 성충동을 엄격히 억제하지 않으면, 그것은 천박하고 무정부적이며 거친 것이 될 것이라고 생각한다. 이러한 견해는 유년시절부터 평소에 억제하는 습관을 형성한 나머지 이것을 무시하려고 드는 사람들의 의견에서 비롯된 것이라고 나는 믿는다. 이러한 사람들에게 어렸을 때의 억제는 그것이 잘 억제되지 않을 때에도 역시 작동하는 것이다.

이른바 양심, 즉 유년기에 배운 교훈을 멋모르고 다소간 무의식적으로 받아들인 것이 인습이 금하는 것은 무엇이든지 나쁘다고 성인이 되어서도 느끼게 만드는 원인이 된다. 이러한 감정은 이와는 반대되는 지적인 확신에도 불구하고 지속할 것이다. 이리하여 그것은 분열된 인격, 즉 본능과 이성이 더 이상 협조하지 못하는, 본능은 하찮게 되고 이성은 빈혈증에 걸린 인격을 낳게 된다.

현대 세계에서는 인습적인 가르침에 대한 여러 가지 다른 반항을 찾아볼 수 있다. 그 중에서도 가장 일반적인 것은 젊었을 적에 배운 도덕의 윤리적인 정당성을 지적으로 인정하면서도, 그것에 따라서 살아갈 만큼 충분히 영웅적이 아니라고 다소간 유감스럽게 고백하는 사람의 반항이다. 이러한 사람에 대해서는 별로 할 말이 없다. 그는 자신의 신념과 실천이 조화를 이룰 수 있도록 그 어느 한쪽을 변경하는 것이 좋을 것이다.

의식적인 이성은 어릴 때 배운 것을 많이 물리쳤더라도, 무의식적으로는 그것을 전면적으로 받아들이는 사람도 있다. 이러한 사람은 어떤 강한 감정, 특히 공포와 같은 압력 아래서는 갑자기 자기의 행동방침을 바꿀 것이다. 중병이나 지진이 유년기의 신앙을 흔들어놓고, 그의 지적 확신을 버리게 하는 원인이 될지도 모른다. 평상시에도 그의 행동은 억제당할 것이고, 또 그 억제는 바람직하지 못한 형식을 취할 것이다. 억제는 그가 전통적 도덕이 비난하는 방식으로 행동하지 못하도록 하지만, 진심에서 우러나와 그렇게 하는 것도 방해할 것이며, 결국 그의 행동에 가치를 부여하는 어떠한 요소를 제거하고 말 것이다.

새로운 도덕률과 낡은 도덕률의 교체는 새로운 도덕률이 우리의 의식적 사고를 형성하는 최상층뿐만 아니라 전인격으로써 받아들여지지 않는다면, 결코 만족스럽지 못할 것이다. 유년기 내내 낡은 도덕에 길들여진 대부분의 사람들에게 이것은 매우 어렵다. 그러므로 유년기의 교육에 적용하기 전에 새로운 도덕에 관해 공정한 판단을 내리기란 불가능하다.

성도덕은 그것으로부터 이끌어낸 결과에 대해서 커다란 의견 차이가 존재하더라도, 상당히 널리 인정되어 있는 어떤 일반적인 원리에서 이끌어내어야 한다. 첫째로 확보되어야 할 것은 남녀가 서로의 전인격을 포옹하고, 서로를 풍부하게 하고 고양케 하는 융합을 가져올 수 있는 깊고도 진지한 사랑이 될 수 있는 대로 많아야 한다는 것이다. 둘째로 중요한 것은 육체적으로나 심리적으로 적절하게 아이들을 돌봐주는 것이다. 이러한 원칙은 어느 것이나 그 자체로는 하등 놀랄 만한 것이라고는 생각되지 않는다. 그러나 내가 인습적인 계율에 관해서 어떠한 수정을 주장하는 것은 이 두 가지 원리의 결과 때문이다.

대개의 남녀가 유년기를 그처럼 터부에 둘러싸여 보내지 않았더라면, 좀더 마음에서 우러난, 좀더 너그러운 사랑을 경험하고 결혼에 이르렀을 것이다. 그러나 실제로 그들은 필요한 경험이 부족하든가, 남몰래 바람직하지 못한 방식으로 그것을 얻고 있다. 더구나 질투는 도덕주의자들이 인정하는 것이기 때문에, 그들은 서로가 서로를 감옥에 가두어 두는 것을 옳다고 생각한다. 부부가 서로 불성실해지지 않을 만큼 완전히 서로 사랑하고 있다면, 그것은 물론 좋은 일이다. 그러나 만일 불성실한 일이 일어날 경우, 그것을 어떤 무서운 것처럼 취급하는 것은 좋지 않으며, 이성과의 모든 우정을 불가능하게 만드는 것도 바람직한 것이 못 된다.

좋은 생활은 공포나 억제, 상호간의 자유에 대한 간섭 위에서는 이루어질 수 없다. 이러한 것 없이 충실할 수 있다면,

그것은 좋다. 그러나 이러한 모든 것이 필연적이라면 그것은 너무나 비싼 대가를 치르는 것이며, 우연적인 과오를 서로가 조금씩 용서하는 것이 좋을 것이다. 비록 육체적으로는 순결하더라도, 깊고도 영원한 애정의 궁극적인 힘을 더욱 신뢰하고 있는 경우라도, 상호간의 질투가 왕왕 결혼생활의 불행을 초래하는 원인이 되는 것은 의심할 수 없다.

자식에 대한 어버이의 의무를 스스로 미덕이라고 생각하는 많은 사람들을 나는 그다지 대수롭게 생각하지 않는다. 양친제 가족이라는 현 제도를 전제로 할 때, 자녀가 있는 이상, 될 수 있는 한 조화로운 관계를 유지하는 것이, 비록 그것이 상당한 자제를 요한다 하더라도, 결혼에 대한 쌍방의 의무이다. 그러나 억제해야 할 필요가 있는 것은, 인습적 도덕주의자가 말하는 것처럼, 방탕하고 싶은 충동을 억제하는 것만을 의미하지는 않는다. 질투, 고약한 성미, 건방진 마음 등의 충동을 억제하는 것도 못지 않게 중요하다.

양친 사이의 심한 싸움이 왕왕 아이들의 정신장애의 원인이 되는 것은 의심할 수 없다. 그러므로 어떻게 해서든지 이러한 싸움을 피하도록 해야 한다. 동시에 부부의 한쪽 또는 쌍방이 불화를 아이들에게 알리지 않을 만큼 충분한 자제심을 가지고 있지 않은 경우에는, 결혼을 해소하는 것이 차라리 좋을 것이다. 이혼이 아이들에게 언제나 최악의 일이라고는 할 수 없다. 실제로 고함소리, 매서운 욕지거리, 심지어 폭력행사와 같은 광경처럼 나쁜 것은 없지만, 나쁜 가정에서는 많은 아이들이 이러한 광경 속에 방치되어 있다.

낡고 엄격한 구속적인 준칙 가운데서 자라난 성인, 또는 사춘기의 아이들까지 모두 도덕주의자가 그들에게 남겨놓은 손상당한 충동이 자극하는 대로 맡겨둔 채, 더 큰 자유를 주장하는 사람이 바라는 것이 곧 달성되리라고 생각해서는 안 된다. 이것은 필요한 단계이다. 왜냐하면, 그렇지 않으면 그들은 그들이 자라난 것처럼, 나쁘게 아이들을 기를 것이기 때문이다. 그러나 그것은 하나의 단계에 불과하다.

건전한 자유는 아주 어릴 때부터 가르쳐 주어야 한다. 그렇지 않으면 자유는 전인격의 자유가 아니라, 하찮은 피상적인 자유에 불과할 것이기 때문이다. 하찮은 충동은 정신은 속박되어 있어도 육체적으로 포악한 행동을 하도록 한다. 처음부터 올바로 훈련된 본능은 캘빈주의자의 원죄에 대한 신앙에 고취된 교육에서 오는 결과보다 훨씬 좋은 것을 낳을 수 있다. 그러나 이러한 교육이 그 해독을 방임해 두는 경우에는 뒤에 그 영향을 제거하기가 매우 곤란하게 된다.

정신분석학이 세상에 준 가장 중요한 이익 가운데 하나는 유년기에 금지하고 위협하는 데서 비롯하는 나쁜 영향을 발견한 점이다. 이러한 영향을 없애기 위해서는 오랜 시간과 정신분석적 치료가 필요하다. 이것은 누구나 알 수 있는 현저한 증세가 있는 신경증 환자뿐만이 아니라, 명백히 대개의 정상인 역시 그러하다. 어릴 때 인습적으로 자라난 열 사람 가운데 아홉 사람은 어느 정도 결혼과 성에 대해서 온당하고 건전한 태도를 가질 수 없게 되었다고 나는 믿는다. 내가 최선이라고 생각하는 태도와 행동은 이와 같은 사람들에게는 불가능한 것이 되었다. 할 수 있는 가장 좋은 일은 그들이 입은 손상을 자각시키고, 그들이 병신이 된 그와 같은 방식으로 그 자녀들을 병신으로 만들지 않도록 그들을 설득하는 것이다.

내가 고취하고자 하는 원리는 방종의 원리가 아니다. 그것은 인습적 원리가 의미하는 것과 거의 같은 자제를 내포하고 있다. 그러나 자제는 자신의 자유를 구속하는 것보다 남의 자유를 간섭하는 것을 삼가하는 데 더 많이 적용될 것이다. 처음부터 바른 교육을 하면, 남의 인격과 자유에 대한 이러한 존경은 비교적 쉬울 것으로 본다. 그러나 미덕이라는 이름 아래, 남의 행동을 거부할 권리가 있다고 믿도록 성장해 온 현대인들에게 박해와 흡사한 일을 하지 않도록 하는 것은 곤란하다. 그것은 불가능할지도 모른다. 그러나 처음부터 구속성이 적은 도덕을 배워 온 사람들에게도 그것이 불가능하다고 생각해서는 안 된다.

좋은 결혼의 본질은 남녀간의 엄숙한 사랑이 모든 인간 경험 가운데서 가장 풍성한 결실을 맺게 하는 육체적이고 정신적이며 영적인, 깊은 친밀감과 결부된 상호간의 인격에 대한 존경이다. 모든 위대하고 귀중한 것이 그러한 것처럼, 이와 같은 사랑은 그 자신의 도덕률을 요구하며, 왕왕 큰 것을 위해서는 작은 것을 희생할 필요가 있다. 그러나 이러한 희생은 자발적인 것이어야 한다. 왜냐하면 그렇지 못한 경우에는 희생을 위하여 사랑의 기초 자체를 파괴할 것이기 때문이다.

버트란드 러셀(Bertrand Russell, 1872~1970)은 영국 웨일즈 지방의 트렐렉에서 태어났다. 그의 조부 존 러셀 백작은 빅토리아 여왕 치하에서 두 번이나 수상을 지낸 정치가였으며, 부친 앰벌리 경은 J. S. 밀의 젊은 친구였는데 워낙 병약한 체질이었다. 어머니는 풍부한 기지와 발랄한 성격의 소유자였으며, 아버지와 함께 급진적 개혁론을 주장하였다.

그러나 러셀이 두 살 나던 해 어머니와 누이 동생이 죽고, 이어 1년 반 후에는 아버지마저 세상을 떠나 러셀은 사실상 고아가 되었다. 버트란드는 형 프랭크와 함께 조모에게 맡겨졌으며, 퍼블릭 스쿨에 보내지지 않고 독일인과 스위스인 가정교사에게서 교육을 받았다. 당시 귀족의 자제들이 퍼블릭 스쿨에서 그리스어와 라틴어 고전들을 공부하는 데 반하여, 러셀은 독일어, 프랑스어, 이탈리아어 등에 능통하였으며, 유럽대륙의 사회·철학 사상에도 통달하였다. 그에게 과학과 수학에 대한 강한 관심을 심어준 것도 이러한 가정교육이었다.

러셀은 18세 때에 케임브리지 대학교의 트리니티 컬리지에 들어가 A. N. 화이트헤드에게 사사하였으며, G. E. 무어, E. 맥다카트, J. M. 케인즈 등과 교우하였고, 졸업 후에는 모교에서 강의를 담당하였다. 그가 기호논리학자, 수리철학자, 신실재론자로 명성이 높아질 무렵에 제1차 세계대전이 발발하였다. 이때 러셀은 양심적 반전운동을 펴다가 1백 파운드의 벌금형을 받았고, 트리니티 컬리지에서 추방당하였다.

78세에는 노벨문학상을 받았으며, 89세 때는 대서양 평화재단을 설립하여 베트남 반전운동을 전개하였다. 또 94세의 노구를 이끌고 핵무기 반대 데모의 선봉에 섰다가 투옥되기도 하였다.

언젠가 『타임』지는 러셀을 가리켜 '합리주의자, 불가지론자, 정치학자, 사회학자, 자유주의자, 진보주의자 그리고 천재적 섬광이 번뜩이는 사상가'라고 격찬하였거니와, 이상에서 살펴본 그의 간단한 이력을 보아도 과연 러셀은 '20세기의 볼테르'라 불리울 만하다.

이 책은 러셀의 『결혼과 도덕 *Marriage and Morals*』(George Allen & Unwin Ltd.)을 완역한 것이다. 러셀이 이 책을 처음 출간한 것은 1929년의 일이다. 이 책은 성에 관한 문제를 중심으로 다루고 있는데, 성은 개인의 행복에 커다란 영향을 미칠 뿐 아니라 연애, 결혼, 가족, 교육, 이혼, 매음, 인구 등 인간생활의 모든 문제에 관련되어 있음을 밝히고 있다. 그리고 인간, 특히 여성의 참된 해방을 목표로 기존의 성윤리와 결혼제도를 신랄하게 비판하고 있다. 현재의 성윤리와 결혼제도는 다분히 미신과 인습의 유산이며, 또 성을 죄악시하고 타락시킨 것은 바로 기독교 윤리라고 그는 탄핵한다. 한편 러셀은 이 책에서 계약결혼(trial marriage)을 주장하는가 하면, 심지어 결혼 후에도 부부는 배우자 이외의 이성과 연애할 자유가 있다고까지 주장하였다.

러셀의 이러한 견해가 청교도적인 윤리가 지배적이었던 당시로서 얼마나 충격적인 것이었을지는 상상하기 어렵지 않다. 그는 무수한 여론의 비난을 받았으며, 이 책으로 말미암아 러셀은 '부도덕하고 음란한 교설을 퍼뜨렸다'는 이유로 기독교 교회에 의해 피소되었고, 급기야 1940년 뉴욕시립대학의 교수 초청마저 취소당하기에 이르렀다. 또 러셀의 두번째 아내인 도라가 외간남자의 아이를 낳음으로써 하는 수 없이 도라 부인으로부터 이혼을 당하기도 하였다(1935). 참으로 아이러니가 아닐 수 없다.

러셀의 성윤리에 대한 견해는 그의 저서가 나온 지 68년이 지난 오늘날에도 우리들의 통념을 훨씬 뛰어넘는 것이다. 최근 쟁점이 되고 있는 검열과 표현의 자유, 페미니즘에 관한 논의 등과 관련해서 러셀의 합리적이고도 진보적인 주장은 여전히 귀담아 들을 가치가 있다. 또 오늘날 우리 청소년들의 성교육에도 러셀의 이 책은 좋은 길잡이가 될 수 있을 것이라 믿는다. 단 오래 전에 쓰여진 만큼 오늘날의 시대상황과 맞지 않는 부분들이 더러 있다는 점을 양해해 주기 바란다.

독자의 이해를 돕기 위하여 책의 제목을 『결혼과 도덕에 관한 10가지 철학적 성찰』로 바꾸었으며, 20개의 장으로 되어 있는 원저의 내용을 관계 있는 장끼리 묶어서 10개의 장으로 재편성하였다. 또한 각 장에는 소제목을 새로이 달았으며, 원저의 본문 아래 있는 각주는 모두 책의 말미에다 몰았다. 이 책의 본문에 있는 〔 〕는 역자가 넣은 주이다.

러셀의 문체는 '명쾌하고 격조가 높으며(Lucid and elegant)' 스위프트류의 풍자를 적절히 구사하는 독창적인 것이다. 원문에 충실하려고 나름대로 노력하였으나, 러셀의 멋진 문장을 손상하지나 않았나 저어하는 바이다. 독자 여러분의 질정을 바랄 뿐이다.

끝으로 성교육에 관한 논의가 활발한 요즘 시의적절하게 러셀의 이 책을 출판해 준 도서출판 자작나무에 심심한 사의를 표한다.

1997년 1월

옮긴이

●주●

1. 성교육은 어디까지 해야 하나

1) 여기에는 경찰과 치안판사가 포함되지만, 현대의 교육자는 대부분 포함되지 않는다.
2) 데스몬드 맥카시의 유명한 논문 「음란과 법률」(『삶과 편지』, 1929년 5월)을 참조하라.
3) 1권이 기소되었기 때문에, 다음 책들은 영국에서 출판되지 않았다.
4) 『*To the Pure*』(Viking Press, 1928).

2. 여성해방과 가족

1) 『엘머 갠트리 *Elmer Gantry*』를 읽고 난 후, 나는 이러한 예외까지도 그다지 현명하지 못한 조치라고 느끼게 되었다.
2) 이에 관한 한 예로서, 휴 세실 경이 전쟁 기간 동안 양심적 참전거부자에게 보여준 너그러움을 들 수 있을 것이다.

3. 결혼과 이혼

1) 마가렛 미드(Margaret Mead), 『사모아 섬의 성년 *Coming of Age in Samoa*』(1928), pp. 104 ff.

2) 네바다 주에서 이혼의 사유가 되는 것은 고의적인 유기, 중죄 또는 파렴치죄의 판결, 상습적인 만취, 이혼할 때까지 계속되는 성교불능증, 지나친 학대, 1년간의 부양 태만, 2년간의 정신이상 등이다.

V. F. Claverton과 S. D. Schmalhausen편, 『문명에서의 성 *Sex in Civilization*』(George Allen & Unwin Ltd., 1929), p. 224 참조.

3) 말보로 공작 부처의 경우가 대표적이다. 공작 부인은 강제 결혼이라 하여 그것의 무효를 주장하였고, 이미 수년 동안 부부생활을 하고 아이까지 낳았음에도 불구하고, 그것은 이혼 사유로 타당하다고 간주되었다.

4) 그후 스웨덴의 이혼 및 혼인 무효의 총수는 1923년 1,531건에서 1927년 1,966건으로 증가하였다. 이 기간 동안 미국에서의 혼인 부부 100쌍당 이혼 비율은 13.4에서 15로 증가하였다.

5) 만일 그가 오랜 전통을 지닌 대학에서 가르치고 있고, 각료의 이력을 가진 귀족과 밀접한 관계가 없다면, 그렇게 된다.

6) 『*Preface to Morals*』(1929), p. 308.

4. 가부장제냐 모계사회냐

1) 『문명에서의 성』, 하베록 엘리스가 서문을 썼다.

2) 브리폴트(Briffault), 위의 책, p. 34.

3) 마오리족에게 "달은 모든 여성의 영원하고도 참다운 남편이다. 조상들에 의하면, 남자와 여자의 결혼은 중요한 일이 아니다. 달이 진정한 남편이다." 이와 비슷한 견해가 세계 여러 곳에 존재한다. 이것은 아버지라는 것이 알려져 있지 않았던 단계로부터 그 중요성이 완전히 인식될 때까지의 추이(推移)를 나타내는 것이다. 브리폴트, 위의 책, p. 37.

4) 브리폴트, 위의 책, p. 40.

5) 웨스터마르크(Westermarck), 『인간 결혼의 역사 *History of Human Marriage*』, pp. 151 ff.

5. 기독교 윤리와 로맨틱한 사랑

1) 「고린도 전서」 7장 1～9절.
2) 하베록 엘리스(Havelock Ellis), 『성심리 연구 *Studies in Psychology of Sex*』, 4권, p. 31.
3) W. E. H. 렉키(W. E. H. Lecky), 『유럽 도덕의 역사 *History of European Morals*』 2권, pp. 117～118.
4) 같은 책, pp. 339～341.
5) 웨스터마르크, 같은 책, p. 170.
6) 렉키, 같은 책, 2권, p. 357～8.
7) 리어(Lea), 『중세기의 종교재판의 역사 *History of Inquisition in the Middle Ages*』, 1권, p. 9, 14 참조.
8) 렉키, 같은 책, 2권, pp. 350, 351.
9) 후이징가(Huizinga), 『중세기의 쇠퇴 *The Waning of the Middle Ages*』, pp. 95～6.

6. 매음과 계약결혼

1) 알버트 론드레스(Albert Londres), 『부에노스 아이레스로 가는 길 *The Road to Buenos Ayres*』(1929) 참조.
2) 『현대 젊은이의 반항 *The Revolt of Modern Youth*』(1925), 『우애결혼 *Companionate Marriage*』(1927).
3) 말리노프스키(Malinowski), 『미개인의 성생활 *The Sexual Life of Savages*』, p. 73.

7. 인구와 우생학

1) 이러한 것이 예컨대 아일랜드에서 일어났다. 카 손더스(Carr Saunders), 『인구론 *Population*』(1925), p. 19.
2) 「창세기」 38장 9절의 10.
3) 1929년 1/4분기에는 감소하였다. 그러나 이것은 유행성 감기 때문인 것처럼 보인다. 『타임』지 1929년 5월 27일자를 보라.
4) 율리우스 볼프(Julius Wolf), 『*Die neue Sexualmoral und das Geburtenproblem unserer Tage*』(1928), pp. 165∼7 참조.
5) 율리우스 볼프에 의하면(같은 책, p. 6 이하), 독일의 출생률 저하를 설명할 때 낙태는 피임보다 더 큰 역할을 한다. 그는 현재 독일에서 매년 60만의 임신중절이 행해지고 있다고 추정한다. 영국에서는 유산이 기록되어 있지 않기 때문에 추정하기가 더욱 곤란하지만, 독일의 경우와 큰 차이가 없을 것이다.
6) 같은 책, p. 143∼4.

8. 인생에서 성의 지위

1) p. 157.

9. 현대의 가족과 국가

1) 호머 래인(Homer Lane).
2) 1922년 포플러의 유아사망률은 켄싱턴에서보다 1,000분의 5가 낮았다. 1926년 포플러에서 법규대로 후생 구빈사업을 한 다음의 유아사망률은 켄싱턴보다 1,000분의 10이 높아졌다.

결혼과 도덕에 관한 10가지 철학적 성찰

초판 1쇄 발행 1997년 3월 30일
초판 2쇄 발행 1997년 4월 25일
재판 1쇄 발행 2011년 3월 15일
재판 2쇄 발행 2015년 7월 30일

지은이 버트란드 러셀
옮긴이 김영철
펴낸이 신영임
펴낸곳 도서출판 자작나무

주소 서울시 성북구 보문로 76, 201호(보문동, 평화빌딩)
전화 02-923-5160 **팩스** 02-953-5198
등록번호 제307-2007-48호
등록일자 2004년 5월 7일
이메일 chajaknamu@hanmail.net

ISBN 978-89-7676-807-8 03190